貿易・為替用語小辞典【第二版】

山田晃久＋三宅輝幸 著

Trade & Forex
Terminology

学文社

第二版に際して

　第一版を発行してから7年ほどの歳月が流れ，その短期間で国際政治経済等のめまぐるしい環境変化の動きがありました。1990年代のバブル不況から2000年代前半に入ってようやく脱出し，日本経済は上向いたのかと思われました。しかし，2007年の後半からアメリカのサブプライムローン問題が浮上し，ドル安・円高，原油高，株価暴落などにより世界経済の先行きの不透明感がますます募っているような状況です。

　このなかで，日本企業は貿易はもとより海外生産を併合するなどによって，わが国のマクロレベルでの経常収支では投資収益を軸とする所得収支の黒字が，2005年から貿易収支黒字を初めて上回るような結果となっています。したがって，日本企業や国家は21世紀において新たなグローバル化戦略を今後，世界に向けて展開を迫られているといっても過言ではありません。

　このため，グローバルビジネスの環境変化に伴い新たに20ほどの用語を追加しました。たとえば，「貿易ビジネスの取引形態」や「東アジア生産・貿易ビジネスネットワーク」ならびに「円キャリー・トレード」の巻戻しや「所得収支」などであります。この「貿易ビジネス」といった用語を使用いたしましたのも，旧来の単なる輸出入といった「貿易取引」とは異なる，日本企業の貿易・海外生産・物流・経営および金融の包括的統合化戦略を示唆しております。

　すなわち，本書は貿易・投資・物流・経営および金融に携わる方々や学生の皆さんが，新たな時代に備えたグローバルビジネスの仕組みを理解するにあたって，その基礎的知識を具備しておりますので，必ずや必携書として役立つものと確信している次第であります。

2008年1月

はしがき

　貿易取引の基本は，通常，当事者間の申込みと承諾の合致により売買契約が成立し，その後売り主は商品を引き渡し，買い主はこれに相当する対価の代金決済を行うことです。しかし，今日の国際ビギネスのグローバル化に伴い，貿易取引のみならず，資本取引や企業の海外進出など，国際間の取引や外貨を使った取引が増加してきています。

　つまり，本書は国際貿易ビギネスに携わる方がたや学生の皆さんがわかりやすく貿易と為替の基礎知識を習得されるための必携書として心がけたものです。

　今日の貿易取引では，取引交渉，貿易売買契約，モノ・サービスとカネの流れ，リスク管理の保険，国際経済などの総合的知識が要求され，本書はこれに必要な基本的用語をすべて収録するように意図したつもりです。

　現在では，単なる貿易取引から海外生産を伴うグローバルな国際ビギネスに進展し，仲介貿易・中継貿易・多国間貿易などの多角的取引と21世紀の電子商取引やE-ビギネス，金利・通貨スワップ，金融先物，オプションなどの手法も普及してきており，取引が複雑となり理解しにくいのも事実でありますが，できるだけ理解できるように平易に説明するように努めました。

　なお，行政改革の一環として中央省の再編が2001年から施行されます。付録として新旧対比表を掲載いたしましたので，ご参照ください。

　内容的には，不備な点を残していることを若干危惧しており，諸先輩や読者の方がたの教示を仰ぐ次第であります。

　最後に，本書の完成にあたって，我慢強くご支援とご協力をいただいた学文社の稲葉由紀子氏に感謝申し上げます。

2000年11月

山　田　晃　久
三　宅　輝　幸

利用にさいして

1 本書には二つの大きな特色がある。
  ① 用語の実効性を高めるため，日常実務で最低限必要な知識を「要約」（ゴシック体の文章）し，つぎに詳しい「解説」を付す「**ダブル・ステップ・システム**」をとっている。
  ② 業務の国際性と顧客のニーズに的確に応じられるよう，日本語に対応する英語の表記をふんだんに取り入れている。
2 項目は貿易と為替の多様化に則した選定をし，とくに外来語には注意を払っている。
3 項目は五十音順に配列してある。欧文略記についてはアルファベット音により五十音順に配列した。ただし，UNCTAD（アンクタッド）や NIEs（ニーズ）など，慣用的読み方が定着している項目については，それに順じた。
4 項目をよりよく理解するために，解説文末に関連項目を☞印で指示してある。あわせて理解すると，実際に役立つ。
5 和文索引と英文索引を掲載し，独立して項目別に説明されている用語のページを太字に，同用語が他の項目で使用されている場合には明朝体のページとした（例：確定売り申し込み 17, **100**）。こうすることにより，この小辞典ですべて必要な貿易・為替の基本用語を列挙したといっても過言ではない。

付録　中央省庁再編成　対応表

旧省庁体制		省庁体制	
国家公安委員会（警察庁）	→	内閣府	公正取引委員会
金融再生委員会	→		国家公安委員会（警察庁）
防衛庁	→		金融庁
経済企画庁	→	防衛省	
沖縄開発庁	→		
郵政省	→	総務省	公害等調整委員会
自治省	→		消防庁
総務庁	→		
文部省	→	文部科学省	文化庁
科学技術省	→		
環境庁	→	環境省	
運輸省	→	国土交通省	船員労働委員会
建設省	→		気象庁
国土庁	→		海上保安庁
北海道開発庁	→		海難審判庁
大蔵省	→	財務省	国税庁
厚生省	→	厚生労働省	中央労働委員会
労働省	→		社会保険庁
通商産業省	→	経済産業省	資源エネルギー庁
			特許庁
			中小企業庁
法務省	→	法務省	公安調査庁
外務省	→	外務省	
農林水産省	→	農林水産省	林野庁
			水産庁

出所）www.kantei.go.jp/link/server_j.html, から作成。

あ

アージェント・テレグラム
⟨Urgent Telegram⟩
☞至急電報

IMF（国際通貨基金）（アイエムエフ）
⟨**International Monetary Fund**⟩
　通貨の安定，貿易の拡大，国際金融秩序の維持などを目的とした国連の専門機関

　1944年のブレトン・ウッズ協定に基づき，1945年に発足した国連の専門機関。通貨の安定，貿易の拡大，国際金融秩序の維持などを目的とし，加盟各国の共同出資で運営される。本部はアメリカ・ワシントン。日本は1952年に加盟した。
　加盟国は国際収支が悪化したときなどに，出資額と同額（リザーブ・トランシュ）については無条件で，それ以上については借入条件によりクレジット・トランシュを限度に借入れが可能である。そのほかに増枠融資制度などもある。

I/L（アイエル）
☞輸入承認証

I/Q（アイキュー）
☞輸入割当

ICC（国際商業会議所）（アイシーシー）
⟨**International Chamber of Commerce**⟩
　信用状統一規則やインコタームズ制定など国際間取引のルール作りや紛争調停などを目的とする国際的民間経済団体

　各国の商業会議所が統一した協議の場を作るために1920年に発足した民間経済団体。自由経済各国の事業家が会員で本部はパリにおかれている。
　国際間の経済取引のルールである信用状統一規則や取立統一規則，取引条件解釈の統一基準であるインコタームズの制定などのほか国際取引の紛争の調停などにも当たっている。

国連A級諮問機関の資格が与えられている。

ITM（イン・ザ・マネー）（アイティーエム）⟨**In the Money**⟩
　オプションの価値の状態を表わす言葉で，現時点で行使すると価値を生む状態にあるオプション

　オプションの価値は本源的価値と時間的価値とから成り立っているが，本源的価値を有するオプションをITMの状態にあるという。すなわち現時点で行使すると収益を生むオプションである。
　たとえば市場実勢が130円のとき，行使価格125円のドル・コール（ドルを買う権利）や行使価格135円のドル・プット（ドルを売る権利）などはITMの状態にあるという。
　ITMの状態にあるオプションの価値（オプション料）は本源的価値に時間的価値を加えたものとなる。
　☞ATM, OTM

IBRD（国際復興開発銀行）（アイビーアールディー）⟨**International Bank for Reconstruction and Development**⟩
　通称世界銀行と呼ばれるIMFの姉妹機関。現在は発展途上国への開発融資が中心業務

　1944年のブレトン・ウッズ協定に基づき，1946年に発足したIMFの姉妹機関で，通称世界銀行と呼ばれている。本部はワシントンで，日本は1952年に加盟した。
　当初の目的は戦後復興で，ヨーロッパのほか，日本の戦後経済の立て直しにも役立てられたが，現在は発展途上国への開発融資が中心となっている。融資資金は加盟国の出資金のほか，世銀債の発行など市場からの資金調達も行われている。
　なお世銀グループには第二世銀（国際開発協会，IDA⟨International Development Association⟩途上国向けソフト・ローンを目的に1960年に設立）と国際金

融公社（IFC〈International Finance Corporation〉発展途上国への民間融資を目的に1956年設立）とがある。

IBF市場 （アイビーエフしじょう）
〈International Banking Facility〉
アメリカにおいて人為的に創設されたオフショア市場

1981年アメリカ・ニューヨークに創設されたオフショア市場。米ドル建資金取引でも国内の規制や預金準備率などが適用されないメリットがある。しかし、国内への資金持込みが禁止された内外分離型であり、自然発生し内外一体型のロンドン市場などとはタイプの異なるオフショア市場である。

アウトライト取引 （——とりひき）
Outright取引。為替取引において買い、または売りの片方のみを行う取引で、スワップ取引に対する言葉

為替取引の直物または先物で売買の片方のみを行う取引で、一般的には先物の売買に使うことが多い。直物の買いと先物の売り、または直物の売りと先物の買いなど、売りと買いを同時に行う取引はスワップ取引と呼ばれアウトライト取引と対比される。

直先総合の為替持高においてはアウトライト取引では売りまたは買いの持高が発生するのに対して、スワップ取引では新たな持高は発生しない。

アカウンティ 〈Accountee〉
信用状開設依頼人。通常は輸入業者であり、Buyer, Importerなどとも呼ばれる

輸出入取引において信用状を利用する場合の信用状開設依頼人（Applicant, Opener）。通常は輸入業者であるためBuyer, Importerなどとも呼ばれる。アカウンティの依頼に基づいて信用状開設銀行（Issuing Bank, Opening Bank）は売り主を受益者（Beneficiary）とする信用状（L/C）を開設し、信用状条件に基づいて振り出された荷為替手形の支払いを保証する。

開設依頼人、受益者、開設銀行の三者を信用状の基本的な当事者と呼んでいる。

アクセプタンス方式 （——ほうしき）
信用状に基づいた輸入ユーザンスの一方式。輸出者の振り出した期限付手形は指定銀行により引受け、割り引きされて代金回収される一方、輸入業者には支払いが猶予される方式

輸出者は信用状条件に基づいて期限付の荷為替手形を振り出すが、信用状指定の名宛銀行により引受け、割り引きされるため、輸出者は直ちに資金を回収することができる。こうした方式により輸入者の支払いは猶予されるが、輸入者は信用状発行銀行に対して別途、期日を合わせた約束手形を差し入れなければならない。

期日には名宛銀行にある信用状発行銀行の口座が引き落とされて決済されるため、輸入者も同時に信用状発行銀行に対して支払いを行うことにより、すべての決済が完了する。

このような取引において、銀行に引き受けられた手形は銀行引受手形（Banker's Acceptance Bill）として手形割引市場での資金調達手段として利用される。

アクセプタンス・レート
〈Acceptance Rate〉
輸入手形の決済に適用される相場で、電信売相場に郵便日数分の金利を加えた相場である。一覧払輸入手形決済相場のこと

輸出者が振り出した外貨建一覧払手形は信用状発行銀行のコルレス銀行に呈示され、コルレス銀行に置いてある発行銀行の勘定が引き落されて決済される。

同時にこの手形は発行銀行宛に郵送されるが、この手形が到着して輸入者が決済するまでは発行銀行が資金の立替えを

することとなる。この郵送期間中の立替金利を電信売相場に加えた相場がアクセプタンス・レートである。
☞一覧払輸入手形決済相場

アクチュアル・ポジション
〈Actual Position〉
直物の外貨資産と外貨負債の差額で、直物為替持高と呼ばれる。直物に対する先物の持高が先物為替持高で、直物と先物を合計したものが直先総合持高である

資金の受払いまたは外国為替の売買が行われた取引、すなわち貸借対照表上に計上された外貨資産と外貨負債の差額が直物為替持高である。これに対して為替予約など取引期日の到来していない先物の外貨資産と外貨負債の差額が先物為替持高である。

直物と先物の持高を合わせたものが直先総合持高である。日本の外国為替銀行に対する持高規制は1984年直物持高規制が1998年には総合持高規制も撤廃された。
☞直物為替持高

揚地条件 (あげちじょうけん)
物品売買契約で、物品の引渡しについて陸揚地を契約履行地とすること。積地条件に対する用語である

貿易取引契約の貨物の受渡し条件では、通常、積地条件と揚地条件に分かれる。揚地条件では、売り主は合意した仕向地もしくは仕向地点における物品の到着について責任を負う。積地条件では、船積地を契約履行地とする。売り主にとっては、積地条件よりも揚地条件のほうが危険負担が大きく、一般的な貿易取引では、積地条件の場合が多いといえる。

トレード・タームズ（定型貿易条件）の解釈基準に関する統一規則であるインコタームズ（2000年の改訂版）の規定によれば、揚地条件としてはDAF［国境渡し（指定場所）］、DES［本船持込み渡し（指定仕向港）］、DEQ［埠頭持込み渡し（指定仕向港）］、DDU［仕向地持込み渡し（関税抜き）］、DDP［仕向地持込み渡し（関税込み）］があげられる。

積地条件には、EXW［工場渡し（指定場所）］、FAS［船側渡し（指定船積港）］、FOB［本船渡し（指定船積港）］、CFR (C&F)［運賃込み（指定仕向港）］、CIF［運賃・保険料込み（指定仕向港）］、FCA［運送人渡し（指定場所）］、CPT［輸送費込み（指定仕向場所）］、CIP［輸送費・保険料込み（指定仕向場所）］がある。
☞インコタームズ，トレード・タームズ

アジア開発銀行 (――かいはつぎんこう)
〈ADB : Asian Development Bank〉
アジア太平洋地域の経済協力、開発を促進するための国際金融機関

アジア太平洋地域の発展途上国の経済開発を支援するため、1966年フィリピンのマニラに設立された国際金融機関。域内開発のための融資のほか技術援助などが行われる。日本は最大の出資国であるとともに、歴代の総裁を派遣するなどの支援を行っている。

アジア太平洋経済社会委員会 (――たいへいようけいざいしゃかいいいんかい)
〈ESCAP : Economic and Social Commission for Asia and the Pacific〉
第二次大戦後のアジアの経済復興を図るために設立された国連経済社会理事会の下部組織

1947年に設立されたエカフェ（ECAFE : Economic Commission for Asia and Far East）が1974年名称変更された国連の地域経済委員会の一つ。

第二次大戦後のアジアの経済復興を目的に設立されたが、現在はアジア太平洋地域の経済協力を目的としている。本部はバンコク。日本は1954年に正式加盟した。

アメリカン・タイプ 〈American Type〉
オプション取引の条件の一つ

契約後、満期日（権利行使期間の最終

日）まで，いつでも権利行使のできるタイプのオプション。権利行使が満期日のみに限定されるヨーロピアン・タイプと対比される。
　　☞ヨーロピアン・タイプ

アメンドメント〈Amendment〉
信用状発行後にその信用状条件を変更すること

信用状発行後にその信用状の条件変更をすることをアメンドメントといい，取消不能信用状の場合は関係者の同意がなければその変更は成立しない。すなわち発行銀行，受益者，さらに確認信用状の場合は確認銀行のすべてが同意することが必要である。

アライバル・ノーティス
　　☞船積書類到着案内書・通知書

UNCTAD（国連貿易開発会議）(アンクタッド)〈United Nations Conference on Trade and Development〉
発展途上国の貿易と経済開発の促進を目的として，1964年に設立された国連の常設機関。途上国が結束して先進国に要求を行う場となる。1999年現在，188ヵ国・地域が加盟。本部はジュネーブ

1962年の第17回国連総会の決議により，発展途上国・地域の開発やブレトン・ウッズ，GATT体制の再検討などの問題を討議するため，1964年3月23日から6月15日にかけてスイスのジュネーブにおいて，世界123ヵ国の代表約1500人が参加して国連貿易開発会議が開催された。これが同年秋の総会決議により国連の常設機関となり，初代事務局長には，アルゼンチンの経済学者ラウル・プレビッシュ（R. Prebisch）が就任した。プレビッシュは「援助よりも貿易を」をスローガンに掲げ，発展途上国の貿易促進によって，経済開発を達成していく戦略を打ち出した。UNCTADは彼の戦略を継承し，一貫して途上国の貿易と経済開発の促進を第一目的に置いている。

個々の途上国の努力では，政治・経済・軍事的な総合力に勝る先進国に太刀打ちできないので，UNCTADは，途上国が結束し集団を形成して先進国に種々の要求を出すための場を提供しているが，ただ一方的に要求を押し付けるのではなく，先進国との国際的同意を取り付ける努力も肝要である。
　　☞ODA

アンタイド・ローン〈Untied Loan〉
資金の使途が限定されない借款

資金の使途が貸付国により限定されない借款で，具体的には貸付国からの輸入や役務の提供に限定する条件の付いていない借款である。
　　☞タイド・ローン

い

EMS（欧州通貨制度）(イーエムエス)〈European Monetary System〉
EC通貨安定のためEC各国間で結ばれた通貨協定

EC通貨の安定のために，EC各国間で1979年に発足した通貨協定。協定の主な内容はECUの創設，参加国通貨の変動幅の制限，欧州通貨協力基金の創設，信用制度の拡充などであった。

この制度のなかで参加各国通貨の対ECUセントラル・レートをベースに，各国間の基準レートを決め，各国通貨の変動幅をこの基準レートの上下2.25%以内に制限していたのがERM（Exchange Rate Mechanism：為替相場メカニズム）である。ERMは1993年の通貨危機で変動幅の許容範囲が15％に拡大された。1999年1月EU（欧州連合）の通貨統合が実現したため，新通貨ユーロに参加した国の間では通貨安定などの協定は不要となったが，未参加のデンマーク，ギリシャ（2001年ギリシャはユーロを導入）とユーロ参加国の間で通貨安定などをはかるため為替相場メカニズムは同年からERM2に移行した。

☞ユーロ（通貨）

EU（欧州連合）（イーユー）
〈European Union〉
EC（欧州共同体）がより緊密な連合を目指して，発展的に発足した27ヵ国の連合体（2007年12月現在）

ECが1993年11月に発展して設立した連合体で，当時の12ヵ国（フランス，ドイツ，イタリア，ベルギー，オランダ，ルクセンブルク，イギリス，デンマーク，アイルランド，ギリシャ，スペイン，ポルトガル）に1995年1月オーストリア，スウェーデン，フィンランドが加わり15ヵ国体制となった。さらに2004年，ポーランド，ハンガリー，チェコ，スロバキア，スロベニア，エストニア，ラトビア，リトアニア，キプロス，マルタの10ヵ国が，2007年ブルガリア，ルーマニアの2ヵ国が加盟して27ヵ国体制となった。母体のECは欧州12ヵ国が関税同盟や共通農業政策などを軸に共同市場，さらに将来的には通貨の統合を含む経済統合を目指した共同体。欧州経済共同体（EEC：European Economic Community），欧州石炭鉄鋼共同体（ECSC：European Coal and Steel Community），欧州原子力共同体（EURATOM：European Atomic Energy Community）が1967年にECとして統合された。

ECでは，いっそう緊密な連合を目指す連合条約が1991年12月合意された。この条約はオランダのマーストリヒトで合意されたことから，マーストリヒト条約とも呼ばれている。この条約が1993年11月に発動し，欧州連合（EU）が発足したことから，経済・通貨統合のための第二，第三段階への施策や移行条件などが具体化された。

すなわち，1994年1月から通貨統合第二段階へ進むとともに欧州通貨機構（EMI）が発足し，1999年1月にはECU（欧州通貨単位）が「ユーロ」に切り替えられ，11ヵ国による通貨統合もスタートした。2008年1月現在ではユーロ導入国は15ヵ国となっている。
☞ユーロ（通貨）

委託介入（いたくかいにゅう）
外国為替市場において中央銀行が市場介入するさい，他国の市場での介入を当該国の中央銀行に依頼して行う方法

中央銀行が外国為替市場において市場介入する場合，自国以外の市場で介入を行うために当該国の中央銀行に介入を依頼する方法。委託介入の場合は介入により売買する資金は依頼した中央銀行の勘定となる。

日本銀行が円の売介入を行おうとする場合，イギリスの中央銀行であるBank of Englandに委託してロンドン市場で介入してもらうようなケースである。

委託加工貿易（いたくかこうぼうえき）
外国の委託者の依頼に基づいて輸入した原材料を加工して完成品を委託者に輸出する取引

日本の業者が海外の委託者から輸入した原材料を加工して輸出する順委託加工貿易と日本の委託者が海外の業者に原材料を輸出して加工を委託する逆委託加工貿易とがある。

なお委託加工貿易は現在の外為法では原則自由であるが，逆委託加工貿易において，特定の「指定加工」を委託するために「指定加工原材料」を輸出する場合は経産大臣の輸出承認が必要である。
☞加工貿易

委託証拠金（いたくしょうこきん）
金融先物取引で非会員である顧客が会員に差し入れる証拠金

先物取引は約定時点で決済を行わない代わりに，信用保証金として，証拠金の差入れが義務づけられている。東京金融先物取引所の取引では，証拠金のうち顧客（非会員）が会員に差し入れるものを委託証拠金と呼んでいる。そのほかに一般会員が清算会員に差し入れる一般会員証拠金，清算会員が取引所に差し入れる

取引証拠金がある。なお一般会員証拠金，取引証拠金については取引の翌日，委託証拠金については翌々日までに差し入れることとなっている。

委託生産（いたくせいさん）

一般的には，委託生産契約（Contract Manufacturing）に基づいて，一国の企業が海外メーカーに対して自社ブランドなどの製品の製造を委託すること

委託生産された製品は，現地市場で販売することもできるし，それを本国へ輸入したり，仲介貿易などにより第三国へ輸出することもある。この場合，製品の原材料などの一部または全部を本国から支給することが可能である。この委託生産のメリットとしては，海外に工場を建設する投資費用が節約され，現地販売を行う場合には，現地で製造されているといった宣伝もできるし，現地政府との契約を得るには好条件となり，物流コストも安くつくなどの点があげられる。

また，その欠点の一つは，ある一定の期間が経過して，委託生産の受託者がその製品の製造技術を会得してしまうと，委託生産をストップするとともに，独自で生産・販売を開始し，委託者の競合者になるおそれがあることである。ただし，OEM（Original Equipment Manufacturer）製品のように委託者の製品ブランドが販売市場で普及していれば，その懸念は少ない。

日本の大手メーカーでも，第二次大戦以降，とくにアメリカ企業のOEM製品を手がけ，生産技術を会得し，かつ売上高を相対的に短期間で伸ばす効果などによって恩恵を得た企業も少なくない。現在では，日本企業がアジア諸国などで委託生産するケースが多い。

☞迂回貿易，加工貿易，OEM，貿易ビジネスの取引形態

委託手数料（いたくてすうりょう）

金融先物取引において会員が取引を取り次ぐさいに徴求する手数料

東京金融先物取引所は会員が先物取引を取り次ぐさいに徴求する標準手数料を定めている。このうち，顧客（非会員）が会員に支払うものを委託手数料，一般会員が清算会員に支払うものを清算委託手数料として，それぞれについて定めている。

委託販売貿易（いたくはんばいぼうえき）

商社もしくはメーカーなどの委託者が，海外の受託者に対して貨物を積み出し，受託者がそれを販売後に委託販売手数料をもらう取引形態

委託販売（Consignment Sale）貿易には，委託販売契約に基づいて，商品を輸出する委託販売輸出と，海外の委託者から依頼されて輸入する委託販売輸入の場合がある。委託販売輸出では，受託者のConsignment Invoiceなどを添付し，通常の輸出の場合と同様の手続きをとる。これは，原則的に自由であるが，輸出する貨物が輸出許可および承認を要する場合，政府の許認可を受けねばならない。また，売れ残った貨物の輸入については，原則として輸入の特例として政府の承認などを必要としない。

委託販売輸入についても，貨物が輸入割当に該当する場合などを除いて輸入承認を要せず，原則的に自由である。売れ残った積戻しの貨物も，輸出特例が認められている。

この委託販売は，通常，委託者は委託商品の所有権を留保しながら販売活動を行い，新市場開拓のためや在庫製品を処分するときなどに便利である。この場合，委託者が受託者に販売最低価格を限定する指定委託（With Limit）および受託者にすべて一任する成功委託（Without Limit）による方法がある。

☞積戻し，戻し税，貿易ビジネスの取引形態

一覧払手形買相場（信用状付）（いちらんばらいてがたかいそうば）

〈At Sight Buying Rate with L/C〉

外国為替銀行が信用状付一覧払輸出手形を買い取るときに適用する為替相場

輸出企業が信用状に基づいて振り出した一覧払外貨建輸出手形を外国為替銀行が買い取る場合には、円を支払ったあと、手形を信用状発行銀行経由で輸入業者に呈示して外貨を回収するまで資金の立替えが生ずることとなる。この立替期間相当の郵便日数（メール期間）の金利を電信買相場から差し引いた相場が一覧払手形買相場である。なお現在米ドルについては郵便日数は通常12日として計算されている。

一覧払手形買相場（信用状なし）(いちらんばらいてがたかいそうば)

〈At Sight Buying Rate without L/C〉

外国為替銀行が信用状なし一覧払輸出手形を買い取るときに適用する為替相場

信用状付一覧払手形買相場同様、電信買相場から郵便日数分の金利が差し引かれたうえ、さらに信用状が付いていない分のリスク料も差し引かれた相場である。現在米ドルの場合、一般には30銭がリスク料として差し引かれている。

一覧払輸入手形決済相場 (いちらんばらいゆにゅうてがたけっさいそうば)

☞ アクセプタンス・レート

インコタームズ 〈Incoterms〉

国際商業会議所が取り決めた、今日最も広く採用されているトレード・タームズ（定型貿易条件）の解釈基準に関する国際統一規則のこと。2000年の改訂版が最新である。

トレード・タームズの統一的解釈をはかるため、国際商業会議所（ICC：International Chamber of Commerce）が1936年に取り決めた「トレード・タームズの解釈基準に関する国際統一規則」（International Rules for the Interpretation of Trade Terms）である。その後、1953年、1967年、1976年、1980年、1990年に改訂が行われ、2000年の改訂版が最新であり、13種類のトレード・タームズが規定されている。Incotermsとは、Internationalの"In"とフランス語のCommerce（Trade）の"Co"に、"Terms"を組み合せた略称である。

インコタームズは、法律や条約ではなく、国際ルールにすぎず、これに準じるその他「改正アメリカ貿易定義」や「ワルソー・オックスフォード規則」があることから、貿易取引で使用する場合、「インコタームズの規程による」と明記しておくことが必要である。

インコタームズでは、トレード・タームズにかかわる売り主と買い主の義務、費用・危険負担の分岐点などについて規定されている。

☞ トレード・タームズ

インターバンク市場 (――しじょう)

〈Inter-Bank Market〉

銀行間で為替の売買などが行われる市場

銀行が顧客との取引で生じた為替持高（ポジション）のカバーのため、または銀行自体の意図的持高操作などのために銀行間で取引する銀行間外国為替市場。外国為替銀行のほか市場介入の必要が生じた場合に参加する中央銀行、銀行間の取引を仲介する仲立人（ブローカー）で構成される。主な外国為替市場は東京のほかロンドン、ニューヨークなどがある。

なお、インターバンク市場と呼ばれる市場には短期金融市場のうちコールや手形を取引する市場もある。この場合は銀行のほか生命保険会社、損害保険会社、証券会社などの金融機関も参加できる広い意味のインターバンク市場である。

インターバンク・レート

〈Inter-Bank Rate〉

銀行間で取引される為替相場

銀行間で取引される為替相場で、銀行が顧客と取引するときの基準となる相場。対顧客相場を小売値段とすればイン

ターバンク・レートは卸売値段に相当するものといえよう。

インターバンク・レートは為替市場において時時刻刻変動するため、日本では午前10時近くのインターバンク・レートを基準に仲値を決め、仲値に銀行の売買益（手数料）を加減してその日の対顧客相場を公示している。この公示相場はインターバンク・レートが大きく変動しないかぎり当日中は変更されない。

インデント（委託買付け）〈Indent〉

買付委託者（Indentor）が貨物を輸入する場合、委託者自身が輸入貨物を買い付けるのではなく、手数料を支払い、買付けを海外の受託者（Indentee）に委託すること

インデントの場合、委託者から委託買付けを受けた海外の受託者は買付委託書（Indent Form）を受け、貨物を買い入れる。そして、受託者は遅滞なく、委託貨物を買い付けたのち、それを船積みし、すぐに委託者へ正確な買付報告書を送付する。そののち、買付手数料を受領する。委託買付契約がより円滑に行われるように、一般的には、最終委託買付価格は受託者に一任される。

なお、国際間取引を行う場合、インデントは貿易取引用語として、国によって、注文書と同じ意味で用いることがあるので、注意を要する。

インパクト・ローン〈Impact Loan〉

外国為替銀行が居住者に対して取り組む使途に制限のない外貨貸付

居住者が外国為替銀行から借り入れる使途の制限のない外貨ローンで、米ドルやスイス・フランなどのほか円建であるが外貨性のユーロ円なども利用されている。従来取組みが在日外国銀行に限られていたが、1980年の外為法の改正以降邦銀が自由に取り組めるようになった。米ドルやスイス・フラン建インパクト・ローンは借入実行時に円転して円貨で使用した場合、返済する元利金は期日の為替相場により必要円貨額が変動する。すなわち為替リスクのあるローンである。この為替リスクをさけるために期日の元利金を為替予約により円貨ベースで確定する方法も取られている。

期日の元利金について為替予約を締結しないものを「オープン・インパクト・ローン」、為替予約を締結するものを「スワップ付インパクト・ローン」と呼んでいる。スワップ付インパクト・ローンは金利裁定が働いて、ユーロ円やCDなどをベースにした円貸出金利に近い金利となる。

インフラストラクチャー〈Infrastructure〉

道路、鉄道、空港などの社会的生産基盤

社会、経済活動の基礎となる道路、鉄道、空港、港湾などの施設をさす。また広くは水道、学校、病院などの社会、教育、生活関連などの社会資本を含めていう。

インボイス
☞送り状

インボンド
☞保税

う

Without Recourse Credit（ウィズアウト・リコース・クレジット）

無担保文言を記載した手形の振出しを許容した信用状

手形振出しのさい、手形面上に無担保文言を記載することを許容して、振出人に償還義務を免除した信用状。日本の手形法では支払無担保文言は認められておらず記載しても無効となるが、引受無担保文言としては有効である。振出人に償還義務を負わせている信用状がWith Recourse Creditである。

ウェーバー〈Waiver〉

GATTの25条5項に規定している「例外的事情において自由化義務を免除することができる」こと

GATTは、自由・無差別・多角的貿易の拡大を実現することを基本的原則にしていたが、実際には各種の例外措置規定がある。ウェーバーは、そのうちの一つである。

本規定では、「この協定において定めのない例外的な場合には、締約国に課せられた義務を免除することができる」とあり、さらにそのために加盟国の3分の2以上の賛成が必要であるとしている。アメリカだけがこのウェーバー権限を付与されていたのは、それを取得した1955年当時における加盟国は35ヵ国だけであって、その大部分は先進国であった。しかも、当時アメリカは復興援助を多くの加盟国に与えており、正面切って反対国がなかったといった特殊事情などによるものであった。1935年にアメリカの農業調整法改正によって、生産制限と輸入制限ができ、ウェーバーの対象となったものは、主にこの農業調整法の対象とする農産物である。したがって、アメリカは対外諸国に対して、ウェーバーの行使によって自国農業を国際農業に優先させることができるので、諸外国から不満の声が少なくない。

また、アメリカは多国間繊維協定（MFA）によってウェーバーの特権を保持している。

☞ **GATT, WTO**

迂回貿易（うかいぼうえき）〈Roundabout Trade〉

貨物を仕向地に直接に送らずに、何らかの理由で第三国へいったん入れて同国を介し遠回りして、取引を行う貿易形態

通常の輸出取引では、貨物を直接に仕向地に輸出するが、迂回貿易では決済・輸入国の規制問題などにより、第三国を介して最終的に仕向地に貨物を持ち込むことをいう。現代的な例としては、たとえば1985年のプラザ合意以降における米ドルに対する円高により日本で製造し輸出するのでは採算が合わなくなり、日本から主要部品を東南アジア諸国などの第三国へ送り、現地で生産しそこから従来の市場に輸出する場合である。

仕向地の輸入規制などにより、輸出地から直接輸出できないので、いったん貨物を第三国に持ち込み、そこから仕向地に輸出する迂回輸出の形態をとることもあるが、違法性が強い場合も多い。

第二次大戦後の一時期、清算勘定協定に基づく貿易取引では、迂回貿易が多く用いられた。

☞ **三国間貿易・スイッチ貿易，仕向地，清算勘定，貿易ビジネスの取引形態**

受取式船荷証券（うけとりしきふなにしょうけん）〈Received B/L〉

船会社が荷主から貨物を受け取った段階すなわち本船への船積みの前に発行する船荷証券

船会社が貨物を船積み前に、受け取った段階で発行する船荷証券。本船への船積みが完了すると積込文言、日付、署名などが記載されて船積式船荷証券（Shipped B/L）として扱われる。信用状取引では通常、船積式船荷証券が要求される場合が多い。

☞ **船積式船荷証券，オンボード・ノーテーション**

受渡決済（うけわたしけっさい）

金融先物取引において約定金額全額の決済を行う決済方法

金融先物取引は期日前に売買の反対取引を行って決済してしまうのが通常の取引である。この場合は約定金額全額の決済を行わず、価格変動の差額決済を行う、いわゆる清算取引である。

これに対して東京金融先物取引所のドル・円通貨先物取引などの場合、取引最終日までに清算取引の行われなかった建玉についてはドルと円の現物決済を行うこととしている。これを受渡決済と呼ん

でいる。
☞差金決済

受渡リスク（うけわたし——）
　資金決済にさいして生ずる，資金の受渡しに伴って発生するリスク。デリバリー・リスク（Delivery Risk）とも呼ばれる

　資金決済にさいして，約定された資金が予定どおり入金にならないなどのために被るリスク。たとえばドル買・円売の為替取引で，円を東京で支払ったあと，相手銀行の倒産などの理由で時差が通常，14時間遅いニューヨークでドルが支払われてこないなどのケースである。

　1974年西ドイツのヘルシュタット銀行がマルクを受け取ったあとドルが支払えないケースがあったが，1991年BCCI銀行東京支店が円を受け取ったあとドルが支払えなかったため，受渡リスクに対する重要性が再認識されることとなった。

売為替（うりがわせ）
　仕向送金や輸入為替の決済など銀行が顧客に外国為替を売る取引

　外国為替銀行が顧客に外国為替を売却する取引。通常外国為替取引では為替の売買を銀行の立場で表現するため売為替には仕向送金や輸入為替の決済などが該当する。なお，為替取引には契約と資金決済が同時に行われる直物為替と契約後一定期間後に資金決済が行われる先物為替とがある。将来の仕向送金や輸入決済などのため顧客が先物為替予約を締結すると，この予約は先物売為替となる。
☞買為替

売相場（うりそうば）
　輸入決済や仕向送金などに適用される為替相場

　為替相場の売相場，買相場は為替銀行の立場から外貨を売ったり，買ったりする相場である。すなわち売相場は銀行が顧客に外貨を売る場合に適用される相場である。たとえば仕向送金に適用される電信売相場（TTS）や一覧払輸入手形の決済に適用される一覧払輸入手形決済相場（アクセプタンス・レート）などは売相場である。
☞買相場，アクセプタンス・レート，TTSレート

売持（うりもち）〈Oversold Position〉
　外貨債務が外貨債権を上回っている状態

　外貨建の債権と債務の差額を持高といい，外貨債務が外貨債権を上回っている状態を売持，外貨債権が外貨債務を上回っている状態を買持と呼んでいる。外国為替持高には直物持高と先物持高およびその合計である総合持高がある。

　直物持高が売持の場合は外貨債務を円に転換して使用しており，円転（換）の状態にあるという。また総合持高が売持の場合，その外貨の為替相場が下がれば為替益が発生し，逆に上がれば為替損が発生することとなる。
☞買持

売渡外国為替（うりわたしがいこくかわせ）
☞外貨売渡外国為替

ウルグアイ・ラウンド
　GATTが重要問題を討議するための多角的貿易交渉の一区切りで，1986年開始のもの

　GATT（関税および貿易に関する一般協定）で重要問題が生じた場合に行う国際交渉である多角的貿易交渉の一つ。期間を定めて行う一区切りをラウンドと呼んでいる。ウルグアイ・ラウンドは1986年に4年の予定で開始されたが農業貿易など日米欧の利害，思惑が対立し，9年の長きにわたって交渉が続き，ようやく1994年に決着をみた。なお過去の主な交渉にはケネディ・ラウンド，東京ラウンドなどがある。
☞GATT, WTO

運送仲立業者（うんそうなかだちぎょうしゃ）
〈Freight Forwarder〉
☞フォワーダー

運賃（うんちん）〈Freight〉
☞フレート

運賃ユーザンス（うんちん——）
☞フレート・ユーザンス

え

Air Waybill（エアウェイビル）
☞航空貨物運送状

ALM（資産負債総合管理）（エーエルエム）
〈Asset Liability Management〉
資産と負債を総合的に管理することによりリスクを極小化し、収益の極大化を図る資金管理手法

資産と負債を総合的に管理することにより、運用と調達の間から生ずる金利リスクや流動性リスクを極小化し、また限定されたリスクで収益の極大化を図る資金管理の手法。ALMは資金の運用期間と調達期間の差、すなわちギャップ（GAP）が金利変動によりどのような影響を受けるかを分析し、その対応策を検討、実施する管理体制である。

このため資産負債の金利感応度分析、金利見通し、金利収支予測などに基づいて適正な資金配分や資金調達のための経営判断が求められることとなる。

ATM（エーティーエム）〈At the Money〉
オプションの価値の状態を表わす言葉で、行使価格が市場実勢と同価格のオプション

行使価格が市場実勢と同価格のオプションをATMの状態にあるという。したがってATMのオプションは現時点で行使しても利益も損失も生じない。オプションの価値は本源的価値と時間的価値とから成り立っているが、ATMのオプションは本源的価値はゼロである。

ATMの状態にあるオプションでも、期日までに相場が変動して利益を生む可能性があるため、ATMのオプションでも通常は時間的価値を有する。

ATMの例としては、市場実勢が130円のとき、行使価格が130円のドル・コール（ドルを買う権利）やドル・プット（ドルを売る権利）などがある。
☞ITM, OTM

ADB（エーディービー）
☞アジア開発銀行

A/P（エーピー）
☞通知払い

エカフェ〈ECAFE〉
☞アジア太平洋経済社会委員会

役務取引（えきむとりひき）
技術援助、保険、運輸などサービス業務（サービス収支）

技術援助、ニュースまたは情報の提供、保険、運輸など労務または便益などを提供する取引。工事請負、システム設計、著作権や商標権の譲渡なども含まれる。国際収支統計では経常収支のサービス収支項目に計上される。

ECU（エキュー）
〈European Currency Unit〉
欧州共同体（EC）参加各国の共通通貨としての通貨単位から、現在は「ユーロ」に移行

1979年欧州通貨制度（EMS）の発足と同時に創設されたEC参加各国の共通通貨としての通貨単位。ECUの価値はEC12ヵ国の通貨を経済力や貿易シェアなどから算出した各通貨の一定量（基準値）を含むバスケット方式で決められていた。この各基準値を対円相場や対ドル相場で換算のうえ、合計したものがECUの対円相場や対ドル相場となる合成通貨である。

ECUは1999年1月1日EUの統合通

貨「ユーロ」に移行した。
☞ユーロ

エクス・ゴーダウン
☞倉庫渡し

エクステンション 〈Extension〉
信用状の期限延長

信用状の期限延長で，信用状の有効期限の延長と船積期限の延長とがある。信用状金額の増減などと同様，信用状条件の変更として扱われる。

エクスパイアリー・デート
〈Expiry Date〉
信用状の有効期限

信用状の有効期限で，信用状の受益者（輸出者）はこの期限内に輸出手形と必要書類を買取銀行に呈示しなければならない。

SDR（エスディーアール）
〈Special Drawing Right〉
IMFの特別引出権

金やドルなどによる国際流動性の不足を補完するために1970年にIMF（国際通貨基金）により創出され，加盟国に配分された準備資産。特別引出権と呼ばれる。一般資金とは区別されるが，公的準備資産として算入できるほか，国際収支が赤字になったときなどにはSDRを対価に他の加盟国から外貨の提供を受けることができる。創設時の価値は1 SDR＝1米ドル＝金0.888671グラムと決められたが，1974年から16ヵ国の通貨の加重平均によるバスケット方式に，さらに1981年からは米ドル，ドイツ・マルク，円，フランス・フラン，英ポンドの5ヵ国通貨の加重平均によるバスケット方式で算出されることとなった。

FRN（変動利付債）（エフアールエヌ）
〈Floating Rate Note〉
一定期間ごとに金利の見直しが行われる変動金利付の中長期債券

期日までのクーポンが確定している固定利付債に対して，一定期間ごとに基準金利の変動に基づいてクーポンが変動する中長期債券。クーポンの条件はたとえばLIBOR 6ヵ月に¼％上乗せした金利などと決められる。

中長期の固定金利資金は短期資金に比して調達が難しいことから，短期資金調達で利鞘が確保できる変動利付債は投資家にとって金利リスクが少ないなどのメリットがあるといえよう。
☞ライボー

FRB（エフアールビー）
〈Federal Reserve Board〉
アメリカ中央銀行の最高意思決定機関

アメリカ中央銀行である連邦準備制度（Federal Reserve System）の最高意思決定機関でアメリカ連邦準備制度理事会と呼ばれる。主な任務には連邦公開市場委員会（FOMC）の委員として公開市場操作の基本方針の決定，公定歩合変更の承認，預金準備率の設定などがある。大統領の任命による7人の理事で構成される。

FAS（エフエーエス）
トレード・タームズ（定型貿易条件）の一つの「船側渡し」（指定船積港）（Free Alongside Ship, named port of shipment）のこと。積地条件である

インコタームズ（2000年の改訂版）の規定によれば，「売主は，期日または合意された期間内に，かつ港における慣習的な方法で，指定船積港における買主によって指定された積込場所で，買主によって指定された本船の船側に物品を置かなければならない」（売主の義務，A4）としている。

このような状態に貨物が置かれた以降において発生する一切の費用および減失もしくは危険については，買い主の負担となる。したがって，本船の手配・積込み作業から運賃・保険などの諸費用の負担は，買い主側にある。船側渡し条件で

は，貨物の輸出通関手続きを売り主の義務とし，売り主は輸出許可その他の公式の認可を取得しなければならない。

売り主の義務としては，貨物の品質，容積，重量などのチェック，運送上に必要な包装，適切に荷印をほどこすなどがあげられる。また，本船の船側に貨物を引き渡したならば，売り主は買い主に対して十分な通知義務がある。FAS条件は，古くからインコタームズに規定されているが，一般的な日本の貿易取引では，特殊な場合を除いてあまり慣行的でないのが実情のようである。

☞インコタームズ，FOB，トレード・タームズ

FOB（エフオービー）

トレード・タームズ（定型貿易条件）の一つの「本船渡し」（指定船積港）(Free on Board, named port of shipment) のこと。積地条件で，売り主が貨物を本船に積込むまでの義務があり，CIF条件と並んで伝統的な定型貿易条件の一つである

インコタームズの規定によれば，FOB条件は，買い主の指定した船舶に，売り主が契約した貨物を輸出通関手続きを行い，本船の舷側手すり (Ship's Rail) を越えるまでの義務範囲をいう。

しかし現実の貿易取引では，FOBであっても，L/C条件やD/P・D/Aの契約条件に買い主の指定船舶が指定されていないかぎり，売り主が本船の手配などを行い，実務者にとっては貨物が本船の舷側手すりを越えるなどといった実感はなく，むしろ無故障の船積式船荷証券 (Shipped B/L) が船会社から取得できるかが問題となるのが一般的であるといえる。

FOBの価格構成は，通常，商社であれば物品の仕入価格のほかに，メーカーが商社の指定倉庫まで物品納入するすべてのコスト（日本では，Ex Godownという）に加えて，商社の利益，通関費用を含む船積諸掛かりなどを加算した本船へ積み込むまでの一切の費用からなりたっている。また，外貨建FOB価格設定に当たっては，現在の変動相場制において，為替レート設定のしかたの問題が大きい。

FASとFOBの大きな違いは，前者は売り主が貨物を船側まで，後者は本船へ持ち込むまでの範囲である。

改正アメリカ貿易定義 (Revised American Foreign Trade Definitions, 1941) では，インコタームズのFOBは，同定義の"FOB Vessel"に相当し異なるので，注意を要する。

☞インコタームズ，CIF，トレード・タームズ

FTA・EPA（エフティーエー・イーピーエー）

〈Free Trade Agreement: 自由貿易協定〉
〈Economic Partnership Agreement: 経済連携協定〉

二国間，または多国間で財貨（モノ）・サービス貿易に係わる関税やその他の制限的通商規則等を撤廃し，自由貿易促進を目的とする協定。モノの貿易はGATT24条で例外的に規定され，サービス貿易の障壁等の撤廃については，GATS (General Agreement on Trade in Services: サービス貿易に関する一般協定) 5条において定義づけられている。EPAはFTAのモノ・サービス要素も含み，かつ，貿易・投資の自由化，人的交流の促進，情報通信等の協力の拡大などの多岐にわたる分野をも含む

経済のグローバル化を推進すべくWTOの多角的貿易体制は，停滞状態にありこれを補完するものとして，現在，日本も外国とFTA/EPAの締結を促進している。日本はシンガポールと2002年にEPAの締結を契機として，その後メキシコ，マレーシア，チリ，タイとは協定が発効し，フィリピン，ブルネイ，インドネシアとは署名に至り，ASEAN全体とは大筋合意が決定しているが，中国や韓国よりも出遅れている。2007年5月現在，GCC（バーレン，クウェート，

オーマン，サウジアラビア等），ベトナム，インド，豪州，スイス等とも交渉中である。日本でFTAというのは，EPAの経済連携協定を意味している。

1990年代以降，FTAの数は急激に増加し2国間のみならず多国間の北米自由貿易協定（NAFTA）やASEAN自由貿易協定（AFTA）なども存在する。

☞**GATT, WTO, NAFTA, 東南アジア諸国連合（ASEAN）**

MMC（エムエムシー）
〈**Money Market Certificate**〉
一定比率で市場金利を反映される市場金利連動型預金

大口定期預金の金利を基準に，その一定比率で市場金利を反映させる定期預金。全金融機関が同一の金利を適用していた。規制金利定期預金と完全自由化されていた大口定期預金の中間商品で1992年6月から最低預入額の制限が撤廃された。従来1000万円以上のMMCと区別して小口MMCと呼ばれていたが，1989年に1000万円以上は大口定期預金として，さらに1991年には300万円以上がスーパー定期として完全自由金利商品となった。

L/G（エルジー）
☞**荷物引取保証**

L/Gネゴ（エルジー———）〈**L/G NEGO**〉
買取りのために呈示された輸出書類に信用状条件との不一致がある場合，その不一致が軽微で買取依頼人に信用がある場合に買取依頼人からの補償状により買取りに応ずること

輸出船積書類の信用状条件との不一致は，書類の訂正により条件に合致させるのが原則であるが，船積期限の遅延など書類の訂正できないケースも多い。そうした場合は書類を買い取らずに取立扱いとし，発行銀行の支払いを確認してから支払うか，発行銀行へ不一致の内容について電信で照合し，支払応諾の回答を得てから支払うケーブル・ネゴ（Cable Negotiation）などの方法がある。

しかし，不一致の内容が軽微な場合にこうした手数をかけずに買取依頼人の念書を徴求したうえで買取りに応ずることがあるが，これをL/Gネゴ（L/G Negotiation）と呼んでいる。L/Gネゴに応じる場合は不一致の内容が軽微で支払拒絶の可能性が小さいこと，また支払拒絶されても依頼人が代金の払い戻しに応じるという信頼のある場合に限られる。

なお，依頼人から徴求する念書は買取代金の返還（Refundment）に応ずる旨のLetter of Guarantee（保証状）またはLetter of Indemnity（補償状）である。

円キャリー・トレード（えん———）
〈**Yen Carry Trade**〉
金利の安い円を借りて，金利の高い米ドルなどに投資する取引。円キャリー取引，円借り取引などとも呼ばれる。利ざや取引に利用され，為替相場を円安に導きやすい

バブル崩壊後の日本経済の低迷に対応するため，日本銀行がゼロ金利政策，量的緩和政策をとったため，円資金は安く，かつ大量に調達できる状況となった。一方，海外には米ドルをはじめとして，英ポンド，オーストラリア・ドル，ニュージーランド・ドルなど高金利通貨が多く，安い円をこれら高金利通貨に転換して利ざやを稼ぐ投資が増加した。特にヘッジファンドなどの利用が金額を増加させた。

円キャリー・トレードは取引開始時点で円売・外貨買を行うため，為替相場が円安に動きやすい。2006～07年にかけては，日本の景気が回復傾向にあった中でも円安推移となった。一般的に考えられていたファンダメンタルズを反映していないとされたが，こうした取引が影響したと見られている。2007年アメリカのサブプライム問題により，このような取引の一部解消も進んだとされるが，内外金利差が大きい間は引き続く可能性もある。

円高 (えんだか)

円の為替相場が上昇すること。たとえば1ドルが130円から125円になる場合など

為替市場で円が買われて円の為替相場が上昇すること。対ドルで1ドルが130円から125円になったり，対ユーロで1ユーロが160円から150円になる場合など。円高が進む要因には経済成長など経済の基礎的条件が改善する場合，国際収支の黒字などで外貨の供給が強まる場合，円金利が上昇する場合などのほか市場の思惑などで買われる場合もある。

円高が進むと外貨建商品の円貨額が減少するため，輸入が促進され，輸出が伸び悩みやすい。

☞円安

円転・円投 (えんてん・えんとう)

外貨を円に転換して使用する取引が円転，逆に円を外貨に交換して使用する取引が円投である

ドルなどの外貨を売り，円貨として使用する取引が円転（換），逆に円を対価にドルなどの外貨を買って外貨で使用する取引が円投（入）である。円転規制が撤廃になり，現在は円転も円投も規制はない。

円転も円投も期日の為替レートにより円転・円投取引の利回りが大きく変動するため，期日の外貨の買戻し・売戻しの予約を締結しておくのが一般的である。

期日の為替予約を行うことにより，円転・円投金利は実態的にはユーロ円金利に近いものとなり，CDなど他の短期金融市場の取引ともほぼ金利裁定が働くこととなる。

円安 (えんやす)

円の為替相場が下落すること。たとえば1ドルが130円から135円になる場合など

為替市場で円が売られて円の為替相場が下落すること。対ドルで1ドルが130円から135円になったり，対ユーロで1ユーロが150円から160円になる場合など。円安が進む要因には経済成長など経済の基礎的条件が悪化する場合，国際収支の赤字などで外貨の需要が強まる場合，円金利が低下する場合などのほか市場の思惑などで売られる場合もある。

円安が進むと外貨建商品の円貨額が増加するため，輸出が増加，輸入は減少しやすい。また輸入物価が上昇してインフレが進みやすい。

☞円高

お

オイルショック

1973年10月に勃発した第四次中東戦争を契機に原油価格の上昇と供給量の不足を第一次オイルショック，1978年にイラン革命によって発生した原油価格の高騰を第二次オイルショックという

石油危機（Oil Crisis）ともいう。1973年10月，エジプトとシリアの両国は，イスラエルに対して先制攻撃を仕掛け，第四次中東戦争が勃発した。この戦争でアラブ側は緒戦こそ優位に戦ったものの，徐々にイスラエルが盛り返して優勢に立つと，サウジアラビアをはじめとする石油輸出国機構（Organization of Petroleum Exporting Countries : OPEC）諸国は，イスラエルに友好的な国々に対して石油輸出の停止ないしは削減を行う戦略を発動し，それと同時に原油公示価格を1バレル当たり3,011ドルから11,651ドルと約4倍弱の引上げを決定した（1バレルは158.98リットル）。

原油価格の上昇と供給量の不足は，世界経済に深刻な不況とインフレを招き，これを第一次オイルショックという。また1978年のイラン革命によって，イランが全面的に石油輸出を停止したことから，当時，多少緩和していた石油需給が再び逼迫し，原油価格は1バレル当たり30ドル台に高騰して第二次オイルショックが生じた。この二度にわたるオイルショックは，原油価格を10倍以上も高騰さ

オイル・ダラー〈Oil Dollar〉

　産油国が原油価格高騰により得た余剰資金で，主にドル建で運用されたことからオイル・ダラーと呼ばれる。オイル・マネーともいう

　原油価格は第二次中東戦争に端を発した第一次オイルショック（1973年）とイラン革命の影響で起こった第二次オイルショック（1979年）時に高騰し，オイル・ダラーが増加した。

　第一次オイルショックにさいしてはオイル・マネーの還流策としてシンジケート・ローンが発展し，IMFによる資金還流策もとられた。また第二次オイルショック後には各国でエネルギー節減策がとられる一方，代替エネルギーの開発も進み，原油消費量は減少した。このためオイル・ダラーも減少し，1982年にはOPEC諸国の経常収支は赤字に転じた。その後，原油価格は2005年の40ドル台から2007年には100ドル近くまで上昇している。この背景には原油の需給以外に，世界の余剰資金，特にヘッジファンドなどがサブプライム問題（米低所得者向け住宅ローンのこげつき問題）から，投資資金を原油や穀物などに移したこともあるとみられている。

　また産油国はアメリカ経済の先行きへの不安から資産をドル中心からユーロなどへ分散しており，ユーロ・ダラーはユーロ・マネーとも呼ばれるようになっている。

ODA（政府開発援助）(オーディーエー)
〈Official Development Assistance〉

　先進国から発展途上国への資金の流れのうち，政府ないし政府実施機関によって供与され，途上国の経済開発，福祉の向上を目的として，グラント・エレメントが25％以上のもの

　先進国から発展途上国または国際機関に対する資金の流れのうち，つぎの三つの要件を満たすものがODAであるとされる。すなわち，①政府ないし政府実施機関によって供与される，②発展途上国の経済開発，福祉の向上に寄与することを目的とする，③資金援助条件が発展途上国にとって過重にならないようグラント・エレメント（Grant Element: GE）が25％以上であること。

　グラント・エレメント（贈与要素）とは，援助条件の指標のことで，金利，返済猶予期間，返済期間を総合して，資金供与条件が商業銀行に比較してどの程度緩やかであるかが算定される。商業ローンの場合をGE 0％とし，金利，返済猶予期間，返済期間が緩和されるに従ってGEの値は高くなり，完全な贈与の場合がGE 100％となる。

OECD（経済協力開発機構）(オーイーシーディー)〈Organization for Economic Cooperation and Development〉

　先進国が世界経済の成長拡大，貿易拡大などについて協議する国際機関

　1961年欧州復興のためのマーシャル・プランの受入機構である欧州経済協力機構（OEEC）が改組され，アメリカ，カナダが加わって発足した国際機関。先進国が世界経済の成長拡大，貿易拡大，発展途上国への援助などについて協議することを目的とする。事務局はパリに置かれ，日本は1964年に加盟した。

OEM (オーイーエム)
〈Original Equipment Manufacturer〉

　A製造業者が独自の仕様およびブランドで他社Bに対して製造委託し，同製品を買い付けて再販すること。日本では，混同して使用され受託者B社をOEMという場合もあるが，本来の意味は前者の委託者A社側をいう

　OEMの事例は，昨今，日本のメーカーがVTR，ハイファイセット等の製品に係わる生産コスト条件が合わなくなり，アジア諸国のメーカーに同製品を製

造委託し輸入し，ブランドは日本の委託者のものを使用し，日本市場で販売するケースである。米国では1950年代のIBM社の造語として始まり，日本では東芝やシャープが電子レンジやカーステレオを韓国メーカー等に対して比較的早い時期にOEM製造委託をスタートしていた形跡がみられる。

☞委託生産，貿易ビジネスの取引形態

OTM〈オーティーエム〉
〈Out of the Money〉

オプションの価値の状態を表わす言葉で，現時点であえて行使すれば損が生ずる状態にあるオプション

オプションの価値は本源的価値と時間的価値とから成り立っている。OTMは現時点であえて行使すれば損が生ずる状態にあるオプションであるが，オプションは権利であって義務ではないので，OTMの本源的価値はゼロで，マイナスとはならない。

OTMの状態にあるオプションでも，期日までに相場が変動して利益を生む可能性があるため，OTMのオプションでも通常は時間的価値を有する。

OTMの例としては，市場実勢が130円のとき，行使価格が135円のドル・コール（ドルを買う権利）や行使価格125円のドル・プット（ドルを売る権利）などがある。

☞ITM，ATM

オーディナリー・テレグラム（普通電報）〈Ordinary Telegram〉
☞通常電報

オーバーオール・ポジション
☞総合持高

オーバードラフト〈Overdraft〉
当座勘定や外国為替決済勘定などが残高以上に引き出され，残高がマイナスになること。O/D，OD

外国為替取引でコルレス銀行間の外国為替決済勘定が各種の取引の出入金のずれで一時的に残高が借残となることをいう。外国為替決済勘定（預け金）は輸出手形の取立てや被仕向送金などの取引で入金がある一方，輸入手形の決済や仕向送金の代金支払いなどで出金される。

こうした取引は出入金日を正確に予測することが難しく，一時的な残高不足となることがあるため，コルレス銀行の間で一定のオーバードラフトの許容，すなわちクレジット・ラインの設定などの手続きがとられる。

オープン・ポリシー（包括予定保険証券）〈Open Policy〉
一定の期間におけるすべての積荷を一括して，保険者（Insurer）と包括予定保険（Open Cover）を締結した場合に発行される保険証券

オープン・ポリシーは保険者と契約を締結するさい，①貨物品名，②数量，③保険金額，④船名などがさまざまな事情で確定できない状態で，包括的に保険契約を締結するが，のちに個々の輸出貨物の契約内容が確実にわかった時点で，被保険者（Insured）は保険者に確定通知を直ちに送付する。それによって保険者は確定保険証券（Definite Policy），あるいは保険承認状（Certificate of Insurance）を発行する。

オープン・ポリシーを契約する場合，保険料（Premium）は比較的低料金となる。なお，オープン・ポリシーの契約に基づいて発行された保険承認状は確定保険証券と同様の効力を持ち，保険金の請求ができる。

なお，輸入の場合，税関に提出されるcertificateは日本で「輸入証明書」と呼ばれる。

☞海上保険証券，保険証券

オール・リスク〈All Risks〉
1951年に協会貨物約款（Institute Cargo Clauses）として規定されたもので，一切の偶然的な危険を担保する保険

オール・リスク条件では、通常、輸出業者の工場から輸入業者の倉庫に貨物が移転するまでのすべての範囲の危険が担保される。といっても、実際上、保険会社は無条件にすべての責任を負うわけではない。通常、その保険の担保する範囲を明確に記載する必要がある。

オール・リスクの記載事例としては、つぎのようなものがある。All Risks Including Risks of Theft and Pilferage and Non-Delivery, Rain and Fresh Water Damage and Warehouse to Warehouse（全危険担保条件は盗難・不着の危険、雨漏れおよび淡水漏れの危険、両倉庫間の危険を含む）。

なお、旧貨物約款のオール・リスクは、1982年1月1日に改定された新協会貨物約款のICC（A）にほぼ相当する。

☞海上保険証券、全危険担保

送り状（おくりじょう）〈Invoice〉

一般的には、インボイスと呼び商業送り状のこと。売り主が買い主に宛てた積荷の明細を示した計算書。通関時や銀行買取などで必要とする主要な船積書類の一つである

輸出者が輸入者に宛てた商業送り状には、通常、運送貨物の明細、数量、単価、合計金額、積出地、仕向地、船舶名、船積日、荷印などが記入される。かつこれは、代金請求書であり、また、出荷案内状でもあり、貿易取引契約で取り決められた条件を正しく履行したかどうかを立証する最終的な確認書でもある。

送り状は、船荷証券や保険証券と並んで、中核的な船積書類である。輸出者が銀行買取を依頼する場合、銀行はL/C条件と、インボイスに記載されている明細が合致しているか否かについてチェックする。

輸出入申告でも送り状は必要とされ、日本の関税法（68条）や関税法施行令（60条）においては「仕入書」（輸入者からみれば仕入書である）と呼び、必要な記載事項などを規定している。

国内取引で使用される用語としての「送り状」と区別するため、貿易界では通常、「インボイス」と呼ぶ。これは、一般的に商業送り状（Commercial Invoice）を意味するが、さらに売買送り状、委託販売送り状、見本送り状、プロフォーマ・インボイスなどに分類される。これら商業送り状と区別するため、領事送り状や税関送り状などの公用送り状がある。

☞船積書類、領事送り状、税関送り状、プロフォーマ・インボイス

乙仲（おつなか）〈Freight Forwarder; Forwarding Agent〉

第二次大戦前の「海運組合法」における乙種海運仲立業の略称。当時の海運仲立業は、甲種と乙種に分類され、前者は不定期船の貨物の仲立ちを、後者は定期船の貨物の仲立ちを行うものと規定されていた。同法は1947年に廃止されたが、この乙仲という用語は今日でも一般的に俗称として使用されている。正式には海貨業者のこと

現行では、1951年に制定された「港湾運送事業法」のもとで、一般港湾運送事業を含む業者のなかに乙仲が含まれている。一般的に、狭義の乙仲は荷主の代わりに、貨物の運送を行って手数料を受け取る業者であるが、広義には保税地域への貨物の搬入、積込み、陸揚げのほかに、通関業の許可を受けて通関業務などを貿易業者のために、代行する海運貨物取扱業者（略して海貨業者）を正式には意味する。フォワーダー（Forwarder）ともいう。

☞甲仲、海貨業者、フォワーダー

オファー（申込み）〈Offer〉

通常、申込者が被申込者に対して一定の条件で契約を成立させる目的をもってなされる意思表示のこと。売り申込みを意味する場合が多い

貿易取引では、売り申込み（Selling Offer）、買い申込み（Buying Offer）、

逆申込み（Counter Offer，反対申込み）などがあり，申込者が被申込者に対して一定の条件で契約を成立させる目的をもって確実な通知方法でなされる意思表示をいう。単にオファーといった場合，売り申込みを意味する場合が多い。売り申込みは，一般的に確定売り申込み（Firm Offer）と不確定売り申込み（Free Offer）に大別される。後者のFree Offerには，通常，つぎのようなものがある。

1　確認条件付き売り申込み（Offer subject to seller's confirmation）
2　先売り御免売り申込み（Offer subject to prior sale）
3　未確約の売り申込み（Offer without engagement）

これら条件は，売り手の価格表などに記入されることが多い。ただし，上記の1などは「サブコン・オファー」といわれ，真正な申込みではなく「申込みの誘引」であり予備的交渉の段階で使用される。

☞ファーム・オファー

オファー・レート〈Offered Rate〉

資金取引や為替取引のインターバンク市場で，資金の出し手が提示する金利や通貨の売り手が提示する相場。ビッド・レートに対する言葉

ドル・コール市場やユーロ・ダラー市場で市場金利がたとえば4¼—⅛のとき，4¼％をオファー・レートという。すなわち，資金の出し手の希望金利は4¼％であり，現時点で資金を調達しなければならない取り手は4¼％を払うこととなる。このためオファー・レートはインパクト・ローンなど貸出しの基準に使われる金利であるといえよう。

一方，為替市場でたとえば125.10—20円のとき，125.20円をオファー・レートという。すなわち，ドルの売り手の希望相場は125.20円であり，現時点でドルを買わなければならない銀行は125.20円でドルを買うこととなる。このためオファー・レートは輸入予約など顧客のドル買取引の基準に使われる相場であるといえよう。

☞ビッド・レート

オフショア市場（——しじょう）

国内市場と隔離され，原則として非居住者と取引するための市場

非居住者から調達した資金を非居住者へ貸し付けるなど，運用，調達とも原則として非居住者と取引する市場である。居住者と取引を行う国内市場と原則として隔離されていることからオフショア（沖合）市場と呼ばれる。

オフショア市場のうちロンドンや香港は市場形成の経緯から原則として国内市場との資金移動が可能な内外一体型であるが，東京，ニューヨーク，シンガポールなどは国内市場と隔離されている内外分離型である。

オフショア市場は海外からも自由に参加できるほか，①為替管理などの規制が少ない，②源泉税が課せられないなど税制面で優遇されている，③準備預金が課せられないなど国際的に資金を集められるだけの条件が必要である。

☞東京オフショア市場

オプション付予約（——つきよやく）

為替予約にさいして通貨オプションを活用することにより，輸出入など為替予約を利用しやすく工夫した取引

たとえば予約レート130円の輸出予約を締結した場合，通常の為替予約では130円より円高が進んでも130円が確保される反面，130円を超えた円安となった場合，円安メリットを取ることはできない。しかし，通貨オプションを活用することにより，円安になった場合には円安メリットが取れ，逆に円高が進んでも130円は確保されるという方法が可能となる。

このようにオプションを利用することにより為替予約は安全かつ有利に組み立てることができるが，取組み時にオプシ

ョン料の支払いが必要である。したがってオプション付予約を利用するか否かの判断は利用者のニーズの強さとオプション料との比較で決まってくるといえる。なお上記の例は輸出予約であるが，輸入予約はもちろん，オプションを活用することにより上記以外にも各種の特徴を持った予約が可能である。

オプション取引（——とりひき）

特定の商品を将来，一定の価格で買ったり，売ったりする「権利」がオプションで，この権利を売買する取引がオプション取引である

たとえばドルを特定の相場（行使価格）で買う権利（コール・オプション）を買っておけば，ドルが行使価格以上に値上がりした場合，権利を行使してドルを買い，市場で高く売ることにより利益を得ることができる。もし値下がりしても権利を放棄することにより値下がりによる損失を被ることはない。

ただし，こうした権利を確保する（オプションを買う）ためには相応のコスト（オプション料，プレミアム）を支払う必要がある。したがってオプションの購入者のコストはオプション料を限度とし，期待利益は無限大の可能性がある。逆にオプションの売却者の収益はオプション料を限度とし，リスクの可能性は無限大となる。なおオプションにはコール・オプションのほか，プット・オプション（売る権利）がある。

オプションには上記の例のようにドルの売買を対象とする通貨オプションのほか，円やドルの金利の売買を対象とする金利オプション，債券の売買を対象とする債券オプションなど種々の取引がある。

オプション渡し先物（——わたしさきもの）
⟨Option Forward⟩

為替の先物予約の実行日を特定の一日に限らず一定期間とし，その間であれば実行日を予約締結企業が自由に選択できる為替予約

為替の先物予約を締結するにさいしては，輸出入などの取引の実行日が確定しないため，予約期日を一定の期間の幅を持たせた予約とし，実行日は輸出入などの取引に合わせて予約企業が選択する方法をとることができる。このように予約実行日を特定期間と指定した為替予約をオプション渡し先物と呼んでいる。

先物為替は金利差に応じてプレミアムまたはディスカウント体系となっている。このため，オプション渡しの期間は原則として短い方が予約相場は予約企業にとって有利となる。これは，予約期間中のいつ実行するかのオプションが予約企業にあるため，銀行は期間中いつ実行されても損失の発生しないような相場を決める必要があるからである。

なお，オプション渡し先物の期間の選び方には暦月渡し，順月渡し，特定期間渡しなどがある。

☞順月オプション渡し，暦月オプション渡し

オンデッキ・カーゴ ⟨On Deck Cargo⟩

甲板積み貨物のこと。貨物の性質や慣習上船艙に積み込むことができず，甲板上に積み込まれる貨物をいう

貨物は船艙内への積込みが一般的であるが，危険物や動物など船艙への搬入が困難な貨物は甲板積みされる場合がある。こうした甲板積み貨物は，海水漏れ，投荷，紛失の危険が大であり，一般的な海上保険ではその損害が填補されず，海上保険の特約が必要であり，したがって保険料も船艙内の貨物に比較して割高となる。またこれら貨物の運送料も割増しされ，あらゆる危険は荷送人が負担することになる。

オンボード・ノーテーション
⟨On Board Notation⟩

船積付記のことでオンボード・エンドースメント（船積裏書：on board endorsement）ともいう。発行される船荷証券が

受取式の場合に，船積みの完了やその年月日を記載することを指す

受取式船荷証券の場合，船積完了の記載や，船名などが不確定の場合があり，船積みが実際に実施された旨を記載していない。信用状条件等で船積式船荷証券が要求されているさいに，買取銀行は通常，受取式船荷証券では，船積完了や実際の船積年月日が不明であり危険であるために買取りを拒絶する。したがって発行された受取式船荷証券は，即座に船積年月日や船積完了の旨を証明した船積裏書が必要になる。これにより受取式船荷証券は船積式船荷証券と同じ効力をもつことになる。たとえば受取式船荷証券であるコンテナB/Lはこの裏書により買取りが可能である。

☞**受取式船荷証券，コンテナB/L，船積式船荷証券，船荷証券**

か

海運同盟（かいうんどうめい）
〈Freight Conference〉
　運賃同盟ともいう。船会社の設定する運賃などについて一定の協定を結び，各船会社間での競争を公平にすることを目的としている

　定期船をもつ船会社が過当競争を防止するために運賃などに関してカルテルを結ぶことを指す。海運同盟には，加盟が容易な Open Conference と加盟に一定の条件を課す Closed Conference とがある。とくに運賃に関しては，同盟船のみを利用する荷主に対しては契約運賃率を，同盟外の船会社も利用する荷主に対しては非契約運賃率を適用する二重運賃制をとっている。ただし，今日では航路によって同盟内の運賃競争，同盟と同盟外が協調した行動をとったりして，この制度が事実上意味をなさない傾向が強い。

海外投資保険（かいがいとうしほけん）
　貿易保険の一つで，日本の海外投資者が株式の取得，出資用資金の海外合弁企業への長期貸付金債権，社債，不動産などの投資を行った場合，非常危険または信用危険によって受けた損失を塡補する保険制度

　保険の対象と海外投資は，つぎのとおりである。
　1　株式等（1号投資）：本邦法人が新たに外国で合弁企業を設立することにより取得する株式等，既存の外国法人から取得した株式等
　2　貸付金債権（2号投資）：本邦法人が外国で合弁企業を設立するさいに，相手国の出資者（パートナー）の出資用資金を長期に貸し付ける債権，もしくはパートナーによるこの出資用資金の長期借入れのため，本邦法人が保証債務すること
　3　社債等（3号投資）：本邦法人が外国法人等の発行する社債・公債等の引受け，もしくは外国法人等に対する長期貸付け，もしくはこれらの資金にあてるための保証債務
　4　不動産等（4号投資）：本邦法人が外国で行う事業活動のため，取得した土地建物等の不動産や鉱業権・工業所有権等
　5　公債等（5号投資）：本邦法人が長期契約に基づき，鉱物・木材等の開発輸入を行った場合，外国法人等に対するそれに必要な公債等の引受け・長期融資，もしくはそれらの保証債務

　本邦法人がこれらの海外投資を行って，非常危険や信用危険によって被った損失の40～90％程度まで現行では塡補される。また，保険料率は0.55～1％ぐらいである。
　☞**貿易保険制度，信用危険，非常危険，貿易保険法**

外貨売渡外国為替（がいかうりわたしがいこくかわせ）
　仕向送金などで外貨が海外で実際に支払われるまでの経過勘定

　郵便による仕向送金（メール・トランスファー；Mail Transfer）などの場合，顧客に外貨を売り渡しても，外貨が実際に海外のコルレス銀行に預けてある仕向銀行の口座から引き落されるまでには郵便日数程度の遅れが生ずる。この間の勘定処理のための経過勘定が外貨売渡外国為替勘定である。

　すなわち，送金取組時に顧客から受け入れた資金はいったん外貨売渡外国為替勘定に入金され，郵便日数程度経過後，同勘定から外国他店預け勘定に振り替えられる。こうした経過勘定を通すことにより，勘定処理が実際の資金の動きをよりよく反映することとなる。

外貨買入外国為替（がいかかいいれがいこくかわせ）
　輸出手形の買取り，T/C の買取りなど

で買取銀行が海外で実際に外貨を受け取るまでの経過勘定

一覧払手形の買取りの場合（もしくはT/Cなどの買取りの場合）銀行は買い取った後、海外に取立てに回し、資金回収するが、それには郵便日数程度の期間を要し、資金の立替えが生じる。この間の勘定処理のための経過勘定が外貨買入外国為替勘定である。

すなわち、手形買取り時に外貨買入外国為替勘定を起票し、代り金を顧客の預金口座に入金する。また海外での取立てが完了した後は、外国他店預け勘定を起票し、外貨買入外国為替勘定を決済し一連の取引が終了する。ユーザンス付手形買取りの場合は、決済まで数ヵ月かかるのが通常であり、外貨買入外国為替は経過勘定というより、一定期間の資金の融通という性格を持つ。

☞ トラベラーズ・チェック、期限付手形

外貨貸付（がいかかしつけ）

外貨による貸付けのことであるが、一般的に本邦の外国為替銀行が居住者に対して行う外貨建の貸付け、すなわちインパクト・ローンを指していうことが多い

外貨による貸付けには、輸入ユーザンスの一つである本邦ローン、非居住者に対する本邦外国為替銀行の外貨貸付である現地貸付などがあるが、いずれも、通常、外貨貸付とは呼ばない。

☞ インパクト・ローン、自行ユーザンス、現地貸付

海貨業者（かいかぎょうしゃ）
☞ 乙仲

外貨決済（国内）（がいかけっさい）

国内の企業などの間で行う外貨による代金決済。旧外為法では規制されていたが、改正外為法により自由化された

旧外為法では国内における外貨による代金決済は認められていなかったが、1998年施行の改正外為法で可能になった。たとえば、A社が原材料を輸入して部品を製造し、それをB社に販売し、B社はその部品を使って製造した製品を海外に輸出するケースを考えてみよう。A社は輸入代金として支払う外貨と、B社から受け取る円貨との間に為替リスクを負う。一方、B社も輸出代金として受け取る外貨と、A社に支払う円貨との間に為替リスクを負う。こうしたケースでは、A社とB社が、改正外為法によって可能になった外貨決済を行うことにより双方とも為替リスクを回避することが可能になる。

外貨準備（がいかじゅんび）

一国の中央銀行（通貨当局）が対外支払準備として保有する金および外貨資金

日本では毎月末、財務省からその残高が発表されるが、その内容は、金および外国銀行への預金、外国政府証券、SDR（IMF特別引出権）、IMFリザーブ・トランシュの合計額となっている。

一国の準備高は、対外債務支払能力など、その国の信用力を判断する上での重要な指標であり、その増減は、景気の動向や経済成長を予測する場合の重要な判断材料となる。

☞ SDR

外貨建相場（がいかだてそうば）

100円＝0.8米ドルというように、一定量の邦貨に対する外貨額を表示する方式。受取勘定建ともいう

外国為替相場の表示のしかたには外貨建相場と邦貨建相場（自国通貨建相場、1米ドル＝120円表示）があり、現在日本では邦貨建相場が使われているが、イギリス、オーストラリア、ニュージーランドなどでは外貨建相場を使用している。

なお、ヨーロッパ主要国で新たに導入された新通貨「ユーロ」は、1ユーロ＝1.1150ドルなどのように表示されており、外貨建相場の方式がとられている。

外貨預金(がいかよきん)

米ドル，スイス・フラン，オーストラリア・ドルなどの外国通貨建で外国為替銀行に預け入れする預金のことで，当座，普通，通知，定期などの種類がある

1980年に外為法改正の施行により，残高規制が撤廃されたことにより，誰でも自由に外国為替銀行に外貨預金を開設することができるようになった。

また，外貨預金は，臨時金利調整法の対象外であり，金利，期間は自由に設定できる一方，外貨による預入れであるため，円投による外貨預金の場合は為替リスクがあり，為替相場の変動により為替差額の発生も考えられる。この為替リスクを回避し，円利回りを確定するためには，満期時に合わせて先物予約の締結が必要となる。

外貨預金に関する税金は，利子所得に対する税金と為替差益に対する税金があり，個人の場合は，利子所得に対する税金は源泉分離課税扱いで，20％の源泉徴収，為替差益は雑所得扱いで雑所得の合計が20万円以内であれば申告の必要はない（ただし，あらかじめ利回りが決まっている定型商品は除く）。また，為替差損については所得控除はされない。

法人の場合は為替差益，差損とも全体の収益に算入され課税所得の計算に組み入れられる。利子所得も20％源泉徴収され所得として申告しなければならない。

☞円転・円投

買為替(かいがわせ)

被仕向送金や輸出手形の買取りなど銀行が顧客から外国為替を買う取引

外国為替銀行が顧客から外国為替を購入する取引。通常外国為替取引では為替の売買を銀行の立場で表現するため買為替には被仕向送金や輸出手形の買取りなどが該当する。なお，為替取引には契約と資金決済が同時に行われる直物為替と契約後一定期間後に資金決済が行われる先物為替とがある。将来の被仕向送金や輸出為替などのため顧客が先物為替予約を締結すると，この予約は先物買為替となる。

☞売為替

外国為替(がいこくかわせ)

内国為替に相対する用語としての外国為替（狭義の外国為替）

すなわち，隔地者間の債権債務の決済を現金の輸送を伴わずに手形，小切手などの信用手段を用いて決済する方法を為替というが，債権債務者のどちらか一方が外国にある場合を外国為替という。

国内業務に相対する用語としての外国為替（広義の外国為替）

外国為替業務は国際間の資金の移動のみならず国際間の与信，受信業務，あるいは国内の外貨建の取引のすべてを含んで外国為替という。

外国為替及び外国貿易法(がいこくかわせおよ—がいこくぼうえきほう)

日本の為替・貿易管理の基本法。通称「外為法」。1949年に制定され，その後の日本の経済発展と国際化の進展に伴い，1979年に改正された。現在はさらに抜本的に自由化された改正外為法が1998年から施行されている

日本の為替・貿易管理の基本法として1949年に「外国為替及び外国貿易管理法」として制定された。1979年日本経済の国際的発展のなかで，従来の原則禁止の法体系は原則自由の体系に改正された。さらに，金融・資本取引のグローバル化に対応するため，為銀主義を含めた外為法の改正準備が進められ，1998年4月1日，大幅に改正された改正外為法「外国為替及び外国貿易法」が施行された。管理色を払拭したことから，名称からも「管理」が消えた。

外国為替公認銀行(がいこくかわせこうにんぎんこう)

旧外為法に基づいて外国為替業務を行うことが認められた銀行。改正外為法によりこの制度は廃止された

外為法に基づいて外国為替業務を行うことが認められた銀行で，顧客との為替業務を行うことができるが，それに伴う外為取扱店舗の新設，コルレス契約締結，為替持高などについての規制の対象となっていた。

☞コルレス契約

外国為替市場（がいこくかわせしじょう）

　外国為替市場とは外国通貨を売買する市場のことをいう

　世界の代表的な外国為替市場はニューヨーク，ロンドン，シンガポールなどにあり，日本の場合は日本橋，丸の内，大手町などを中心に市場が形成されている。国別の市場規模は2007年の中央銀行の調査によれば，①英国，②米国，③スイス，④日本，⑤シンガポールとなっており，日本は3年前（04年）の3位から4位に後退している。

　外国為替市場は電話や電子ブローキングによる取引が中心で立会場はない。従来の電話による取引は手数料，事務処理などの観点から電子ブローキングを使ったシステム取引に移行が進んでいる。市場参加者は一般銀行，中央銀行のほか企業も参加するが，ブローカーは電話取引の減少により，存在感は低下している。

　中央銀行は為替相場の誘導や乱高下対応などのため，常時市場を監視し，必要と判断した場合には，市場において必要通貨の売買を行う。これが外国為替市場における市場介入である。

　なお，日本には従来，外国為替公認銀行の制度があり，公認された金融機関のみが外国為替市場に参加できるという制度がとられていた。1998年に改正外為法の施行により，公認銀行の制度がなくなったため，現在では，海外の主要市場と同様に，金融機関以外の企業なども外国為替市場に直接参加することができるようになっている。

外国為替証拠金取引（がいこくかわせしょうこきんとりひき）（**外為証拠金取引**）

　証拠金を担保として行う為替取引。少額から行え，インターネットを利用できることなどから，個人を中心に取引が拡大している。高金利通貨のメリットをとるために，外貨預金が利用されてきたが，外為証拠金取引はこうした目的を含めて利便性が高い

　外為証拠金取引は，①相場変動に対応して，機敏に売買が行える，②高金利通貨を買って，保有している間は，円との金利差に相当するスワップ・ポイントを得ることができる，③通貨売買の手数料は外貨預金の場合より安いケースが多い，④証拠金の何倍もの取引を行うレバレッジ機能の利用も可能であるなどの取引メリットがある。

　一方で，外貨預金と異なり，銀行以外の業者も取扱いができるため，取扱業者の信用度が重要な要因となる。また，この取引も，円キャリー・トレードと同様，取引開始時点では為替相場の円安要因として働きやすい。

☞円キャリー・トレード

外国為替の引直し（がいこくかわせ―ひきなおー）

　外国為替銀行が決算期中において売買した外国為替の損益を算出することや，決算日における外貨建資産・負債を円貨に換算することにより差損益を算出することを外国為替の引直しという

　引直しの方法については，1990年3月30日大蔵省（現財務省）銀行局銀行課長の事務連絡により改訂され現在に至っている。引直しの対象となる資産などは外国通貨，外貨建債権債務および通貨先物取引にかかわる先物売為替，先物買為替などの外国為替持高の規制の対象になっている外貨建債権債務などに所定の調整を加えた資産などである。

　引直し損益の算出は，各外国通貨ごとに直物と先物に分区して行う。

　直物は決算日における直物外貨建資産

と直物外貨建負債との差額に決算日のTTMを適用して算出した円換算額から，直物外貨建資産および直物外貨建負債の取得時または発生時の取引に適用した為替相場により算出した円貨額の借方の合計額と貸方の合計額の差額を差し引いて算出する。

先物為替は先物買為替または先物売為替の外貨額に，決算日における同一期日の先物為替の先物仲値相場により引直値を求め，おのおのの先物為替予約の持値との差額により損益を算出する。

また，通貨先物取引にかかわる先物買為替または先物売為替の引直損益は，通貨先物取引の建玉について個別に当該取引所の清算価格を適用して算出した引直値と当該建玉の契約価格を適用して算出した持値との差額により算出する。

なお，決算日の翌日から起算して残存期間が1年を超える先物為替から生じる引直損益は，決算日における長期金利により割り引いた現在価値相当額を計上する。

また，資金関連スワップ取引および通貨スワップ取引などにかかわる直物為替，先物為替または先物為替に対応して先物外貨資産などに計上した将来授受すべき金額および期日の確定している外貨利息相当額の損益は，資金取引と認識し期日計算のうえ損益を認識する。

☞**金利スワップ，通貨スワップ**

外国他店預り（外国他店預け）（がいこくたてん,あずか—）

コルレス契約先の銀行が当方に開設する外国為替決済勘定のこと。逆に当方がコルレス契約先の銀行に開設する勘定のことを外国他店預けといい，両方を総じて，外国他店勘定という

たとえば，コルレス先の銀行が顧客から当方顧客向けの送金を受け付けた場合，当方はコルレス先銀行の指示に従いコルレス先の勘定（外国他店預り）から該当金額を引き落とし顧客勘定に入金する。

また，当方で輸入決済をする旨コルレス先銀行が約したL/Cに基づき当方は輸入決済代金をコルレス先銀行の勘定（外国他店預り）から引き落して当方顧客勘定に入金する。

☞**コルレス契約**

外国向為替手形取引約定書（がいこくむけかわせてがたとりひきやくじょうしょ）

輸出手形買取りに関する基本的な約定書である

貿易業者が銀行に輸出手形の買取りを依頼する場合，銀行取引約定書のほかに外国向為替手形取引約定書，先物外国為替取引に関する約定書，輸出為替取組依頼書などが必要である。

約定書の内容は，外国為替手形およびその他用語の定義，本約定の適用範囲，担保についての規定，保険金の受取権についての規定などである。

外債（がいさい）

外国において発行・募集される債権のことで，通常，額面金額，クーポンが外国通貨で表示されているが，いわゆるユーロ円債も外債とみなされる

日本の場合，発行者は政府（国債），政府関係機関（政府保証債）あるいは地方公共団体等および民間企業（民間債）であり，国債および政府保証債は特別法に基づき発行される。

また，非居住者が日本において発行・募集する円建の債券を円建外債，外貨建の債券を外貨建外債とも呼んでいる。

海上保険証券（かいじょうほけんしょうけん）
〈Marine Insurance Policy〉

海上保険契約が成立したことを明らかにするため，保険者が発行する証券。船舶や積荷などから生じる損害について填補する。貿易取引では，通常，積荷を保険の対象とする場合が多い

一般的な海上貨物保険は，どのようなリスク（担保危険）に対して保険会社がどの範囲までの責任をもち，その危険か

ら生じた損害についてどの程度までカバーするかの保険条件が問題となる。すなわち，保険条件とは，担保危険および損害塡補の範囲（保険者が引き受けたリスクから生じた損害に対してどの程度の保険金を支払うか）を意味する。

保険塡補の対象の損害には，全損と分損があり，前者は現実全損と推定全損，後者は単独海損と共同海損に分けられる。塡補範囲の種類は，①分損不担保（FPA），②分損担保（WA），③オール・リスク（All Risks）がある。

①FPAは，原則として全損と共同海損，②WAは全損，共同海損，単独海損をカバーし，小損害免責歩合（Franchise）が適用される。③All Risksは①と②でカバーできないすべての危険を担保する。ただし，戦争・ストライキなどは担保する範囲ではないので，特約により"All Risks Including War Risks and SRCC"とする。これらは，ロンドン保険業者協会の旧協会貨物約款（ICC：Institute Cargo Clauses）に基づく保険条件であって，1982年1月1日に改定され，新協会貨物約款のICC（A），ICC（B），ICC（C）などとなった。日本では，同年7月1日から実施されている。

☞保険証券，新協会貨物約款，全損，分損，共同海損，オール・リスク，小損害免責歩合，ストライキ約款，戦争危険

開設銀行 (かいせつぎんこう)
輸入者のための輸入信用状を発行する銀行のこと

開設銀行は取引先より信用状開設の申込みを受けたときは，与信審査を十分に行った上で開設に応じなければならない。なぜなら信用状開設から最終決済まではユーザンス期間，ハネ融資期間も含めて与信期間が1年以上になることもあり，また輸入商品の販売代金で必ずしも開設銀行の与信金額をカバーできるとは限らないためである。このため与信に少しでも不安があるときは担保徴求などの信用補強の策を講じなければならない。

☞輸入ユーザンス，はね返り融資，信用状

買相場 (かいそうば)
輸出手形の買取りや被仕向送金などに適用される為替相場

為替相場の買相場，売相場は為替銀行の立場から外貨を買ったり，売ったりする相場である。すなわち買相場は銀行が顧客から外貨を買う場合に適用される相場である。たとえば，一覧払輸出手形の買取りに適用される一覧払輸出手形買相場（At Sight Buying Rate）や被仕向送金に適用される電信買相場（TTB）などは買相場である。

☞売相場，一覧払手形買相場，TTBレート

外為経理処理に関する統一基準 (がいためけいりしょりーかんーとういつきじゅん)
1990年3月の大蔵省（現財務省）事務連絡として発表された，外国為替の経理処理に関する新基準のこと

従来より外為経理基準は存在していたが（旧外為経理基準）外国為替取引の複雑化・多様化に伴って，旧基準では対応できず，外為銀行の収益算出時に不都合が生じ，そのため銀行の収益に与える影響も無視できなくなり，全銀協・経理専門委員会および旧大蔵省などにおいて検討が行われ新経理基準が制定されたものである。

新経理基準の特徴は，①直物と先物とを区分しておのおのに引直損益を算出する，②マーク・ツー・マーケット方式の導入，③長期の先物予約については現在価値に引直して損益計上を行う，④資金関連スワップなどにかかわる売買損益は利息収支として認識する，といったことがあげられる。

回転信用状 (かいてんしんようじょう)
⟨Revolving Credit⟩
一定の条件のもとで金額が自動的に更

新される形式の信用状

同一種類の商品を同一の取引先から継続的に輸入する場合，そのすべてについて信用状の開設を依頼しようとすれば金額的にも多額となり，期間も長くなるのでコストがかさむ。それを回避するために考え出された信用状である。

更新される形式には，つぎのようなものがある。

・手形が決済される都度その金額だけ信用状金額が元に戻るもの
・手形振出し後一定期間が経過するとその金額分だけ元に戻るもの
・船積みするごとにその金額分だけ元に戻るもの
・一定期間ごとに一定金額が元に戻るもの
　☞信用状

買取銀行（かいとりぎんこう）

輸出為替手形やクリーン・ビルの買取り（手形，小切手の代り金回収前に銀行がその手形，小切手を顧客の依頼により買い取ること——割引）を行った銀行

買取銀行は輸出為替手形の買取りに当たっては，手形および船積書類が信用状の条件に一致し，書類相互間に不一致がないことを確認して買取りに応じなければならない。また信用状なし輸出手形の買取りに当たっては，輸出手形保険付といえども，買取依頼人の信用調査を十分に行う必要がある。

もし仮に信用状不一致事項が発見された場合は買取りを行わず取立扱いにするか，信用状の条件変更（アメンドメント）を求めるか，信用状発行銀行に不一致内容を伝え買取りの応諾を得る（ケーブル・ネゴ）かしなければならない。

　☞荷為替手形，クリーン・ビル，船積書類，アメンドメント，ケーブル・ネゴ

開発輸入（かいはつゆにゅう）

大手小売業者のイトーヨーカ堂・イオン・ユニクロ等や卸売業者の特別な仕様書に基づいて，海外工場に委託生産により商品を製造し，それを輸入し国内の店舗で販売すること

旧来は，総合商社等が資源開発のため開発途上国のインフラを整備しプラント輸出などを行い，現地で生産されたものを輸入することであったが，昨今，小売業者等が多様な商品の品揃えのため，外国の製造業者に対して特注することを意味するようになっている。

開発輸入のポイントは，商品のコスト安，内外価格差，季節の違い，国内商品の高騰等によりメリットを海外に求めることである。従来，開発輸入の弱点は商品の品質問題・納期のリードタイムの問題・ロットリスクなどが存在していたが，近年，特にアジア諸国の輸出拡大に伴い工場の選択肢によっては品質管理の向上，納期のリードタイムの短縮などについて，相対的に問題が少なくなりそのメリットを十分に活かせるようになってきている。

例えば，アパレルの開発輸入において小売業者によっては，国内で売れ筋の商品を探索しその傾向をつかみ，新たなものを独自にデザインして海外に発注し生産された商品を空輸で輸入する期間が1ヵ月ほどですむケースもみられるので，なんら国内の仕入れと変わりない場合もある。

開発輸入で海外委託先のメーカーの選択方法は，同委託先がすべての生産工程を自社工場でまかなっているのか，または一部の工程をさらに委託しているのか，生産技術・生産設備・生産能力・生産コスト・原材料や部品等の調達能力・問題発生時の対応能力などの適性について十分に事前調査することにある。

チェーンストアと百貨店の開発輸入の比率は，概して前者のほうが後者よりも高く，調達国は前者のアジア諸国および後者の北米・欧州が多いといえる。また，チェーンストアでは衣料・住関連・食品の分野において開発輸入品の割合が高いようである。

小売業者等の開発輸入に対して、製造業者が海外の自社工場で生産した製品を輸入する「逆輸入」、海外委託生産に基づき生産した自社ブランド製品等を日本国内へ輸入するOEMの貿易ビジネスの取引形態もある。
☞逆輸入，OEM，貿易ビジネスの取引形態

買持（かいもち）〈Overbought Position〉
外貨債権が外貨債務を上回っている状態

外貨建の債権と債務の差額を持高といい、外貨債権が外貨債務を上回っている状態を買持，外貨債務が外貨債権を上回っている状態を売持と呼んでいる。外国為替持高には直物持高と先物持高およびその合計である総合持高がある。

直物持高が買持の場合は円を投入して外貨債権を取得しており，円投（入）の状態にあるという。また総合持高が買持の場合，その外貨の為替相場が上がれば為替益が発生し，逆に下がれば為替損が発生することとなる。
☞売持

カウンター・オファー〈Counter Offer〉
申込者（Offerer）によるオファー（申込み）に対して、被申込者（Offeree）がそのオファーの内容の変更や修正を要求する新たな申込みのこと。カウンター・オファーは反対申込みまたは逆申込みともいわれる

申込者による最初のオファーを無条件に承諾するケースは実際には少なく、通常は価格の値引や船積期日の変更などの要求が反対申込みとして行われる。そして原申込者がそれを絶対的かつ無条件に承諾した段階でこの契約は成立する。

カウンター・オファーを原申込者に対して提出するときには、通常、原申込者からのオファーの電子メール等の授受の確認と同時にその内容を述べ、それに加えてカウンター・オファーの内容を伝える。カウンター・オファーを行うことによって、最初の申込みの間違いなどを発見することもできる。
☞オファー

カウンター・トレード
〈CT：Counter Trade〉
カウンター・トレードの国際的に確立した定義はなく、「輸出と輸入を結合し、相互に均衡を求めて行う双務的取引の総称」と広義に定義される

カウンター・トレードに関する国際的に確立した定義はなく、「輸出と輸入を結合し、相互に均衡を求めて行う双務的取引の総称」と広義に定義されるのみである。たとえば、アメリカ商務省では、カウンター・トレードを「売り手が、当該産品に対する一部または全額の決済を、物または他の取引手段をもって充当されることを受諾すべく要求される国際貿易」と規定し、バーター取引、カウンター・パーチェス、バイ・バック、スイッチ貿易（Switch Trade）を含むとしている。他方、アメリカの国際貿易委員会は、商務省の定義範囲に相殺方式（Offset）を加えたものを、またイギリス通産省は、アメリカ商務省の規定する範囲に清算勘定（Clearing Account, Evidence）を加えたものをカウンター・トレードと称している。
☞求償貿易，バーター貿易，カウンター・パーチェス，スイッチ貿易，バイ・バック，相殺方式

カウンター・パーチェス
〈Counter Purchase〉
輸出者が商品を輸出した場合に、見返り条件として輸入国から物資を購入することを義務づけられ、並行的に二つの売買契約が結ばれる取引形態をいい、「見返り購入」とも呼ばれる

販売した額に相当する購入を見返りとする並行取引（Parallel Transaction）の形態をいい、輸出者が商品を輸出した場合に、見返り条件として輸入国から物資を購入することを義務づけられ、並行

的に二つの売買契約が結ばれることから、「見返り購入」とも呼ばれる。ただし、輸出者が保証する見返り購入額は、100％の場合もあれば部分的購入だけの場合もあり、いずれにせよ通常は両契約が同時に締結される。

この方式は、元来、東西貿易において東欧諸国の要求により形成されてきたものであるが、東欧諸国産の商品のなかには、品質的、規格的に国際商品になりにくいものや、価格的に割高なものが多く、したがって、見返り購入品の発見が困難であったり、見返り品の金額が相手の要求額になかなか満たないなどの点が、問題点としてあげられている。

しかし、とくに1982年初頭にインドネシアがこの方式を制度化して以来、カウンター・パーチェスは国際的に脚光を集め、現在世界で行われているカウンター・トレードの半数以上を占めるに至っている。

☞東西貿易

確定日渡し（かくていびわた―）

顧客との為替予約取引において、受渡し時期を将来の一定の期日とする決め方をいう

予約の受渡し時期の決め方には、上記確定日渡しと一定の期間内の受渡しを行えばよいオプション渡しに分けられる。

また、確定日渡しには契約日から起算して1ヵ月、2ヵ月などの各月応答日を受渡し日とする順月応答日渡し、ある特定日を受渡し日とする特定日渡しとがある。

なお、対顧客先物予約相場は確定日渡しの場合はその確定日までのスプレッドで計算し、オプション渡しの場合はその期間中銀行にとって一番有利な相場（プレミアム体系であれば売りについては予約期間最後の日、買いであれば最初の日の相場）が適用される。

☞プレミアム

確認義務（かくにんぎむ）

外為法17条および18条に規定されている銀行などが行わなければならない確認義務のことをいう

外為法17条では許可を要する取引の銀行等の確認義務を、また18条では外国へ向けた支払いにかかわる銀行などの本人確認義務を規定している。

確認銀行（かくにんぎんこう）

信用状の信用度を高めるために信用状に輸出地の銀行などがさらに支払いの約束をつけ加えることを確認といい、確認を行った銀行を確認銀行と呼ぶ

☞確認信用状

確認信用状（かくにんしんようじょう）

信用状の信用度を高めるために信用状に輸出地の銀行などがさらに支払いの約束をつけ加えることを確認といい、確認された信用状を確認信用状、確認を行った銀行を確認銀行という

確認は信用状発行銀行の倒産などによる支払不履行のリスクを避けるために行われるものであるが、信用状統一規則によれば「確認とは、手形振出し人の償還義務を免除して為替手形を買い取ること」と規定されていることから、条件不一致による支払拒絶を受けた場合、あるいは発行銀行の倒産などによる支払不履行にさいしては、輸出者へ買取代金の返還請求はできないこととなっている。ただし、日本においては外国向為替手形取引約定書5条の規定により輸出者に対し買取代金の返還請求をすることができる。

☞信用状統一規則、外国向為替手形取引約定書

加工貿易（かこうぼうえき）

一般的には、海外から原材料等を輸入し、それを加工し、その製品を輸出すること。委託加工貿易は、その一つの貿易形態。また、日本の現行の貿易管理制度でいう加工貿易もある

委託加工貿易とは，ある国の業者が，外国の委託者から原材料の全部または大部分の支給を受け，それを加工し，その貨物を委託者の指定する者に輸出し，加工賃を受け取る貿易形態をいう。

通常，順・逆のケースに分かれ，順委託加工貿易は，日本の業者が外国の委託者から原材料を供給され加工委託され，逆委託加工貿易は，日本の業者が委託者となり，外国の受託者に原材料を支給し加工してもらう場合である。いずれの場合でも，その加工賃を海外から受け取るか，海外へ支払うかである。一般的にいって，日本の労賃が安いときには，順委託加工貿易が多く，昨今のように高くなれば逆委託加工貿易が増えることになる。日本の貿易管理制度では，委託加工貿易は原則的に自由であるが，織物の絞り・刺しゅう加工などの「指定加工」を海外に委託し，それに必要な「指定加工原材料」を輸出する場合には，輸出の承認を必要とする。

単に「加工貿易」とは，IQ品目等を外国から輸入し，それを二次製品に加工し輸出（中継加工貿易）する場合で，政府の承認を要する。
☞委託加工貿易

GATT（ガット）〈General Agreement on Tariffs and Trade〉
関税および貿易に関する一般協定の略称。関税およびその他の貿易障害を軽減し，通商の差別待遇を廃止することにより，各国の経済発展をはかることを目的とした多数国間条約

IMFが第二次大戦後の国際通貨・金融の安定をはかる目的のために設立されたのに対して，GATTは自由・無差別・多角的貿易の拡大を実現するために1948年に発効した。

GATTでは具体的に，関税引下げ，輸入制限の撤廃，非関税障害の軽減，最恵国待遇の保持，農産物問題などについて幅広い交渉が行われた。しかし，GATTは多くの貿易促進の理念を掲げているが，現実においては多国間の利害調整のために，地域的経済統合や緊急輸入制限などの多数の例外規定が盛り込まれている。

GATT設立以降から1985年に至るまで，関税引下げのための関税交渉は7回開催された。とくに，ケネディ・ラウンドおよび東京ラウンドでは，工業品の関税引下げ率の成果が大きかった。同ラウンドにおいては関税交渉ばかりでなく，非関税障壁問題も取り上げられ，とりわけ東京ラウンドでは，多国間協議を通じて国際的統一ルールの策定がある程度まで実現した。

1986年に始まった第8回のウルグアイ・ラウンドの交渉は，変貌する世界情勢に対応し，とくにサービス貿易，貿易関連投資措置（TRIM），知的財産権（TRIP）などに関連する新しい分野の問題解決に取り組んだ。また，農産物問題にも取り組み，ラウンド交渉では最も長い9年をかけて，1994年にようやく決着をみた。なおGATTは，1995年，新たに国際機関として発足した世界貿易機関（WTO）にその役割を譲ることとなった。
☞WTO

GATS（ガッツ）〈General Agreement on Trade in Services〉
サービス貿易に関する一般協定の略称。GATTが財の貿易に係わるのに対して，GATSは，特に先進国のサービス貿易の比率が高まったので，サービス貿易を促進するためWTOを設立するマラケッシュ協定（WTO協定）の附属書1Bとして，同協定の一部となった。本協定は，前文，本文，8個の「附属書」および各国の「約束表」から構成されている

GATSの対象となるサービスの範囲は，「政府の権限の行使として提供されるサービス以外のすべての分野におけるサービス」をいい，職能サービス，通信，建設・エンジニアリング，流通，教育，環境，金融，健康・社会事業，観光，娯楽，運送，その他の12分野に分類

されている。GATSでは，四つの態様（モード）によりサービスの貿易が分類されている。

① 国境を越える取引

一方の加盟国から他方の加盟国領域へサービスを提供。例，海外のカタログ通信販売の利用。

② 海外での消費

一方の加盟国領域内で，他方の加盟国のサービス消費者に対してサービスを提供。例，海外で航空機等の修理。

③ 業務上拠点を通してのサービス提供

一方の加盟国のサービス提供者が，他方の加盟国領域内の業務上拠点を通して行うこと。例，海外現地法人が提供する流通・運輸サービス等。

④ 自然人の移動によるサービス提供

一方の加盟国の自然人が他方の加盟国へ入国し，現地の消費者にサービスを提供。例，外国人弁護士が海外に短期滞在し法律サービスを行うこと。

GATSの基本原則には，加盟国に対して最恵国待遇，内国民待遇，透明性，市場アクセスなどの種々のルールを遵守することを義務づけている。

☞ GATT, WTO

為替裁定取引（かわせさいていとりひき）

同一時点の複数の為替市場における為替相場の不均衡を利用して行う鞘取り

為替裁定取引は異なる市場で同時に為替の売買を行うが，その結果，市場相場は均衡し一点に収束する。

また裁定取引が二国間で行われる場合を直接裁定，3ヵ国以上にわたる場合を間接裁定という。

為替操作（かわせそうさ）

外国為替銀行の営業活動によって発生する持高は為替リスクを伴うので，常に持高を把握し，持高とは反対の為替の売買を行うことにより為替リスクの排除に努めなくてはならない。この目的のために行う操作を為替操作という

具体的な操作の手順は，まず自行内の為替の売り買いを相殺し（マリー），その後マリー不能分について市場でカバーするのが原則である。

また為替操作においては，持高の調整のみならず，資金（外貨・円貨）の受渡しも伴うことから銀行の資金繰りも勘案したうえでの為替，資金の操作も必要となる。つまり，直物・先物合計の総合持高ではスクウェアでも直物と先物では受渡し日が異なるため資金操作の必要ができてくるのである。

☞ スクウェア

為替のマリー（かわせ——）

〈Exchange Marry〉

外国為替銀行などが為替操作において自行内の買為替と売為替を抱き合わせて持高を相殺すること

為替マリーを行うことによって市場でカバーを取る場合よりも為替売買益が大きくなりまた手数も簡単である。したがって為替操作を行い持高をスクウェアに調整する場合まず為替マリーを行ってから市場カバーを取るのが原則である。

為替平価（かわせへいか）

固定相場制のもとでの一国の通貨の対外価値のこと

IMF加盟国は協定により，金または1944年7月1日現在の金価値をもつ米ドル（1オンス＝35ドル）に対して自国通貨の為替平価をIMFに登録し，この平価の上下1％以内に各自の為替相場を安定させる義務をもち，この平価がIMF平価と呼ばれた。しかし，1971年8月アメリカが米ドルと金との交換を停止して（ニクソン・ショック）以来，事実上主要国が変動相場制に移行したことにより実質的な意味を失ってしまった。

☞ IMF

為替平衡操作（介入）（かわせへいこうそう さ）

　通貨当局またはその代理人としての中央銀行が為替相場の急激な変動を防ぐため，直接為替市場に介入して売買を行うこと

　たとえば，何らかの理由でドルが売り込まれドル相場が軟化し，世界もしくは自国経済への悪影響が懸念される場合，中央銀行はドル買い介入を行い，その逆の場合はドル売り介入を行って為替相場の安定に努めている。

為替変動保険（かわせへんどうほけん）

　長期の輸出契約などで外貨建代金受領が長期にわたる場合，その間の円高リスクを避けるために掛ける政府の貿易保険の一つ

　保険の対象は2年以上15年以内の外貨建輸出契約で，決済日の為替相場が契約時に比べて3％以上円高になる場合の為替差損を補填する。

　ただし17％で打ち切りとなり，逆に3％以上円安になった場合は，その為替差益を政府に返納しなければならない。

　本保険の運用は，現行において中止されている。

　☞貿易保険制度

為替持高（かわせもちだか）

　外国為替銀行が対顧客もしくは他行と為替取引を行った結果生じた外貨資産と外貨負債の差額を為替持高といい，外貨資産の方が負債より多い状態を買持，外貨負債の方が資産より多い状態を売持，両者が等しい場合をスクウェアという

　為替持高の存在は為替リスクの存在を意味し，為替相場の変動により為替差損益が発生する。すなわち，買持のときに円高になれば為替差損が発生し円安になれば為替差益が発生する。

　また，為替持高は，時系列的にとらえることにより，つぎのように分類することができる。すなわち，先物為替の売買差額である先物為替持高，円を対価として行われた取引の結果を示すものであるが，まだ経過勘定にあって外国他店勘定に計上されてない直物持高，すでに資金の受渡しがあり外国他店勘定の残高となっている現金持高の三種類である。この三種類の持高を合計したものは総合持高と呼ばれ外国為替銀行で為替持高という場合は，この総合持高のことをいう。

為替予約（かわせよやく）

　顧客と銀行，銀行と銀行が相対で外貨と円貨，外貨と外貨を一定の受渡し日に，一定の相場で交換することを約束すること

　先物予約により，貿易業者は海外との売買契約日から決済日までに為替相場が不利な方向に変動しても，予約相場で外貨の売買ができ，為替相場の変動リスクを回避することができる。したがって，貿易取引において輸出入採算をあらかじめ確定でき商談を安心して行うことができる。

　為替予約には将来の特定日に受渡しを行う確定日渡しと一定期間内に受渡しを行うオプション渡しがあるが，貿易取引の場合はオプション渡しが一般的である。

為替予約の延長（かわせよやくのえんちょう）

　合理的な理由により，期日の予約の実行ができない場合，予約の契約者は銀行の承諾を得て，予約の延長を行う場合がある

　合理的な理由とは貿易取引における船積遅延，ドキュメント到着遅延，プロジェクト関連の為替予約で完工遅延，技術契約における支払契約の遅延の場合などをいう。なお，為替予約の延長は日本だけに存在する慣行で，企業側において含み損益が繰り延べられるなどの問題点も指摘されており，銀行においては無原則に取り扱うべきではない。

為替リスク（かわせ——）〈Exchange Risk〉

　外為取引の結果生じた為替持高は，為替相場の変動により為替差損を発生させ

る恐れがある。これを為替リスクという

すなわち、買持のとき、円高になれば為替差損が発生し、売持のとき、円安になっても為替差損が発生する。

為替リスクを回避するには持高をスクウェアにしなければならないが、具体的には為替マリー、持高とは逆の債権債務を持つか、銀行であれば市場でカバーを取る方法が考えられる。

しかしながら、単にスクウェアにすればリスクが回避できるわけではなく先物・直物の資金の受渡し時期も考慮しなければ、受渡し時期のギャップによりリスクを被ることになる。

☞スクウェア、為替のマリー

関税（かんぜい）
⟨Duties ; Customs Duties ; Tariff⟩

輸出または輸入品に対して賦課される租税で、目的別には保護関税と財政関税（収入関税）に大別される。先進国の関税のほとんどは輸入関税で、国内産業保護を目的としている

関税は、国が賦課する租税の一種で、輸出または輸入される商品に対して賦課される租税と定義される。目的別には保護関税と財政関税（収入関税）とに大別され、保護関税は国内産業の保護を第一目的として課す関税であり、一方、財政関税は国庫収入の確保を主たる目的とする。

今日、輸出関税を課しているのは一部の発展途上国に限られている場合が多い。そのような国では国庫財源が乏しいので、関税収入によってその不足を補おうとする政策が採られ、財政関税としての機能を果たしているが、日本を含む先進国では、関税はもっぱら輸入品にのみ賦課され、その目的もほとんどが保護関税である。

関税の保護機能とは、輸入品に国内品との価格差を埋める関税を課すことによって、国内品が輸入品と対等に競争できる条件を整えることをいい、このような操作によって輸入を制限しようというのが関税障壁である。GATTの関税交渉の結果、各国の関税率は総じて低められたが、関税以外の貿易障壁、すなわち非関税障壁の軽減が、今日より重要な課題となっている。

☞非関税障壁

カントリーリスク ⟨Country Risk⟩

海外投融資および貿易取引などにおいて、商業ベースのリスクとは別に取引相手が帰属する国の特有の事情に基づく要因（戦争、革命、外貨事情等）により債権回収が困難になるなどのリスク

具体的には、債務者に支払能力があるにもかかわらず、その属する国の外貨事情が悪く支払準備が枯渇していて、対外支払規制、為替管理などにより債務履行が不可能となるケース、また革命により新しく生まれた政府が旧政府の債務を継承しないケースなどがある。

カントリーリスクを管理するには、その国の政治・経済のみならずその国に影響を与えるであろうすべての海外の情報収集に努めるべきである。

管理フロート（かんり——）

通貨当局が外国為替市場における為替相場の変動に一定の規制を加えて、相場変動を小幅に抑えようとする制度

為替市場で形成される為替相場は基本的には経済実態を反映して、需要と供給の関係で決まる。しかし、現実には、極端な動きを示したり、国際収支や物価への影響が懸念されるような動きとなることも少なくない。そこで、通貨当局が市場介入により、為替相場の形成に一定の規制を加える手法が取られる。こうした体制を管理フロート制と呼んでいる。原則として為替市場には介入しない体制、クリーン・フロート制（自由変動相場制）と為替相場の変動を原則として認めない体制である固定相場制の中間的な体制である。先進主要国は原則としてクリーン・フロート制を採用している。中国は2005年に従来の実質固定相場制から、

管理フロート制に移行した。
☞ **市場介入，為替平衡操作（介入）**

き

期限付手形（きげんつきてがた）

ユーザンス・ビル。貿易取引においては決済手段として為替手形が用いられるのが一般的であるが，その為替手形が一覧払いではなく支払猶予期間のついたものをいう

期限付手形には引受け後60日払いといった一覧後定期払い，船積み後60日払いといった日付後定期払い，一定の日を期日とする確定日払いがあるが一覧後定期払いが一般的である。

期限付手形の場合，輸入者は手形の呈示があった場合はその引受けを行い，船積書類を受け取り，輸入貨物を引き取る。そしてその貨物を販売先に納入し代金を回収して期日に手形決済に充当することになる。したがって輸入者にとっては手形決済まで時間的猶予が与えられるので，一覧払手形より有利な条件といえる。

期限付輸出手形買相場（きげんつきゆしゅつてがたかいそうば）

ユーザンス期間中の金利を輸出者が負担する場合の期限付輸出手形の買取相場

すなわち，買取日から手形の期日までの期間（メール日数＋手形期間）の銀行立替金利相当分を為替相場に換算したものである。通常，外国為替銀行は一覧後30，60，90，120日払いの相場を公表している。確定日払い，日付後確定日払いの場合も一覧後定期払いの公表相場を基準として建値される。

また，ユーザンス期間中の金利を輸入者が負担する場合は，買取銀行は金利を負担する必要がないので，一覧払手形買取のときと同様，一覧払手形買相場が適用される。

☞ **ユーザンス金利**

逆為替（ぎゃくかわせ）

並為替に対するもので，債権者が債務者に対して取立てを行う決済方法

逆為替は貿易決済の典型的な方法であり，債権者が債務者宛の手形を振り出すことにより為替銀行に手形の買取りや取立てを依頼し，為替銀行はその手形により債務者から代金の取立てを行うことになる。このように為替の流れと代金の流れる方向とが逆であるために逆為替と称される。逆為替の代表は荷為替である。

☞ **並為替**

逆Jカーブ効果（ぎゃくジェイ——こうか）

一国の通貨が上昇しても，当該国の経常黒字がすぐには減らず，むしろ一時的には増加する現象

たとえば円高が進んだ場合，本来輸出品のドル建価格が上昇するため，価格競争力が落ち，輸出は減少し，日本の経常黒字は減少することとなる。しかし，すでに契約済みの輸出取引があったり，価格に影響されずらい需要がある場合（需要量の価格弾力性が小さい場合）などは，しばらくの間は輸出数量があまり減らず，むしろドル建の輸出金額が増加し，経常黒字が増加する現象がみられる。

このように，一時的に増加した経常黒字が中長期的に減少していく動向をグラフに表わすとJの字の逆型となることから，こうした傾向が出る様を逆Jカーブ効果と呼んでいる。このような動向が通貨安の場合に表われるとJカーブ効果となる。

逆輸入（ぎゃくゆにゅう）

大手小売業による開発輸入に対して，メーカーが海外工場などで生産した製品を日本市場へ輸入し販売すること。従来の意味は，比較的軽量な半導体や時計等を日本で生産し，いったん輸出し円高の理由等で再度，同製品を日本国内市場へ輸入し販売することをいう

たとえば，トヨタ自動車のレクサスはもともとアメリカで開発され，日本市場

へ輸入・販売された逆輸入の取引形態から始まっている。
☞開発輸入，貿易ビジネスの取引形態

キャッシュ・ポジション
〈Cash Position〉
円を対価として，現実に取引が行われ，その取引の最終結果としての資金移動が，すでに本支店もしくは外国他店勘定に計上されている残高のこと

具体的例を示すと，輸出手形の買取りを行う場合，買い取った時点では外貨買入外国為替勘定に計上され，直物為替持高の買持となるが，海外に買取書類が送付されて，手形の決済が行われ，買取銀行の海外口座に入金された時点で外貨買入外国為替勘定から外国他店預け勘定に振り替えられキャッシュ・ポジションとなる。
☞外国他店預り，外国他店預け，外貨買入外国為替

求償貿易（きゅうしょうぼうえき）
〈Compensation Trade〉
本来の意味は，二国間における各商品の純粋な物物交換，すなわちバーター貿易を指すが，広義には，「輸出と輸入を結合し，相互に均衡を求めて行う双務的取引形態の総称」と定義される

求償貿易の本来の意味は，二国間における各商品の純粋な物物交換，すなわちバーター取引（Barter Trade）を指す。しかしこの種の取引は，個別契約の範囲で実行するには限りがあるので，つまり双方の当事者が要求する商品と数量とが合致する場合が少ないので，輸出入を行う企業間あるいは国家間で，その輸出総額と輸入総額の均衡がとれるように輸出入品目とその価額を協定し，しかも多額の物品売買が行われても，正価（国際決済通貨）の移動を伴う必要がないよう協定する。これが求償貿易協定（Compensation Arrangement）と呼ばれたことから，バーター取引に代わって求償貿易という用語が用いられるようになった。

したがって，求償貿易は広義には「輸出と輸入を結合し，相互に均衡を求めて行う双務的取引形態の総称」と定義され，カウンター・トレード（Counter Trade）と同一の定義が下されるが，両者は別個の取引方式であることに注意を要する。

求償貿易の取引形態には，バーター取引のほかに，カウンター・パーチェス（Counter Purchase），バイ・バック（Buy-back）がある。
☞バーター貿易，カウンター・トレード，カウンター・パーチェス

協会貨物約款（きょうかいかもつやっかん）
〈Institute Cargo Clauses：ICC〉
ロンドン保険協会が制定した貨物海上保険の約款を総称していい，イギリスのみならず日本をはじめ多くの国々で採用されている。基本的なものに分損不担保，分損担保，オール・リスクの三種類がある

ロンドン保険協会（Institute of London Underwriters）が制定した英文貨物海上保険の約款を総称していう。イギリスのみならず，日本をはじめ英文保険証券を使用する各国で採用されている。貨物保険は，貨物が運送中の偶発事故によって滅失または損傷した場合，荷主が被る経済的損失を保険会社（保険者 Assurer）が填補するものであるが，保険会社は，保険契約のさいに定めた特定原因によって生じた滅失・損傷のみを填補し，それ以外は填補しない。そして保険会社が損害を填補する範囲は，協会貨物約款に従って契約される個々の保険契約によって定まり，基本的なものに，①分損不担保，②分損担保，③オール・リスクの三種類がある。

分損不担保（Free from Particular Average：FPA）は，全損および共同海損は填補されるが，一部の損害で単独海損であるものは原則として填補されない。

分損担保（With Average：WA）は，全損および共同海損はもちろん，一部の損害でかつ単独海損であっても填補さ

れる。

オール・リスク（All Risks）は，法律または特約によって免責されるもの以外のすべての滅失・損傷に対して填補される。

なお協会貨物約款は，難解で語法も古いとの批判に応える形で，1982年1月1日付で全面的に改定され，イギリスでは1983年4月1日から新約款（新ICC）への切り替えを行った。イギリス以外では，現在のところ，日本を含めて多くの国でまた全面切り替えに至っておらず，新旧の約款が並行的に利用されている。

☞共同海損

協調介入（きょうちょうかいにゅう）
日・米・欧など複数の中央銀行が為替相場を安定させるために事前打合わせのうえ，外国為替市場に協調して介入し，外国為替の売買を行うこと

変動相場制のもとで，投機的な動きなどにより為替相場が一方向に急速に動いた場合，当事国のみならず世界経済に対する影響が懸念され，主要先進国はその中央銀行を介して世界の主要為替市場に協調して介入する。協調介入は世界の主要為替市場に協調して介入する。協調介入は世界の通貨当局の為替相場に対する強い意向を示すものであり，市場へのインパクトは非常に強い。過去の協調介入では1985年9月のプラザ合意によるドル高是正のための協調介入が有名である。

☞プラザ合意

共同海損（きょうどうかいそん）
〈**General Average**〉
船舶または積荷が共同の危険にさらされたとき，その危険を免れるために，船長が船舶または積荷に対して故意かつ合理的に行った処置によって生じた損害・費用

共同海損とは，保険の目的が共同の危険にさらされたとき，その危険を免れ，あるいは軽減するために，船長が故意に船舶または積荷の一部を投荷やその他の処分をすることにより生じた損害および費用をいう。その損害は，危険を免れた船主や荷主などの利害関係者により，各自の保存価格（この行為によって損害を免れ保存された財産の正味価格）に比例して分担される性質の損害である。共同海損の主要なものとしては，①投荷による損害のほか，②船舶を離礁するために受けた損害および費用，③避難港に入港するために要した費用および損害，④船内火災の消防による損害などがある。

共同海損が発生したが，自己の貨物が犠牲にならず仕向地に到着した場合，船主は荷受人に対して，書面をもって共同海損が発生した旨を通知し，共同海損の処理について同意を得るための共同海損盟約書（General Average Bond）を送付して，署名のうえ返送するよう要求してくる。同時に共同海損分担価額を決定する資料となる積荷価格申告書，船荷証券，送り状の提出，ならびに共同海損供託金またはこれに代わる保険会社の共同海損分担保証状の提出を要求してくる。荷受人は，これら所要書類の提出が終わると，はじめて貨物が引き渡される。

また，自己の貨物が到着せず犠牲になった場合には，荷受人は，船会社に対して共同海損盟約書を提出し（共同海損供託金は不要），保険会社に保険証券，船荷証券，送り状などの必要書類を提出して保険金受取りの手続きを行うことになる。

居住者（きょじゅうしゃ）〈**Resident**〉
本邦内に住所または居所を有する自然人および本邦内に主たる事務所を有する法人。居住者以外の自然人および法人を非居住者という

「外国為替及び外国貿易法」（外為法）6条に基づき，本邦内に住所または居所を有する自然人および本邦内に主たる事務所を有する法人をいう。居住者および居住者以外の非居住者の区分によって外為法の適用のしかたが異なる。

本邦人は，原則として居住者としてみ

なされるが、つぎの場合は非居住者として取り扱われる。
1　2年以上外国（本邦以外の地域）に滞在する目的で出国し、外国に滞在する者。
2　本邦法人の支店、現地法人等を含む外国にある事業体に勤務する目的で出国し、外国に勤務する者。
3　上記1・2以外で、本邦出国後、2年以上外国に滞在するようになった者。

ただし、本邦の在外公館に勤務する目的で出国し、外国に滞在する者は、上記にかかわらずすべて居住者として取り扱われる。

外国人の場合で、居住者として取り扱われる者はつぎのとおりである。
1　本邦内にある事業体に勤務する者。
2　本邦に入国後6ヵ月以上経過するようになった者。

ただし、外国において任命および雇用された外交官、領事館、外国政府もしくは国際機関の公務を帯びる者等は、上記にかかわらず非居住者として取り扱われる。

銀行保証状（ぎんこうほしょうじょう）
〈Bank Guarantee,（Banker's）Letter of Guarantee : L/G〉

銀行が、債務者の債務不履行の場合、代わってその損害債務保証を引き受けたり、債務不履行による損害賠償を行うことを確約したもの。入札保証、契約履行保証、船荷証券未着の場合に船会社に発効するL/Gなど

銀行が、主たる債務者が債務を履行しないさいに、これに代わって発生した損害債務責任を負うことや、債務不履行による損害賠償を保証することを確約した書類をいう。スタンドバイ・クレジット、国際入札における入札保証、契約履行保証などは、債務不履行による損害賠償を銀行が保証したものである。そのほか、船荷証券未着のときに、輸入者のために荷物引取保証を行う場合、銀行は輸入者と連署することにより船会社に対してL/Gを差し入れるような場合などである。

☞契約履行保証、スタンドバイ・クレジット、入札保証

金利裁定取引（きんりさいていとりひき）

二国間の短期金利の差を利用して、利鞘を稼ぐために行われる国際間の短期の資金移動および為替取引のこと

たとえば、円ドルの直物相場が1ドル＝130円、6ヵ月の米ドル金利が6％、6ヵ月の円金利が4％とした場合、もし仮に6ヵ月先物の円ドル相場が直物と同じく1ドル＝130円であったとしたら、すべての投資家は、4％で円を調達し、6ヵ月後に1ドル＝130円で運用していたドルを円に換えて調達分の返済を行って、まるまる2％の利鞘を稼ごうとする（金利裁定取引）。

実際には、上記取引が繰り返し行われると先物のドル売りが増え、先物のドルは円に対して安くなる。そして、運用調達の損益が均衡する点まで先物為替が収束する。このように金利裁定取引は、二国間の直先為替相場と短期金利に裁定が働いておらず不均衡が生じているときに行われる。

金利先物取引（きんりさきものとりひき）

金利先物取引とは先物取引所が決めた将来の特定の日に債券、預金などの利息を生む特定の金融商品をあらかじめ取り決めた価格で一定数量を売買することを約束した双務契約

金利先物取引は、金利リスク、価格変動リスク回避のためのヘッジ取引、現物相場との鞘取などを目的とした裁定取引、リスク・ヘッジの相手方としての投機に分けられる。

リスク・ヘッジの例としては、債券の現物を保有していて、価格変動リスクを回避したいとき、現物保有額に見合う額だけ債券先物を売れば、金利が上昇して

保有債券の価格が下落しても、債券先物から得られる利益により、現物での損失を大部分カバーできる。また金利先物はこのようなリスク・ヘッジの手段としてだけではなく、売りポジションが容易に形成できることから相場の安定化にも寄与することがある。

金利スワップ (きんり——)
〈IRS : Interest Rate Swap〉

同じ通貨の異なる金利を交換する取引。スワップは、将来受け取ったり支払ったりする資金を交換する取引であり、将来のキャッシュ・フローを交換する取引ともいえる。異なる通貨の元利金の交換を行う通貨スワップと対比される

金利スワップで交換するキャッシュ・フローの典型的なケースは長期固定金利と短期変動金利の交換である。金利スワップの特徴はこのように、円の固定金利と変動金利のように、同一通貨の異なる金利を交換する取引である。

く

クリーン信用状 (——しんようじょう)

クリーン・クレジットもしくはクレジットL/Cと呼ばれ、船積書類の呈示がなくても支払いまたは引受けを約する信用状のことで、一般的に貿易取引に使われる荷為替信用状に対して使われる

この信用状は通常の輸出取引に使われることはほとんどなく運賃、保険料の支払いや借入金の返済などの貿易外の取引に使われることが多い。

貿易取引に使われる場合は、担保となる船積書類が伴わないため大きなリスクがあり、信用力のある取引先の依頼でなければ銀行は発行しない。

クリーン・チェック 〈Clean Check〉

クリーン・チェックとは船積書類を伴わない小切手のことであり、送金小切手もクリーン・チェックの一種である

クリーン・チェックには銀行が振り出した銀行小切手、銀行以外の個人および企業が振り出した個人小切手およびアメリカ財務省が発行する政府小切手がある。

☞ 船積書類, 小切手送金

クリーン B/L (無故障船荷証券) (——ビーエル)

貨物が完全な状態で船積みされたことを記載した船荷証券。逆に、包装や数量などに不完全な点の記載された船荷証券を故障付船荷証券 (Foul B/L; Dirty B/L; B/L with Reservation) という

もし、貨物の船積時に不完全な点が指摘されると、B/Lにおいて、その旨が記載され、このような故障付船荷証券は銀行によって買取りが拒絶されることになる。その場合、荷送人はクリーン B/L を船会社に発行してもらうために、補償状 (Letter of Indemnity) を差し入れることが必要となる。すなわち、銀行が買取りを行う B/L は通常、このクリーン B/L に限られる。

☞ ファウル B/L, 船荷証券, 補償状

クリーン・ビル 〈Clean Bill〉

船積書類の添付されていない為替手形のことで、荷落為替手形とも呼ばれ、小切手類も含めてクリーン・ビルと呼ぶ

クリーン・ビルはサイン照合の限界、不渡りの可能性、偽造変造の可能性などがあり、銀行では買い取らない取立扱いとするのが普通である。しかし、取立扱いでいったん支払われた小切手が偽造であるなどが判明した場合は、数年後に不渡りとなるケースもあり、一見客からの取立依頼については慎重に取り扱わなければならない。

☞ 船積書類

クレジット・アドバイス
〈Credit Advice〉

一般的に入金通知といわれ、銀行が取引先の預金勘定を貸記したとき (入金記帳を行ったとき) 取引先に出す通知もし

くは通知書のこと

クロス取引（——とりひき）

外国為替取引において，たとえばイギリス・ポンドを買って米ドルを売るなど，円を通さない異種外貨間の売買取引をいう。また，またクロス取引に適用された為替レートをクロス・レートと呼ぶ。イギリス・ポンドの対円相場など，裁定レートを算出するときにはクロス・レートが使われる

け

経常移転収支（けいじょういてんしゅうし）

対価の受領を伴わない実物または金融資産の提供を計上する項目

対価の受領を伴わない実物または金融資産の提供を計上するさい，貸借をバランスさせるために対応項目として計上される数字である。移転のうち，経常移転収支には，政府間の無償資金援助，国際機関に対する日本政府の分担金などを計上する「公的部門」と，海外労働者が留守宅に送金するなどの政府以外の「その他」とがある。なお，対価のない固定資産の所有権の移転や債務免除などは「資本収支」の「その他資本収支」のなかに計上される。

経常収支（けいじょうしゅうし）
〈Current Account〉

貿易・サービス収支，所得収支，経常移転収支の三項目からなる国際収支の基本的部分の収支

国際収支は財貨の輸出入取引，サービス取引の収支，資本収支など，すべての対外経済取引を，一定期間について項目別に整理したものである。このうち，経常収支には，①財貨の輸出入，輸送，旅行のほか通信，建設，保険，金融，情報，特許等使用料などの収支を計上する貿易・サービス収支，②出資にかかわる配当金や貸付け，債券の利子などを計上する所得収支，③政府間の無償資金援助や国際機関に対する日本政府の分担金などを計上する経常移転収支などが入る。

軽トン（けいとん）〈Short Ton〉

米トン（American Ton；Net Ton）ともいわれ，2000ポンドを1トンとする

これは重トン（Long Ton），つまり，イギリスで用いられている英トン（English Ton；Gross Ton，2240ポンド＝1トン）とは異なる。

トン（ton）はもともとイギリスで広く用いられるようになった衡量単位であり，重量を表わすトン（Weight Ton：W/T）と容積を表わすトン（Measurement Ton：M/T）があるが，ここで述べている軽トンおよび重トンはともに，重量を計る単位のことである。

重量の単位については，ポンド（lb），キログラム（kg），トン（ton）などがあるが，貿易取引においてはトンが最もよく使用されている。

なお，重トンは英国系諸国などで用いられ，軽トンはアメリカ，カナダなどで使用され，さらにインドや日本などではメートル・トン（Metric Ton，2204.616ポンド＝1トン）が用いられる。

☞重トン

契約履行保証（けいやくりこうほしょう）

契約の確実な履行を保証するために差し入れる保証状。パフォーマンス・ボンド（Performance Bond）

プラント輸出や建設工事などのように契約が高額，長期間にわたる場合は通常，請負人は発注者に対して契約不履行による損害を補塡しなければならない。このための保証として一般的には保証金の積立てに代えて為替銀行などの保証状を差し入れる方法がとられる。この保証状が契約履行保証である。

ケーブル・アドレス〈Cable Address〉

外国電報において用いられる自社の宛名（社名および正確な住所）を略号で表示したもの

外国電報はその料金は高額であり、宛名の部分にも料金がかかるので、料金を節約するために、字数を大体10字以内におさえ電報局に自社の負担により登録し、事前にこの電信略号を取引先に知らせておく。もし外国の取引先から登録された電信略号を用いて電報が送られた場合、電報局は直ちにそれを自社（登録会社）に送付する。このケーブル・アドレスは自社の名称と着信局名の二つからなる。たとえば、DIHO TAIPEI となる。

ケーブル・ネゴ〈Cable Nego〉

輸出船積書類に信用状条件との不一致（Discrepancy）がある場合、条件不一致のまま買取りを行ってよいか否かを発行銀行に照会し、発行銀行の買取承認を確認してから買取りを実行する方法

輸出船積書類の信用状条件との不一致にさいしては、信用状条件変更手続、取立扱いのほか不一致の内容が軽微で買取依頼人の与信状態に問題ない場合はL/Gネゴ（L/G付買取り）などの方法もある。

したがってケーブル・ネゴは買取銀行がL/Gネゴでは問題があると判断し、かつ金額が大きいなどの理由で買取依頼人が入金を急ぐなどの場合に取られる措置である。

☞ L/G ネゴ

ケネディ・ラウンド

1964年5月から1967年7月まで行われた第6回GATTの一般関税交渉。1962年のアメリカ通商拡大法を背景として、当時のケネディ大統領が推進した関税一括引下げ交渉をいう

当時EECの誕生、新興工業国日本の台頭、南北問題などの環境変化を背景として、1962年のアメリカ通商拡大法の成立に伴い、ケネディ大統領は大幅な関税引下げの権限を付与され、従来の二国間品目別交渉方式から関税一律引下げ方式を導入し、行き詰まりかけていた関税引下げ交渉を一挙に打開しようといった目論みが、ケネディ・ラウンドに託された。

とくに当時台頭してきたEECの関税障壁を大幅に除去し、ケネディ大統領の「大西洋共同構想」にみられるように、アメリカとEECの共同市場を形成する意図がうかがわれた。最終交渉の結果としては、新譲許品目成立数約3万、これに相当する貿易額約400億ドル、関税の平均引下げ率35％程度、署名国45ヵ国となり、第5回ディロン・ラウンドと比べても第6回までの交渉のうちで、最大の成果を生んだ。

また、工業品関税率引下げ交渉ばかりでなく、新たな交渉分野として農産物、熱帯産品、非関税障壁問題なども取り上げられたことは画期的なことであった。しかし、農産物問題にしても、関税率引下げは非常に限定され、国際穀物協定といった別枠で討議されたが、先進国農業政策の調整については何も達成されなかった。熱帯産品は、先進国が逆に関税引下げを阻止し発展途上国の反感を招き、非関税障壁問題は完全に挫折するような結果となった。

いわば、ケネディ・ラウンドは関税交渉から非関税交渉に転化させようとしたが、非関税障壁については失敗したといえよう。

☞ GATT, 東京ラウンド, ウルグアイ・ラウンド, WTO

現金売買相場（げんきんばいばいそうば）

ドル・キャッシュなど外貨の現金を銀行が顧客に売ったり、顧客から買ったりするときに適用する為替相場。売るときの相場が現金売相場（Cash Selling Rate）、買うときの相場が現金買相場（Cash Buying Rate）

銀行が顧客に外貨の現金を売る場合、本来はその通貨を本国から取り寄せる必要がある。そのさいには航空運賃や保険料、通関料などの費用が必要となる。これは現送コストと呼ばれる。

一方、銀行が顧客から外貨の現金を買った場合も、一定以上たまれば本国へ送

る必要が出てくるので，この場合も現送コストがかかるといえよう。また，こうした現金の輸送はある程度まとめて行うため，銀行はこれらの現金を一時的に金庫で保管しなければならないが，現金は保管中は利息を生まない。

このように現金の売買取引には他の為替取引とは異なる種々のコストがかかるため現金売買相場には，そうしたコストを含めた相場が公示されている。

現金引換え渡し（げんきんひきかえわたし）
〈COD：Cash on Delivery〉
　商品を買い手側あるいは買い手の代理人に引き渡すと同時に，買い手側からその商品の代金を現金で受領する取引方法

国内取引の場合，たとえば，普通の小売販売では商品の引渡し時に買い手からその代金として現金を受領する。したがって，売り手はとくにその買い手の信用度などを調べる必要がないので，取引は円滑に行われる。

他方，貿易取引上は輸出国内で売り手から商品を受け取ると同時に，代金としての現金を売り手に支払う場合や，商品の到着地において買い手が商品を受け取ると同時に売り手に現金にて代金を支払う場合などをCODという。

CODと同じ同時払いの代金決済方法として，船積払い（Cash on Shipment）がある。この場合は船荷証券と引換えに船積地で代金として現金を支払う。通常，輸出国に輸入業者の支店がある場合には，この取引は円滑に行われる。

原産地証明書（げんさんちしょうめいしょ）
〈Certificate of Origin〉
　輸出地の商工会議所，政府あるいは輸出国にある輸入国領事館などが当該貨物の原産国もしくは製造原地を証明するための書類

この原産地証明書は所定の用紙に当該貨物の明細を記載し，証明料を支払ったのち，証明してもらう。一般的に証明料は輸入者の負担になるとされているが，実際には輸出者が負担していることが多いようである。

輸出国と輸入国間に関税率の協定がある場合，輸入者が一般の国定税率（National Tariff）よりも低い協定税率（Conventional Tariff）を受けようとするときに，この原産地証明書が証拠書類として使われるため，輸入通関のさいに必要となる。

現地貸付（げんちかしつけ）
　本邦の外国為替銀行が海外支店またはコルレス銀行を通して行う，商社の海外支店または現地法人などに対する貸付け

貸付資金の内容は手形決済資金など，日本から物資を輸入する場合の融資，集荷資金など対日輸出にかかわる融資，運転資金など現地での営業活動に必要な資金や三国間貿易のための資金の融資などである。

現地保証（げんちほしょう）
　商社の海外支店または現地法人などが現地で資金を借り入れるにさいして，本邦の取引銀行が行う借入保証

一般的には本邦の取引銀行は現地の貸出実行銀行を受益者とするスタンドバイ・クレジットなどを発行して保証を行う。貸出実行銀行は貸出しが返済されなかった場合，スタンドバイ・クレジット発行銀行に対して一覧払手形を振り出すなどの方法で貸出しを回収することができる。

こ

航空貨物運送状（こうくうかもつうんそうじょう）〈AWB：Air Waybill〉
　航空貨物の運送に対して，通常，運送人が発行する貨物受取証であり，かつ運送契約の証拠書類。受取式・記名式，非流通性などの性質をもっている。船荷証券のように有価証券ではない

一般的に，航空貨物運送状の種類としてはAir Waybill（欧米諸国では，Consignment Note などともいう），航空会社が混載貨物をカバーするために発行する Master Air Waybill，混載業者が個別の荷送人に対して発行する House Air Waybill，Sea & Air 輸送における海上と航空双方を手配するフォワーダー型運送人の発行する Through Consignment Note などがあげられる。

本来荷送人側が航空貨物運送状を作成し，運送人がその貨物の受取りを証して署名すべきところであるが，実際には運送人が代行して発行している。

同運送状は，有価証券ではないので流通性がなく，原則的にいって船荷証券のように担保力もない。しかし，荷為替手形決済などによる場合，運送状の荷受人（Consignee）欄を仕向地の銀行とし，買い主名を通知先（Notify Party）欄に記入する。こうすることによって，航空貨物は仕向地の銀行の管理下にあり，買い主が貨物代金決済しないかぎり，直接に買い主の手元に届かないことになる。したがって，積地の買取銀行は航空貨物運送状を有価証券の代用として受理することが一般的である。

☞ 船荷証券

行使価格（こうしかかく）

オプション取引において，オプションの購入者が権利行使する価格。オプションを売買するさいに約定される

たとえば市場価格が1ドル=130円のとき，行使価格125円のドル・コール（ドル買いのオプション）は権利行使により5円の利益を生むが，行使価格125円のドル・プット（ドル売りのオプション）は権利行使しても利益を生まないため，権利行使されない。

このようにオプション取引では行使価格と市場価格の関係は損益の重要な要因となる。このためオプション取引を約定するときは行使価格をいくらとするかによりオプション料（プレミアム）は大きく影響を受けることとなる。

なお上場オプションでは行使価格が限られた水準に規格化されているが，店頭オプションでは自由に設定できる。ストライク・プライス（Strike Price），エクササイズ・プライス（Execise Price）などとも呼ばれる。

公示相場制度（こうじそうばせいど）

外国為替銀行が毎朝その日一日適用する対顧客外国為替相場を店頭に公示する制度

外国為替市場では取引相場が刻一刻変動するため，顧客取引に為替市場の相場を厳密に適用しようとすれば，対顧客相場も刻々と変わることとなる。こうした不便を避けるために，日本では銀行が朝10時近くの市場の相場を基準に，その日一日適用する顧客相場を決めて，それを店頭に公示する方法をとっている。これを公示相場制度と呼んでいる。

公示相場のベースとなる為替市場の基準相場を仲値と呼んでいるが，市場実勢相場が仲値から大きく乖離した場合は，公示相場の適用は制限されることになる。すなわち，市場実勢相場が当日の公示相場の仲値から1円以上乖離した場合は市場運動制に，同じく2円以上乖離した場合は公示相場の全面的な適用停止（サスペンド）となる。

工場渡し（こうじょうわた―）〈Ex Works〉

トレード・タームズ（定型貿易条件）の一つの「工場渡し」（指定場所）（Ex Works, named place）のこと。略して EXW であり，積地条件である

出荷地で物品が保管されている場所から，そのまま引渡しが行われる状態の取引条件をいい，Loco（現物渡し）ともいう。その引き渡す場所によって Ex Factory（工場渡し），Ex Mill（製鉄所渡し・製粉所渡し），Ex Plantation（農場渡し）などと表示される。卸商品ならば Ex Warehouse（倉庫渡し），小売商品の場合には Ex Store（店頭渡し）という。

日本の輸出者の商社と供給者のメーカーと国内取引において，Ex Godown

Yokohamaなどといった用語が使用されることが多い。この慣用語は、輸出者である買い主の「指定倉庫渡し」を意味する。しかし、これは売り主の倉庫から物品を引渡し可能な状態で買い主に引き渡す上記のEx Warehouseと同義語であり、明らかに本来の意味から逸脱しているから、海外との直接取引では注意を要する。

輸出者は、別の定めがないかぎり、運搬車両に物品を積み込んだり、輸出通関する必要はないが、輸入者がその物品を運送できるような包装にしておく必要はある。この条件において輸入者は、輸出者がその物品を引き渡す出荷地の保管場所から仕向地までの一切の費用と危険を負担しなければならないので、危険負担は大きい。半面、輸出者にとっては最小の義務が課せられた取引条件といえる。

☞インコタームズ、倉庫渡し、トレード・タームズ

甲仲 (こうなか)〈Chartering Broker〉

第二次大戦前の「海運組合法」における甲種海運仲立業の略称。当時の海運仲立業は甲種と乙種に分けられ、甲仲は荷主と不定期船の船主との間に立って、その仲介手数料を報酬として受け取る業者である

1939年の海運組合法は1947年に廃止されたが、甲仲、乙仲という名称は便宜上現在でも用いられている。

甲仲は用船仲立人 (Chartering Broker) あるいは海運仲立人 (Shipping Broker) を意味し、用船者と船主あるいは運航業者との間に立って、用船契約の仲介を行う。

☞乙仲、海貨業者

購買力平価 (こうばいりょくへいか)

各国通貨の購買力の変化、すなわちインフレ率に比例して決まる為替相場

「多種類の商品を含むバスケットについてアメリカで1ドル相当が日本でいくらで買えるか」、このように二国間で通貨の購買力を均衡させる為替レートが購買力平価といわれる。

また基準時以降の為替相場の変化は対応通貨の購買力の変化につながるため、購買力平価はインフレ率の変化を反映するとされる。

二国間のインフレ格差が大きい場合、とくに長期的には為替相場の動きは購買力平価に影響される度合いが大きいといわれている。

合弁 (企業、会社)(ごうべん)

英語では、Joint Ventureといい、狭義では国内資本と外国資本が結びつき共同出資し、経営する会社。広義では国際的共同出資会社。日本企業の海外進出では、欧米諸国と比べてこの形態による場合が多い。合弁事業ともいう

企業が海外へ進出する場合、ライセンス契約、合弁、100%出資子会社、M&Aなどによる。ライセンス契約の長所は、生産や販売についてライセンス提供者は、なんら責任をもつ必要がないし、投資費用が少なくリスクが低いことである。その短所としては、通常ロイヤリティが低率で利益が少なく、マーケティング活動に関与できないなどの点があげられる。

合弁会社は、このようなライセンス契約の欠点をカバーし、さらに発展化させた取引形態といえる。進出企業の利益が大きくなり、生産やマーケティング活動を直接に管理できる利点がある。短所としては、100%出資子会社と比べると、現地のパートナーとの経営上の考え方の相違が少なく諸問題が起こりがちになることが指摘できる。受入国が先進諸国の場合、100%出資子会社が許可されることが一般的であるが、発展途上国では政府による規制が強いので、合弁会社の形態を取らざるを得ないことが多い。

小切手送金 (こぎってそうきん)

海外向け送金の一つの種類で、送金小切手 (DD: Demand Draft) を利用する方法

為替銀行が送金依頼人の依頼に基づき、海外支店やコルレス銀行を支払人とする送金小切手を発行して行う送金方法。送金依頼人は仕向銀行から交付された送金小切手を自から送金受取人宛に送付し、送金受取人は小切手を支払銀行に呈示して資金を受領する。

このように小切手送金は小切手を送金人自身が送付するため、図書の購入申込みなど各種の申込みに便利である。なお海外向け送金には、小切手送金のほか電信送金、郵便送金などがある。
☞電信送金，郵便送金

国際協力銀行 (こくさいきょうりょくぎんこう) 〈Japan Bank for International Cooperation〉

日本輸出入銀行と海外経済協力基金が統合されてできた政府系金融機関

1999年10月特殊法人の整理統合が行われたが、その一環として従来の日本輸出入銀行と海外経済協力基金が統合されて発足した金融機関である。輸出入金融、海外投資金融、タイド・ローン、アンタイド・ローン、債務保証のほか政府開発援助（ODA）などを担当する。
☞ タイド・ローン，アンタイド・ローン，ODA

国際収支 (こくさいしゅうし)
〈Balance of Payment〉

輸出入、サービス、資本など一国のすべての対外取引を、一定期間について項目別に整理し、まとめたもの

国際収支は輸出入、サービス、資本、投資収益、無償援助など一国の対外取引のすべてについて、一定期間について項目別に整理し、まとめたものである。国際収支を一表にまとめた国際収支表は、基本的にはIMF（国際通貨基金）の統一方式に準拠して作成される。IMF方式の特徴は、①取引が発生した時点で計上されること、②すべての取引が必ず貸借両サイドに記入される複式簿記の方式がとられていることである。

国際収支表の国際的標準を定めているIMFの国際収支マニュアル第5版は、1993年9月に改訂された。これにしたがい、日本の発表形式も1996年3月に発表された同年1月分から新しい統計方式がとられている。

日本で現在使われている新しい国際収支統計は、①財貨、サービス、所得などの実物資産および経常移転取引が計上される「経常収支」、②対外債権・債務の増減が計上される「資本収支」、さらに、③政府、日銀が保有、管理する金融資産である「外貨準備増減」の三つの大きな項目から成り立っている。

国際商事仲裁協会 (こくさいしょうじちゅうさいきょうかい) 〈Japan Commercial Arbitration Association〉

1950年に創設された貿易紛争の処理・解決を実施する機関。その主な役割は、各種貿易取引で生じたさまざまなクレームや紛争にさいしての仲裁業務である

貿易取引において何らかのクレームや損害賠償請求が提起された場合、訴訟や調停による処理はまれである。これらは費用や時間の点から効率的ではなく、むしろ第三者による仲裁にその紛争処理を委ねる場合が一般的である。各国の仲裁機関と密接な協力関係にあり、仲裁協定による仲裁の判断とその執行にあたっている。

互恵関税 (ごけいかんぜい)
〈Reciprocal Duties〉

独立した二国が相互に他の第三国よりも関税率を優遇し合う制度を互恵通商協定といい、この協定によって規定された関税を互恵関税という

独立した二国間で行われる貿易に関して、一国が特別に享受する種々の便益と同程度の利益を相手国にも与え合う制度を互恵貿易（Reciprocal Trade）といい、通常の場合、関税率の相互引下げが行われる。このように、二国が協定のうえ、相互に他の第三国よりも税率を優遇

し合う制度を互恵通商協定（Reciprocal Trade Agreement）というが、この協定によって規定された関税を互恵関税という。

これは、とくに利害関係の深い国と、個別的に交渉して、両国間だけで互恵的に特殊の関税率を協定しようとするものであるが、しかし、今日においては主要国のほとんどがWTOに加盟しており、一般的最恵国待遇の原則によって、互恵関税は二国間にとどまらず加盟国すべてに適用されることになる。
☞最恵国，GATT

ココム〈COCOM：Coordinating Committee for Export Control to Communist Area〉

第二次大戦後，東西冷戦を背景にアメリカの提唱で設立された。共産圏諸国の軍事技術の向上につながる物品の禁輸品目リストの作成、対共産圏貿易に関する調査を主たる任務としたが、近年の冷戦終結により、現在では廃止されている

対共産圏輸出統制委員会。第二次大戦後の東西冷戦を背景に、1949年、アメリカの提唱で設立された機関で、本部をパリに置く。アイスランドを除くNATO（北大西洋条約機構）加盟15ヵ国と、日本およびオーストラリアの17ヵ国で構成されていた。

共産圏諸国の軍事技術の向上につながる製品・技術の輸出禁止リストの作成、および対共産圏貿易に関する調査・資料収集を主たる任務とした。しかし旧ソ連のペレストロイカと東欧諸国における自由化に向けた政策転換などの結果、東西両陣営の冷戦は急速に終結し、廃止された。
☞ワッセナー・アレンジメント

故障手形（こしょうてがた）

輸出為替手形などで引受け、支払いの拒絶、または支払遅延など故障の発生した手形

手形の引受けまたは支払いの拒絶は、通常書類の不備など信用状条件の不一致が理由とされる。しかし、実際には市況の悪化や輸入者の信用状態の悪化などによることも多く、対応は状況を把握したうえで慎重に行う必要がある。

具体的には拒絶証書の作成、関係荷物の保全、積戻し、転売などが必要となってくる。なお、買取済の手形の買戻請求は電信売相場（TTS）で行われる。
☞TTSレート

個人輸入（こじんゆにゅう）〈Private Import〉

個人が自ら使用し、消費するために輸入すること

たとえば、個人が海外の通信販売のカタログなどを見て商品を注文し自ら消費し、再販を意図としない場合であり、これを利益獲得のため代行業などを常とする場合には、通常、「個人輸入ビジネス」と呼ばれる。
☞貿易ビジネスの取引形態

小包郵便物受取証（こづつみゆうびんぶつうけとりしょう）〈Receipt for Parcels Received〉

外国との貿易を行う場合の信用状取引などで必要になる船積書類に含まれるものの一つであり、日常品などを小包郵便として海外へ送付するときに、送り手が郵便事業(株)から受け取る受領証のこと

一部の国・地域では異なる場合はあるが、最大小包重量が30kgまでのものは取り扱っている。国によっては小包の内容品およびその価格に制限がある。配達日数は、航空便の場合は約1週間、船便の場合は約1ヵ月程度かかる。

小包として送付できないものは、一般的に、アルコール類、麻薬、放射線物、魚、野菜などの腐りやすい物である。

郵便事業(株)は船荷証券の代わりに小包郵便物受取証を発行する。この小包郵便物受取証は有価証券のような効力をもっていないが、銀行は荷為替の取組みを行うさい、信用状条件などに合致すれば

船荷証券と同様に取り扱う。

コメコン 〈COMECON : Communist Economic Conference〉

第二次大戦後，アメリカのマーシャル・プランの開始や OEEC の設立など西側諸国の経済協力体制に対抗し，自給体制の確立を目的として 1949 年 1 月に結成された旧ソ連・東欧諸国の経済協力機構。正式名称を経済相互援助会議といったが，現在では解体している

第二次大戦後の冷戦下，1947年に開始されたアメリカの欧州復興計画（マーシャル・プラン）と，その受入機関として1948年に設立された OEEC など西側諸国の経済協力体制に対抗し，自給体制の確立を目的として，1949年1月に結成された旧ソ連・東欧諸国の経済協力機構で，正式名称を経済相互援助会議といった。

コメコンは西側諸国で使われている略称で，ロシア語では SEV（セフ）と呼ばれた。ソ連，ポーランド，チェコスロバキア，ハンガリー，ルーマニア，ブルガリアの6ヵ国で創設され，その後，1950年東ドイツ，1962年モンゴル，1972年キューバ，1978年ベトナムが加盟し，正式加盟国10ヵ国で運営された（1949年2月にアルバニアが加盟したが，1961年末に脱退している）。本部はモスクワに置かれ，加盟各国の経済政策の調整，生産の専門化と協業化，物財の相互供給などを行って，一面においては目覚ましい成果をあげてきた。しかし1989年以降，東欧諸国が市場化・自由化へ向けて経済改革を押し進めるなかで，「コメコン体制がかえって改革の足かせになっている」との批判が加盟各国から相ついで出され，結局，1991年6月28日に解体議定書が調印されて，同年9月28日に正式に解体した。

☞ OECD

コルレス契約（——けいやく）

送金の支払委託，手形の取立委託など，海外での為替業務を自行の支店に代わって代行してもらうための為替取引契約

海外の為替銀行との間で，お互いに為替業務を代行することを約束した為替取引契約で，主な業務に送金の支払委託，信用状の通知・確認，手形の取立委託，債権・債務の決済の取決めなどがある。

コルレス契約を締結した銀行をコルレス（先）銀行というが，そのうち為替決済のために自行名義の預け金勘定を置いているコルレス銀行をデポジタリー・コルレス，預け金勘定の置いてないコルレス銀行をノン・デポジタリー・コルレスと呼んでいる。

☞ デポジタリー・コルレス，ノン・デポジタリー・コルレス

コレポン 〈Correspondence〉

国際間貿易取引が行われる場合に使用される取引通信文（Business Correspondence）。つまり，商業英語（Business English）のことであり，これをコレポンと俗称している

コレポンは英文で書かれる商業文で貿易通信に用いられることが多い。英語を日常語とする人びとには一般的に口語調の文章が用いられることが多いが，コレポンには適しているとは必ずしもいえない。その理由は，第一に，一般に貿易通信は異なる民族宛の手紙のため，口語の機微を表現することが困難であり，さらには，風俗や習慣が異なるために，相手を困惑させたり，反感を招いたりすることが生じやすいからである。

第二に，コレポンは本来，同業者同士の通信であるため，同業者間で理解しうる用語でポイントだけを書けば十分なはずである。つまり，顧客向けの手紙のように，口語調で商品の特徴を強調したり，顧客の気持をそそったりする必要がなく，コレポンは用件本位の簡潔明瞭な文語体で書く必要があるといえよう。

コンテナ B/L（──ビーエル）
〈Container B/L〉

コンテナ船荷証券のこと。在来船に船積みされる場合と異なり、コンテナ専用船に船積みされるコンテナ貨物に対して発行される船荷証券である

コンテナ船荷証券の発行は、同貨物が実際に船積みされる前に、コンテナ・ヤードなどに搬入された時点でドック・レシートに対して発行されるものであり、フォームは受取式船荷証券である。しかし、通常、受取式船荷証券は銀行が買取りを拒絶するために、実際には船積み後のオンボード・ノーテーションにより、船積みの年月日や船積み完了の旨が記載されることにより船積式船荷証券として取り扱われる。

☞複合運送書類、受取式船荷証券、船荷証券、船積式船荷証券

コンテナ・フレート・ステーション
〈CFS : Container Freight Station〉

コンテナ・ターミナルの一部、もしくはそれに隣接する場所で、コンテナへの貨物の積込みや、陸揚げされたコンテナ貨物の取出しを行う場合に使用される

通常はコンテナ専用埠頭にあるコンテナ・ターミナル内にある。輸出の場合、この場所でCFSオペレーターがコンテナを満載できない小口貨物（LCL : Less Than Container Load）を他の荷主の貨物と混載してコンテナ・ヤードに搬入したり、輸入の場合には陸揚げされた貨物をコンテナ・ヤードから引き受け、混載コンテナから貨物を取り出し、各荷主に引き渡す業務が行われる。ちなみに、CFSオペレーターによる混載コンテナへの積込みはCarrier's PackもしくはOperator's Packと称される。

☞コンテナ・ヤード

コンテナ・ヤード
〈CY : Container Yard〉

コンテナ・ターミナルの一部で、コンテナの集積、保管や、実入りコンテナの受け渡しを行う場所

コンテナに満載された大口貨物（FCL : Full Container Load）は直接CYに搬入され、また小口貨物はCFSオペレーターによる混載の後CYに搬入された後に船積みされることになる。輸入の場合には、コンテナがCYに陸揚げされて後に貨物の引渡しが行われる。こうした業務を一手に引き受けているのがCYオペレーターと称される。

☞コンテナ・フレート・ステーション

コントラクト・スリップ
〈Contract Slip〉

為替予約の内容を確認するために銀行と顧客が取り交す証書。予約スリップとも呼ばれる

為替予約は緊急を要し、一般的には電話で行われるため、銀行と顧客の間ですみやかに内容を文書で確認する必要がある。このための確認書がコントラクト・スリップで、双方が署名のうえ取り交わす形がとられる。確認される内容は通貨の種類、金額、予約レート、売買の区別および為替の種類、受渡期日などである。

さ

最恵国 (さいけいこく)
〈Most-Favored Nation〉

通商条約を締結する諸国のうち，最も有利な取扱いを受ける国をいい，GATTの最恵国待遇原則とは，輸入品を第三国製品と無差別，同等に扱うことを指す

通商条約を締結する諸国のうち，最も有利な扱いを受ける国をいう。たとえばA国が，B国，C国，D国……とそれぞれ二国間通商条約を締結し，B国に対して他のどの相手国よりも通商上，有利な待遇，すなわち低率の関税や船舶の入出港の自由などを与えている場合，B国のことを最恵国という。

GATT は最恵国待遇 (Most-Favored Nation Treatment) を基本原則の一つにしていたが，その意味するところは，上の例でいえば，A国はB国だけでなく，C国，D国……にもB国と同様の待遇を与えることをいう。一言でいえば，一国がある相手国から輸入する商品を他の第三国から輸入するそれと無差別，同等に扱うことを指す。GATT は，最恵国待遇原則の採用によって，加盟国の二国間で相互に有利に取り決められた低率関税が，他のすべての加盟国に自動的に適用され，結果的に世界貿易の拡大につながるとしていた。

☞ GATT, WTO

裁定相場 (さいていそうば)

基準となる二つの為替相場から間接的に算出される為替相場

1米ドル＝105円を基準に，1ユーロ＝1.50ドルを用いてユーロの対円相場は1.50×105＝157.50円として求めることができる。このようにドル・円相場とドル・ユーロ相場を用いて間接的に求められた1ユーロ＝157.50円が裁定相場 (裁定外国為替相場, Arbitrated Rate of Exchange) という。またこのとき用いられた1ユーロ＝1.50ドルはクロス・レートと呼ばれる。

財務省短期証券 (ざいむしょうたんきしょうけん)〈TB：Treasury Bills〉

アメリカ財務省が発行する期間1年以内の短期証券で，アメリカ短期金融市場の金利動向を示す重要な指標となっている

1929年に初めて発行されたアメリカの財務省短期証券。3ヵ月もの，6ヵ月ものは毎週，1年ものは4週間ごとに発行される。発行形態は割引方式で発行される。

海外の中央銀行，個人など投資層は幅広く，流通市場も発達している。また連銀による公開市場操作も主としてTBを対象として行われる。

なお，アメリカ財務省証券には短期証券のほかに10年以内の財務省中期証券 (Treasury Note：TN)，10年超の財務省長期証券 (Treasury Bonds：TBond) がある。

先物為替相場 (さきものかわせそうば)

為替市場において取引日の三営業日以降を受渡決済日として取引される為替取引の相場。二営業日先の直物相場にプレミアムまたはディスカウント幅が加味されて算出される

為替市場における直物取引 (スポット取引) は取引日の二営業日先を受渡決済日として取引されるため，それより先の決済日の取引を先物取引 (フォーワード取引) といい，それに適用される相場が先物為替相場である。

直物に対する先物の相場は基本的には二通貨の金利差により決まり，金利の安い通貨の為替相場は先高 (プレミアム) となり，逆の場合は先安 (ディスカウント) となる。先物為替相場は直物相場にこのプレミアムまたはディスカウント幅を加減して算出される。

銀行間取引に対して，対顧客取引では一般的には直物取引は当日取引を指し，先物取引は翌営業日以降の取引となる。したがって対顧客取引では通常先物為替

相場は翌営業日以降の取引に適用される為替相場をいう。
☞先物為替取引

先物為替取引（さきものかわせとりひき）

為替市場において取引日の三営業日以降を受渡決済日として行われる為替取引で、通常スワップの形で取引される

為替市場において二営業日後決済の直物取引（スポット取引）より先を決済期日とする為替取引。通常はスポットを基準として期日までの期間の相場で開き（プレミアムまたはディスカウント幅）を対象としたスワップの形で取引が行われる。

たとえば顧客の輸入予約のカバーを行う場合、銀行はまず直物でドル買いを行う（例125円）。続いて直物のドル売りと期日のドル買いとを同時に行うスワップ取引を行う。このときの直物と先物の開きが1円のプレミアムとすれば、スワップの相場はたとえば125円のドル売りと126円のドル買いとなり1円のスワップ・コスト（直先の為替のコスト）が発生する。このスワップ・コストを直物相場125円に加えて、輸入予約のベースは126円となる。銀行のポジションは直物ではドル買いとドル売りが相殺されてしまい、期日のドル買いのみが残り顧客の輸入予約と対応することとなる。
☞先物為替相場

差金決済（さきんけっさい）

金融先物取引において価格変動の差額のみの決済を行う清算取引

金融先物取引は期日前に反対取引を行って決済してしまうのが通常の取引である。この場合は約定金額全額の決済は行わず、価格変動の差額決済を行う、いわゆる清算取引である。これを差金決済という。金融先物取引においても一部差金決済ではなく受渡決済を行うケースもある。
☞受渡決済

指図式船荷証券（さしずしきふなにしょうけん）

荷受人について、"order"もしくは"to order of (X)"と記載するB/Lのこと。前者は、通常、荷送人の指図、後者は信用状発行銀行または買い主などの指図である。記名式船荷証券は、これに対する用語である。

船荷証券における荷受人（Consignee）の記載項目が指図式の場合には、一般的につぎのとおりである。
1　to order
2　to order of shipper
3　to order of bank/buyer

上記の1と2は、原則的に荷送人の指図する者に貨物を引き渡すべきことを意味し、したがって白地裏書により貨物の所有権移転が可能となり、B/Lは担保能力・流通性があることになる。3は、荷受人が信用状発行銀行や買い主となるので、流通性がなくなる。ただし、それが信用状発行銀行の場合には流通性がなくても、流通性があるものと同等とみなされ、輸出地の買取銀行はそのB/Lを買い取るのが一般的である。
☞船荷証券、ストレートB/L、航空貨物運送状

サスペンド（適用停止）

市場実勢相場が当日の公示相場から大幅に乖離した場合、公示相場を全面的に適用停止し、新公示相場を設定する取扱い

為替市場では相場が時時刻刻変動しているため、日本では銀行が朝10時近くの市場の相場を基準に、その日1日適用する顧客相場を決めて、それを店頭に公示する公示相場制度をとっている。

このため、市場実勢相場が当日の公示相場の仲値から1円以上乖離した場合、大口取引について市場実勢相場を適用する市場連動制がとられるが、さらに相場が変動し、実勢相場が仲値から2円以上乖離した場合に、公示相場を全面的に適用停止として新公示相場を設定する取扱いをサスペンドと呼んでいる。

☞ 公示相場制度，市場連動制

サプライヤー〈Supplier〉
商取引上の売り手であって，商品の製造者や供給者などを指す用語

　貿易取引上は製造業者ばかりでなく，輸出の仲介に当たる商社などの輸出業者もサプライヤーと呼ばれる。

　また，船舶やプラントなど金額が大きくかつ長期にわたる輸出の場合は延払いの形がとられるが，この長期の輸出信用供与は輸出延払金融またはサプライヤーズ・クレジットと呼ばれる。サプライヤーズ・クレジットは本来，輸出者が輸入者に対して行う信用供与であるが，輸出振興の目的もあり，日本では国際協力銀行（旧日本輸出入銀行）の融資や同行と市中銀行との協調融資などとなることが多い。

　また，第二次大戦後におけるアメリカ連合軍の管理貿易のもとでよく使用され，アメリカ連合軍と日本の製造業者との間に入り，品物の購入や仲介に当たっていたものをいう。

三角貿易（さんかくぼうえき）
通常の二国間貿易の決済上の障害などがあるとき，三角形の形で取引すること

　二国間貿易の決済上の問題がある場合における三角貿易の事例を想定する。

　A国のA社がX商品をB国のB社に販売したいのであるが，B国の外貨事情が悪いので，B社はY商品をA社がB社から購入することを条件としてA社とX商品の契約を行う。しかし，Y商品はA国において適さず，C国であれば販売可能であるから，A社はY商品をC社に売ることを取り決める。すなわち，三角形の形で取引を行うことになる。

　まず，A社はB社にX商品を出荷し，B社はY商品をC社に送る。A社はY商品の代金をC社から受け取り，B社に対してY商品代金を支払い，さらにA社はB社へ販売したX商品の代金決済を受ける。

☞ 多国間貿易，三国間貿易

三国間貿易（さんこくかんぼうえき）
　商社やメーカーの本邦店，海外支店，現地法人などが第三国の貨物を外国相互間で移動させる取引に，何らかの取引形態をもって関与することを一般的にいう。**仲介貿易や中継貿易なども含む**

　商社取引の統計による三国間貿易というと，外国相互間で貨物を移動させるばかりでなく，海外店などの地場取引，本邦への輸出入取引などを意味することが多い。しかし，後者の意味では，一般的には三国間貿易とはいいがたい。また，仲介貿易や中継貿易を含む。

　日本の貿易管理制度に基づく仲介貿易とは，本邦への通関行為がないかぎりで，仲介者が貿易取引の契約当事者となり，外国相互間で貨物の移動があることをいう。

　中継貿易は，いったん貨物を保税工場や保税倉庫に搬入し輸入手続きを行い，再輸出する場合などをいう。

　たとえば，本邦の日本企業が台湾から製品を買い，それを直接にアメリカに販売することであり，タイから半製品を購入し，日本で加工し外国へ輸出することもいう。

　広義には三角貿易も含むし，3ヵ国以上が貿易取引に関与すれば，多角貿易もしくは多国間貿易とも呼ぶ。

☞ 仲介貿易，中継貿易，スイッチ貿易

残存輸入制限品目（ざんぞんゆにゅうせいげんひんもく）〈Residual Quantitative Import Restriction〉
　GATTは，一部の例外を除いて，原則として一切の輸入制限の廃止を規定しているが，多くの国では国内産業保護の理由から，特定品目に輸入制限を課しており，その対象品目を残存輸入制限品目と呼ぶ

　GATTは，原則として一切の輸入制限の廃止を規定している（11条）。その理由は，関税が価格メカニズムを通じて

競争が可能であるのに対して、数量割当や為替制限などの輸入制限措置は、輸入品の価格のいかんを問わず、国家間の物資の流れを止めてしまう、あるいはその数量または金額を一定に抑えてしまい、関税とは比較にならないほど直接的な貿易阻害効果をもつからである。しかし麻薬、武器弾薬、ウラン、金銀などの国家の安全・国民の衛生にかかわる物資は、例外として輸入制限が恒常的に認められており、また、国際収支上の理由から、あるいは途上国の経済開発のためなど、やむをえない理由による輸入制限も暫定的に認められている。したがって、これ以外の輸入制限措置はGATT規定の違反行為になるが、多くの国では国内産業保護の立場から、今でも特定品目の輸入制限措置をとっている。それを残存輸入制限といい、その対象品目を残存輸入制限品目と呼んでいる。

☞関税、GATT

し

C&F（CFR）（シーアンドエフ）

トレード・タームズ（定型貿易条件）の一つの「運賃込み」（指定仕向港）(Cost and Freight, named port of destination) のこと。積地条件で、貨物を本船に積み込むこと、および仕向港までの海上運賃を売り主が負担する条件をいう。現在ではCFRという

C&FのCostは、FOB Costを意味し、FOBの貨物を本船へ持ち込むまでの費用に加えて、売り主は仕向港までの海上運賃を負担しなければならない。

1990年改訂版のインコタームズからは、従来のC&FはCFRへ変更された。それも、&が電算処理しにくいので、CFRとされたという。

☞インコタームズ、CIF、FOB、トレード・タームズ

GDP（GNP）（ジーディーピー）
〈Gross Domestic Product〉
〈Gross National Product〉

一国の経済活動を幅広くとらえた指標で、一国の経済成長率はこれらの指標の伸び率で表わされる

製造業から農業、サービス業まで一国の経済活動を幅広くとらえた指標で、このうち当該期間にその国の国民が生産した財貨とサービスがGNP（国民総生産）である。一方、海外子会社などの活動を除いて、その国の国内で生産されたものだけの係数がGDP（国内総生産）である。

最近ではGDPの方がその国の経済実体を表わすとして、GDPを使用する国が増え、日本でも現在はGDPに切り替えられた。

経済成長率にはこのGDPやGNPの伸び率が使用され、アメリカでは2四半期続けて伸び率がマイナスになるとリセッション（景気後退）と定義づけられている。

G5（ジーファイブ）〈G7、G10〉
〈Group of 5〉

先進5ヵ国蔵相会議。世界経済、国際金融などで重要な問題が生じたときに開かれる会議で、蔵相のほか各国の中央銀行総裁も参加する

Group of Fiveの略。日本、アメリカ、ドイツ、フランス、イギリスの先進主要国の蔵相と中央銀行の総裁で構成され、世界経済、国際金融などで重要な問題が生じたときに、非公開で随時開催される。1985年9月にドル高是正を目的にニューヨークで開催されたG5は、その後の為替調整効果が大きく、プラザ合意として歴史に残るものとなった。

一方G7は1986年の東京サミットでカナダとイタリアからの参加の要望を受け入れる形で決定された。さらにG10は1963年9月のIMFの総会で設置が決まったもので、IMFの一般借入取決め（GAB）に参加した10ヵ国で構成され

J カーブ効果 (ジェイ——こうか)
☞逆 J カーブ効果

JETRO（日本貿易振興機構）(ジェトロ)
〈Japan External Trade Organization〉
1958 年，日本貿易振興会法に基づいて，貿易振興を目的に 20 億円の基金（国庫支出）で設立された特殊法人。設立当初は輸出振興に力点が置かれたが，1970 年代以降は輸入の促進に力が注がれ，2003 年10 月，日本貿易振興機構法に基づき，前身の日本貿易振興会を引き継いで設立され，経済産業省所管の独立行政法人として新たなスタートを切った

通称ジェトロと呼ばれる。日本貿易振興機構法 3 条のジェトロの目的によれば，「我が国の貿易の振興に関する事業を総合的かつ効率的に実施すること並びにアジア地域等の経済及びこれに関連する諸事情について基礎的かつ総合的な調査研究並びにその成果の普及を行い，もってこれらの地域との貿易の拡大及び経済協力の促進に寄与することを目的とする」とある。

すなわち，経済のグローバル化がますます進展し，地域経済統合の動きが拡大する一方，日本では少子高齢化社会を迎えるに伴い，貿易立国である日本には，貿易・投資の一層の拡大と，諸外国との円滑な通商経済関係の維持・発展，経済協力のさらなる推進が求められている。

具体的には，日本経済活性化のための外国企業誘致，中小企業等の輸出支援（日本のブランド力発信と海外市場展開支援），貿易取引の拡大を通じての開発途上国支援，海外経済情報の調査・分析，貿易投資相談（貿易から海外投資まで），知的財産保護や各種展示会を通じての日本企業の海外展開支援，新産業創出・拡大を目指したハイテク産業交流支援，経済連携協定（EPA）に基づく活動，開発途上国研究（アジア経済研究所），その他の事業を推進している。

2007年現在，国内事業所数36，海外事務所54ヵ国73事務所，役職員総数1680名を擁している。

直物為替取引 (じきものかわせとりひき)
為替市場において取引日の二営業日先（または二営業日以内）に受渡決済が行われる為替取引

現在の為替市場における直物為替取引は，東京市場をはじめ，ロンドン，ニューヨークなど世界の主要市場とも取引日の二営業日後に受渡決済を行う為替取引が中心で，広い意味では当日および翌日決済の取引も含める。一般的にスポットと呼ばれる直物取引は二営業日後決済の取引を指し，いわゆる「円高」や「円安」など為替相場の基準となる指標である。また，このスポットの相場水準は先物為替相場を算出するときの基準となる相場である。

対顧客取引の場合，直物為替は一般的には当日取引を指し，適用相場も当日用の店頭公示相場となる。
☞先物為替相場，先物為替取引

直物為替持高 (じきものかわせもちだか)
〈Actual Position〉
外国為替の売買取引が完了している取引の売買差を示すポジション

外国為替の売買取引が完了し，外貨の貸借対照表上に計上された外貨資産と外貨負債の差額。直物持高が買持のときは円投入・外貨運用の状態に，逆に売持のときは外貨の円転換運用の状態にあるといえる。

外国為替の売買取引の期日が未到来で取引が完了していない分の売買差額は，先物為替持高（Forward Position）として計上される。また直物持高と先物持高を合わせたものが総合持高（Overall Position, Net Position）と呼ばれる。
☞アクチュアル・ポジション

至急電報(しきゅうでんぽう)
〈Urgent Telegram〉
　通常電報(Ordinary Telegram)やその他の電報より優先して相手先に配達されるもの

　国際電報はその伝達のスピードによって，①普通電報，②至急電報，③書信電報(Letter of Telegram)などがある。近年，国際電報は国際テレックスや国際ファクシミリの出現によって，利用度はかなり低下したが，これらが発達・普及していない地域・国へ通信する場合，国際電報の存在は重要である。とくに，国際取引が行われる場合，緊急を要する人(たとえば，ビジネスマン)にとって便利であり，また，電報の混み合う時期でも，至急電報であれば，すぐに相手に届くため，この至急電報が利用される。料金は通常電報の2倍になる。最低料金は通常電報と同じで7語分である。

　至急電報を送るとき，相手先の名前および住所の前に URGENT を明記する。これによって，通常電報と区別すると同時に，配達者と受信者への注意を喚起させるのである。従来，信用状の発行などで最も急ぎの場合に利用されてきたが，テレックスなどの普及により電報の利用は少なくなった。

　すなわちテレックスの場合，相手が加入者であれば直接，送信または交信することが可能で，電報局経由や配達が不要となり，アージェント・テレグラム以上に緊急の対応が可能である。さらに電信内容の規格化がはかられたスイフトなども利用されている。ただし，現在ではE-mail が最も多く使用されるようになっている。
　☞アージェント・テレグラム，スイフト，通常電報

自行ユーザンス(じこう――)
　輸入取引において，本邦の銀行が輸入企業に代わって対外決済を行ったうえ，輸入企業に対して外貨ローンを行って輸入決済を猶予する輸入金融の一方法

　海外の輸出者が振り出した一覧払輸入手形が呈示されしだい，日本の銀行が自己の外貨資金で対外決済を行い，輸入企業に対して外貨建約束手形の徴求を見返りに外貨ローンを供与する輸入金融である。

　アクセプタンスやリファイナンスなど外銀から与信を受ける輸入金融に対して，邦銀の与信を利用することから邦銀ユーザンスと呼ぶこともある。

　なお，輸入貨物代金以外に運賃などについても本方式の利用が可能で，フレート・ユーザンスなどと呼ばれる。

市場介入(しじょうかいにゅう)
　為替相場の動きを抑制または誘導するために中央銀行が為替市場で行う操作

　たとえば為替市場で円買い・ドル売りが強まり円高が大きく進むような場合，日本銀行が為替市場で円売り・ドル買いの為替取引を行い円高進行を抑えるような取引を市場介入という。

　市場介入の方法には一国の中央銀行が単独で行う場合と，主要国の中央銀行が協調して行う場合とがある。後者は協調介入と呼ばれ，一般的には前者よりも効果が大きい。また日本銀行がたとえばバンク・オブ・イングランド(英蘭銀行)に依頼してロンドン市場で日銀勘定の市場介入を行う委託介入の形もとられる。

　日本銀行の市場介入は外為銀行に依頼して行う場合と，ブローカー(外為仲立人)に売買注文を出す場合とがあるが，そのときの市場をみて，介入効果の大きい方を日銀が選択している。

　なお，日本の市場介入は外国為替資金特別会計の勘定を使用して，日銀が財務省の代理で行っている。
　☞スムージング・オペレーション

市場相場(しじょうそうば)〈Market Rate〉
　外国為替市場で取引に使われる為替相場。マーケット・レートのこと

　外国為替市場における相場は主として直物相場と先物相場に分けられる。直物

相場は2日後に代金決済される取引の相場で、ドル円では、たとえば120.15・25などのように表示される。これは1ドルを120.15円で買いたいという人と、120.25円で売りたいという人がいることを表わし、取引は通常、買い手と売り手の力関係でこの間で行われる。

先物相場はこの直物相場との差（スプレッド）で表示され、直物と先物を同時に売買するスワップ取引で行われる。市場相場に対して、外国為替銀行が企業などと取引するときに使用される相場が対顧客相場である。

☞対顧客相場

市場連動制（しじょうれんどうせい）

市場実勢相場が当日の公示相場から一定以上乖離した場合、大口取引については市場実勢相場を個別に決定して適用する制度

為替市場では相場が時時刻刻変動しているため、日本では銀行が朝10時近くの市場の相場を基準に、その日1日適用する顧客相場を決めて、それを店頭に公示する公示相場制度をとっている。

このため、市場実勢相場が当日の公示相場の仲値から1円以上乖離した場合は、1件10万ドル以上の取引については市場実勢相場を個別に決定して適用することとしており、この制度を市場連動制と呼んでいる。

☞公示相場制度、サスペンド

実需原則（じつじゅげんそく）

金融機関以外の企業が為替の先物予約を締結するときは「輸出入や貿易外取引などの実需取引が背後にあるときに限られる」という大蔵省（現財務省）令による規制

実需を伴わない為替取引は投機につながり、為替相場の安定が損われる恐れがあるという考え方から、この「実需を伴った取引を原則」とする規制がしかれていた。しかし、企業は輸出入などの契約がまとまるまで予約を待たなければならず、為替リスクのヘッジのタイミングを失するという不満や、海外の先進主要国が実需原則を採用していないことなどから、日本でもこの規制は1984年4月に撤廃された。

現在ではベースになる取引を確認せずに、いつでも自由に為替予約ができるようになったため、為替予約のヘッジ手段としての機能が一層高まった反面、企業による為替投機取引も増加することとなった。

このため企業の為替投機失敗で、為替損を先送りするための為替予約延長取引が増加したため、1992年銀行は為替予約の延長を原則として認めない措置をとった。

シッパーズ・ユーザンス

〈Shipper's Usance〉

輸出者（Shipper）が輸入者に対して輸入決済を一定期間猶予することにより行う信用供与

輸出者が輸入者に輸入代金の支払いを一定期間猶予する形で行う短期のクレジットである。このうち為替銀行を経由する場合は、輸入者は取立手形を引き受けることにより船積書類が受け取れる引受渡し（D/A）の形式がとられる。輸入者は手形期日に支払いを行うことにより決済が完了する。

一方、為替銀行を経由しない場合は、船積書類が輸出者から直接輸入者に送付される。また代金決済は期日に輸入者が送金を取り組むことで完了する。

このように、シッパーズ・ユーザンスは輸出者に支払猶予を与えるだけの資金力が必要なほか、輸入者にも支払能力などに対する信用が必要である。このためシッパーズ・ユーザンスの利用は親会社と子会社の間や、信用力が判明している先との取引に限られることとなる。

シッピング・マーク〈Shipping Marks〉

輸出貨物の外装（Packing）に表示されている印であり、荷送人、荷受人、仕

向地，貨物の個数，原産国名などを明示するための記号で荷印ともいう。その他，品質，重量，容量，注意マークなどが記載される場合もある

シッピング・マークは，簡単明瞭にする必要がある。そうすれば，貨物の積込み，積卸し時に，複雑な長い文章による住所や名前を使用する場合に比して作業を迅速に進めることができる。また，船積書類作成時にも，シッピング・マークを参照することで，時間および手続きを短縮することが可能である。

シッピング・マークでは荷受人の会社名や住所が表示されていないので，輸出地で競争相手会社に輸入業者を知られずに済む場合が多い。また，荷受人のみがシッピング・マークにより，荷送人の名前と住所およびその貨物の内容を瞬時に理解することができる。

指定保税地域（していほぜいちいき）
☞保税地域

支払承諾（しはらいしょうだく）
支払承諾見返（しはらいしょうだくみかえり）
支払いの保証を行う場合，すなわち偶発債務を負担するさいに銀行が貸借対照表上に計上する勘定科目

たとえば銀行が輸入信用状を発行する場合は，銀行は受益者（輸出者）に対して対外的支払いの債務を負うこととなるので，これを経理処理するために貸方に「支払承諾」（信用状口）を計上する。また同時に信用状発行依頼人に対する償還請求権を経理処理するために借方に「支払承諾見返」（信用状口）が計上され，貸借はバランスする。

支払等報告書（しはらいとうほうこくしょ）
輸出入以外の取引について，受取りおよび支払いを財務大臣に報告する書式

改正外為法に基づく報告制度では，まず輸出入について，従来の輸出報告書および輸入報告書は廃止された。輸出入以外の取引については，従来貿易外受取り，支払いがべつべつに報告されていたが，改正外為法では支払いと受取りを一枚の書式にした支払等報告書が使用されている。

支払渡し（しはらいわたー）
〈D/P：Documents against Payment〉
船積書類の引渡しを荷為替手形の支払いと引換えに行うという引渡し条件

信用状なしの荷為替取引の場合，船積書類の引渡しは，契約条件で，荷為替手形の支払いと引換えに行うものと，引受けと引換えに行うものとがある。このうち手形の支払いと引換えに船積書類の引渡しが行われるものが支払渡し（D/P）である。
☞引受渡し

CIF（シフ）
トレード・タームズ（定型貿易条件）の一つの「運賃・保険料込み」（指定仕向港）（Cost, Insurance and Freight, named port of destination）のこと。積地条件で，売り主が貨物を本船に積み込むこと，および貨物の船荷証券などを引き渡すべき複合義務がある

CIFのCostは，FOB Costを意味し，FOBの貨物を本船に持ち込むまでの費用にプラスして，さらに仕向港までの海上運賃，および海上保険料の費用を売り主が負担することをいう。

CIFでは，FOB同様に貨物を本船に積み込むことの義務に加えて，船荷証券や保険証券などの船積書類を買い主に対して引き渡す義務がある。すなわち，FOBは，積出し港の本船上で貨物を引き渡す価格条件であって，現実引渡し（Physical Delivery）条件ともいわれる。CIFは，さらに船荷証券などを引き渡す義務があるので，象徴的引渡し（Symbolic Delivery）条件ともいう。

ただし，本質的に現実引渡しのFOB条件であっても，荷為替手形決済によるのであれば，売り主・買い主の特約的な合意により象徴的引渡しとなる

が，その現物渡しの原則性を損なうものではない。

1980年にインコタームズのトレード・タームズに採択された「輸送費・保険料込み」(指定仕向場所)：CIP (Carriage and Insurance Paid to, named place of destination) は，コンテナ輸送の要求に応ずるために設けられた。これは，CIFにほぼ相当するものであるが，売り主から買い主への危険移転は，貨物を運送人の管理下に引き渡される時点であることが大きな違いである。

なお，コンテナ船の「運送人渡し」(指定場所)：FCA (Free Carrier, named place) および「運送費込み」(指定仕向場所)：CPT (Carriage Paid to, named place of destination) は，従来のFOBおよびC&Fにほぼ相当することになる。

☞インコタームズ，FOB，トレード・タームズ

資本収支 (しほんしゅうし)
資本取引 (しほんとりひき)
直接投資，証券投資などの収支である「投資収支」と政府の無償資金協力などの収支である「その他資本収支」から成る

資本収支は，金融資産にかかわる債権・債務の移動を伴う取引を計上する「投資収支」と資本の移転などを計上する「その他資本収支」とから成る。投資収支のうち「直接投資」に計上されるのは，投資企業に対する投資家の影響度合いが大きい場合，実務的には出資の割合が10%以上の法人の投資の場合とされ，また，支店も対象となる。

これに対して，「証券投資」は，資産運用のための投資が対象となる。証券投資の債券には「金融派生商品」が含まれるが，計上されるのは資金の受渡しが行われた部分や，実現したキャピタル・ゲイン，ロスなどで，想定元本は含まれない。「その他資本収支」には，日本政府が外国政府に対して行う空港，道路建設のための資金供与などの無償資金協力などが計上される。

仕向送金 (しむけそうきん)
資金送金の送金人からみた場合の呼称。受取人からみた場合は被仕向送金となる

仕向送金を実行するためには仕向銀行(送金銀行)は被仕向銀行(支払銀行)に対して支払指図(P/O：Payment Order)を発行して支払いを依頼する。送金代り金の引渡しについては，被仕向銀行が仕向銀行の預け金を保有している(デポ・コルレス銀行)場合，その預け金勘定を通して支払いが行われる。

被仕向銀行がデポ・コルレス銀行でない場合は，仕向銀行は別途自行のデポ・コルレス銀行に対して被仕向銀行への支払いを依頼する。この銀行はリインバース銀行 (Reimbursing Bank, 補償銀行)と呼ばれる。

仕向地 (しむけち)
〈Point of Destination, Destination〉
一般的には，輸送貨物が荷受人に最終的に引き渡される場所

輸出の場合，貨物の最終陸揚港の属する国もしくはその国域をいう。しかし，その貨物がその該当する国もしくは領域外で加工または消費されることが明白な場合，その加工または消費される国もしくは領域をいい，その加工と消費が異なる国もしくは領域でそれぞれ行われる場合，消費される国もしくは領域を仕向地とする。

輸出者は，輸出貿易管理令などに基づく仕向地について，その輸出取引に至る経緯，要求される荷印などからいって，それ以外に仕向地が明らかな場合，単なる陸揚港または経由地などを仕向地とすべきではない。

このように最終仕向地が明らかにされねばならない理由の一つとしては，ボーダレス経済の時代において，商品は利潤を求めて国境を越えていたるところに移転するのであるが，国家の軍事的・経済的安全などを維持し監視するため，その貨物の最終的に消費される場所を確認する必要があることが指摘できる。

JASTPRO番号 (ジャストプロばんごう)

JASTPROとは，（財）日本貿易関係手続簡易化協会の略称。同協会は国連の勧告に基づき設立されている。貿易手続きの簡略化のため，同協会が一社一コードを基本に輸出入業者に対して付与している番号をいう

輸出入業者が，前もってJASTPRO番号を登録して取得し，それをNACCSに登録しておけば，通関業者などの端末機にそのコード番号を入力するだけで，輸出入業者の社名・住所などが画面に出力され，輸出入申告が手際よく行われるシステムとなっている。

とくに，JASTPRO番号を取得しAir NACCSやSea NACCSを輸入申告のさいに利用した場合，つぎのような利点がある。

1　通関業者の通関業務および税関の事務処理が効率的に行われ，貨物の引取りが迅速化される。
2　納付延長制度を活用すれば，関税や消費税の納付期限が延長でき，金利が節約できる。
3　口座振替により，銀行から自動的に納税できる。
4　包括審査および包括保険の適用ができる。

☞ **NACCS**

ジャパン・プレミアム
〈Japan Premium〉

ユーロ・ダラー市場などで資金を取り入れるさいに，邦銀が支払わなければならない欧米銀行との金利差

ユーロ・ダラー市場やIBF市場で邦銀は欧米銀行に比して高い金利を支払わなければ資金を取り入れられないケースが出ている。資金の出し手が取り手の与信リスクに神経質になったため，取り手の信用格付が取入金利に反映されるようになったためである。

ジャパン・プレミアムの発生は，①国際決済銀行（BIS）の自己資本比率規制の導入により，主要銀行が市場での資金放出を控え，市場の流動性が縮小している，②邦銀の市場からの資金取入量が大きい，③そうしたなかで，邦銀にはバブル崩壊により不良債権を多く抱えているところが多いなどの理由が影響したとみられている。

1992年に顕著となったジャパン・プレミアムは，1974年のユーロ不安のさいにユーロ市場で要求されたジャパン・プレミアムに比較すればまだ小幅である。

☞ **ユーロ・ダラー，IBF市場**

従価税 (じゅうかぜい)
〈Ad Valorem Duties〉

関税額を算定する場合，価格を課税標準とするもの。日本では最も一般的な関税率の形態で，CIF価格が課税標準とされる

税額を算定する場合の基礎を課税標準というが，関税は輸入貨物の価格または重量を課税標準として課せられる。価格を課税標準とするものを従価税，重量を課税標準とするものを従量税といい，日本では従価税が最も一般的な関税率の形態となっている。

価格を課税標準とする以上，輸入貨物の価格をどのように決定するかが重要となる。日本の関税定率法4条では，「当該輸入貨物に係わる輸入取引がされた時に買手より売手に対し又は売手のために，当該輸入貨物につき現実に支払わわた又は支払われるべき価格に運賃等の額を加えた価格」，すなわちCIF価格を原則として課税基準としている。

従価税の長所としては，①課税の負担が商品価格に比例するので公平である，②内外価格が同様の変動する場合，物価変動に十分対応できる，一方短所として，①課税標準としての価格の捕捉が難しい，②輸入品価格が低下した場合に国内産業保護の機能が薄れる，などの点があげられる。

同一商品グループのなかでも品質格差が大きいもの，短期的に価格変動の少ないもの，種類が多いものについては，一

重トン（じゅうとん）

Long Ton，英トン（English Ton；Gross Ton）とも呼ばれ，2240ポンドを1トンとする衡量単位

重トンとは軽トン，つまり，アメリカで使用されている米トン（American Ton；Net Ton，2000ポンド＝1トン）とは区別される，重量を表わすトンの一種である。

トンはもともとイギリスから始まった衡量単位であり，重量を表わすトン（Weight Ton：W/T）と容積を表わすトン（Measurement Ton：M/T）があるが，ここでいう重トン，軽トンはともに重量を計る単位のことである。

重量の単位については，トン（ton），ポンド（lb），キログラム（kg）などがあるが，貿易取引においてはトンが最もよく用いられている。

なお，軽トンはアメリカ，カナダなどで使用され，重トンは英国系諸国などで用いられ，さらに，インドや日本などではメートル・トン（Metric Ton，2204.616ポンド＝1トン）が使用される。

☞軽トン

重量容積証明書（じゅうりょうようせきしょうめいしょ）

〈List of Weight & Measurement〉

商品の重量，容積に関する証明書ないしは明細書で，送り状に総括的に表示した商品の内容を補足し，重量，容積，個数の明細を記載したもの。日本では，日本海事検定協会の発行するものが多い

この証明書は，貿易取引にかかわる船積書類の一つであり，通常は輸出地（積出地）の公認機関によって検査・秤量のうえ作成・発行されるため，その検査済の署名またはスタンプにより，対外的に証明書としての効力を有する。日本では，日本海事検定協会や検定新日本社の発行するものが一般的に使われており，その他の検査機関としては，輸出品検査所などの公共機関，ロイズ協会所属鑑定所（人）があげられる。

この証明書は，売り主が作成する包装明細書の正確さを裏付ける資料となるほか，船会社の運賃算定資料や，船積み関係の基礎的な情報資料としても用いられる。

その他，船積関係書類としての証明書には，商品の原産地国名を証明する原産地証明書や，商品が一定の品質基準を維持していることを証明する検査証明書などがあり，いずれも特定の検査機関によって発行されるのが一般的である。

☞包装明細書，パッキング・リスト，原産地証明書，船積書類

受益者（じゅえきしゃ）〈Beneficiary〉

信用状の名宛人または受領者で，一般的には輸出者（Exporter, Shipper）

信用状に基づいて権利を行使することができる当事者で，通常はExporterまたはShipperを指す。信用状の受益者は輸出を実行したあと，信用状条件に合致した船積書類と為替手形により，銀行に買取りなどを依頼することができる。船積書類が信用状条件に合致していれば最終的な支払いは信用状発行銀行により確約されている。

準拠法（じゅんきょほう）

〈Governing Law〉

貿易取引契約の解釈や効力を最終的に律する法律のこと。契約から生じるさまざまな問題や紛争を法律的に解決する場合の拠り所となる法律である

貿易取引の売買当事者は，相互に異なる国内法に基づいて商活動を営むものであるが，その取引契約から生じる問題や紛争を解決するにあたっての最終的な法律判断は，両当事者どちらかが属する国の法律に依存するか，あるいは第三国の法律に基づくものである。一般に当事者の利益は相互に対立するものであるから，売買当事者はできるだけ自国の法律を準拠法として定める傾向にある。国際

私法の抵触や商慣習など混沌とした状態に取引秩序をもたらす世界的に統一した売買法成立への動きもみられる。たとえば、国連の国際動産売買条約はすでに発効されているが、現実には当事者どちらかの法律を準拠法とすることが一般的である。なおこの準拠法は当事者間で自由に定めることができる。

順月確定日渡し（じゅんげつかくていびわたー）
順月オプション渡し（じゅんげつ——わたー）

先物為替の予約において、締結日以降各月の応答日を基準として予約実行日を定める方式

為替予約の実行日を締結日以降の応答月日とする方式が順月確定日渡しで、締結日から応答月日の間、または各月の応答日から応答月までの間など、顧客のオプションで実行日が選択できる方式が順月オプション渡しである。外国為替市場における先物取引では締結日の二営業日先を直物取引日とし、以後各月の応答日を先物取引の基準日とする順月確定日渡しの方式がとられている。

償還請求（しょうかんせいきゅう）

買い取った輸出為替手形が支払拒絶（Unpaid）された場合に、銀行が買取依頼人に対して行う買取代金の返還請求

償還請求を行う必要があるのは、発行銀行からの支払拒絶のほか、再買取銀行から償還請求を受ける場合など種々のケースがある。また買取依頼人から買取代金の返還が受けられない場合、買取銀行に返送された船積書類により輸出荷物を処分し、買取代金を回収するなどの方法をとる必要が生じる。

商業信用状（しょうぎょうしんようじょう）〈Commercial Letter of Credit〉

信用状（Letter of Credit）のうち、輸出入取引を円滑にするために使用されるもので、一般的には荷為替信用状（Documentary Credit）と同様に使われることが多い

商業信用状は輸入者の依頼に基づいて輸入者の取引銀行が、輸出者を受益者として発行する。輸出者がその信用状条件に合致した船積書類と為替手形を呈示すれば支払いの実行が確約されている。

商業信用状以外の信用状には旅行（者）信用状（Traveler's Credit）などがあるが、旅行信用状は現在はほとんど利用されていない。

☞信用状、荷為替信用状、旅行信用状

商業信用状約定書（しょうぎょうしんようじょうやくじょうしょ）

輸入者が銀行に輸入信用状の開設を依頼するさいに銀行に差し入れる約定書で、輸入信用状取引全般にかかわる約定書

商業信用状約定書の内容は、信用状開設、手形の引受け・支払い、輸入貨物の担保、銀行免責条項などを盛り込んだものである。なお輸出手形の買取りなど他の外国為替取引も含めて「外国為替取引約定書」としている銀行もある。

小損害免責歩合（しょうそんがいめんせきぶあい）〈Franchise〉

貨物の海上保険契約において、保険価格の一定の割合を超えない損害に対しては、保険会社が填補しないこと。これをフランチャイズと称している

分損担保（WA）の条件では、貨物の性質や運送上の理由により小損害は避けられないということから、損害填補の免責歩合が定められている。通常は保険価格の2ないし3％程度の免責歩合が適用されている。このフランチャイズには、実際の損害が免責歩合を超過した場合にその損害の全部を填補するOrdinary Franchiseと、免責歩合を超過した部分のみを填補するExcess Franchiseがある。

☞海上保険証券

譲渡可能信用状 (じょうとかのうしんようじょう) ⟨Transferable L/C⟩

信用状の受益者がその全部または一部を第三者に譲渡する権利を与えられた信用状

譲渡を受けた新しい受益者は自己の名義で手形を振り出し，支払いを請求することができる。信用状統一規則により"Transferable"と表示すること，譲渡は1回に限ることなどが規定されている。

商品デリバティブ (しょうひん——) ⟨Commodity Derivatives⟩

原油や金など商品を対象としたデリバティブで，スワップ，先物，オプションなどがある

商品を対象としたデリバティブは近年の原油価格の高騰など，価格変動リスクを回避する必要などから，利用ニーズが高まっている。利用法はさまざまであるが，たとえば原油を輸入する石油会社が3ヵ月後の原油価格を銀行と契約しておき，3ヵ月後に市場価格が上昇していれば，契約価格との差額を銀行から受け取る。逆に市場価格が低下した場合はその差額を銀行に支払う。こうした利用法をすることにより，企業は事前に将来輸入する原油の価格を確定することができる。

ショート・シップメント (船積不足) ⟨Short Shipment⟩

実際の船積数量が契約規定の数量と比べて不足していること。ショート・デリバリー (Short Delivery) ともいう

ショート・シップメントには売り手の不注意の場合，あるいは運送会社のミスによる場合がある。運送会社のミスの場合，取引契約の条件に基づいて，この船積不足分を売り手および買い手のどちらが負担するかが決定されることが多い。この船積みした数量の不足分は通常，鑑定人あるいは検量業者によって証明されうる。

売り手の不注意の場合，当然，売り手が責任を負わなければならない。また，船積貨物のスペースの予約不足により，実際の積荷がショート・シップメントとなる場合，船会社には責任がなく，売り手が責任を負わなければならない。天候，洪水，火災，地震，ストライキ，暴動，内乱，戦争などの不可抗力に基づいて発生したショート・シップメントについては，一般的にいって売り手が責任を負う必要はない。

所得収支 (しょとくしゅうし)

居住者・非居住者間の「雇用者報酬」および「投資収益」の受取・支払を計上する経常収支の一つ。雇用者報酬は，たとえば外国への季節労働者などの短期労働者の出稼ぎによる報酬の受取・支払であり，投資収益とは，直接投資収益，証券投資収益，その他投資収益（貸付利息・預金利息の受払）から構成され，居住者・非居住者間における対外金融資産・負債に係わる利子・配当金等の受取・支払を計上

日本の貿易収支は第二次大戦以降，1965年を境にして黒字傾向となり，第一次・二次オイルショック時の数年を除き今日に至るまで黒字が続いている。投資についても特に1985年のプラザ合意以降急増し，対外直接投資額の1951〜85年までで約700億ドル，その後数年間だけで1400ドル程度までに膨れ上がり，その後バブル経済破綻により投資額が若干減少したものの，2000年代に再び増加に転じ昨今ではその増加率が顕著となってきている。

すなわち，日本は戦後貿易黒字で経済発展を実現してきたが，プラザ合意以後日本は価格競争力を逸したので，原材料を輸入しそれを加工して製品輸出する旧来の貿易構造に変化がみられ，海外生産と貿易を組み合わせることによって製品輸入比率も高め，競争力の強い製品・中間財の輸出を促進するような貿易構造に変貌してきている。その結果，2005年から日本の経常収支を構成する所得収支に

よる黒字が貿易黒字を上回るようになり、2006年ではなんと、貿易収支黒字額の9兆4596億円に対して所得収支の黒字額が13兆7449億円にも達したのである。

その結果、今日では日本の直接投資と証券投資を通じて所得収支も増加した一方で、サービス収支はおそらく赤字、貿易収支は当分の間黒字であろうが、いずれ赤字になり経常収支の黒字を貿易収支ではなく投資収益を軸とする所得収支で補う「未成熟債権国」から「成熟した債権国」(「国際収支発展段階説」)への過程にあるといった見方もある。

☞国際収支, 経常収支

署名鑑 (しょめいかん)
〈List of Authorized Signatures〉
コルレス銀行同士が互いに取り交わす署名権者の署名見本一覧表

コルレス銀行間では、信用状、送金指図、送金小切手などが相手銀行により正当に発行されたものであることを署名により確認する必要がある。このためコルレス契約を締結するさいに、署名権限のある者の署名見本一覧表を互いに取り交わしておく必要があるわけである。

署名の照合は入念に行う必要があるが、銀行によっては上級署名権者などが区分されており、重要取引には上級署名権者の署名を必要とするなどの規定があるので留意する必要がある。

書類呈示のための特定期間 (しょるいていじ——とくていきかん)
船荷証券などの日付から買取りなどのための書類呈示までの期間

信用状に基づいて支払い、引受け、買取りなどのために輸出書類を呈示する有効期限については信用状に明記しなければならないが、積出書類の発行日から船積書類の呈示期限までの期間を特定期間と呼んでいる。

信用状にこの特定期間の明示がない場合は、信用状統一規則により21日間となる。

新協会貨物約款 (しんきょうかいかもつやっかん)
〈Institute Cargo Clauses : ICC〉
旧 ICC の約款に対する Policy Form の大幅な改定に伴い、それに基づく新たな海上保険の約款を制定したもの。1982年から適用されている

新約款の構成内容は、担保危険、免責、保険期間、保険金請求、保険利益、損害軽減、遅延回避、準拠法などから成っている。このなかで担保危険に関しては、旧約款における All Risks が新約款では ICC(A) という条件に、WA が ICC(B) に、FPA が ICC(C) という条件にそれぞれほぼ対応している。ICC(A) は包括責任主義に基づくものであり ICC(B) と ICC(C) は個別に列挙した危険損害を塡補する列挙責任主義によっている。

☞海上保険証券

シンジケート・ローン
〈Syndicated Loan〉
複数の銀行が協調融資団を組成して中長期貸付などの信用供与を行う形態

シンジケート・ローンは複数の銀行が協調融資団(シンジケート団)を組成して、中長期貸付などの信用供与を行う形態で、貸付けのほか CP 発行保証や借入保証などを含めてシンジケート・クレジットと呼ぶこともある。

シンジケート・ローンの貸付金利は一般的には短期のユーロ金利を基準としていることから、貸出銀行は容易に短期のユーロ資金を調達し、金利リスクを避けながら中長期ローンに参加できるようになり、大型のシンジケート・ローンの組成が可能となった。

引受けや組成には日本、アメリカ、欧州の大手銀行や多国籍銀行が当たっているが、参加ステータスには主幹事、幹事、副幹事、一般参加など各種があり、資金力やノウハウに応じて小規模銀行の参加も可能である。

シンジケート・ローンは1960年代後半に始まった取引であるが、ユーロ市場の成長とともに急拡大した。とくに1973年

のオイルショックにさいしては，OPEC諸国に集中したオイル・マネーがシンジケート・ローンの形で非産油途上国に還流した。

シンジケート・ローンは最近国内融資にも利用されるようになっている。

人民元（じんみんげん）
〈Renminbi, China Yuan〉

中国の通貨，人民元は管理フロート制がとられているが，中央銀行の市場介入により上昇幅は小幅に抑えられている。**大幅な貿易黒字と急増する外貨準備を抱える中国に対しては，大幅な貿易赤字が続くアメリカなどからの切上げ圧力が続いている**

人民元は1994年以来，対ドルで1ドル＝8.2765元で実質的に固定されてきた。しかし，経済発展に伴う貿易黒字，外貨準備の増加により，固定相場の維持が難しくなり，2005年7月に1ドル＝8.11元に切上げられるとともに，元の管理フロート制が採用された。すなわち，以後は変動に制限はあるものの，市場の需給を反映して相場を変動させることおよび，対ドルのみならず，円など主要通貨の動きも参考として相場を管理する（通貨バスケット制）と発表された。この新制度は人民元の相場管理としては新しい動きとなったことから人民元改革と呼ばれた。しかし，大幅な貿易黒字と外貨準備の増加に対して，以後の人民元の上昇幅が年数％程度と小幅なことから，大幅な貿易赤字を抱えるアメリカなどからは，さらなる切上げ圧力が強い。

信用危険（しんようきけん）

輸出契約の相手方や融資を受けた者が，破産またはその他これに準じる理由などで輸出代金を支払わなかったり，融資金の回収が不能になるようなこと。貿易保険制度でいう非常危険と並ぶ担保危険の一つ

輸出契約成立後，船積みまでの間で相手方が，破産またはその他これに準じる理由など（破産宣告もしくは和議開始等）により，貨物代金決済が回収できなくなったり，融資した相手方がこれら理由などに基づき，融資金の回収が不能になることをいう。また，輸出契約の相手方が政府，地方公共団体またはこれに準じる者で，一方的な契約破棄となった場合なども含む。

信用危険は，非常危険と並んで貿易保険制度でカバーされるものである。たとえば，輸出手形保険，輸出代金保険，海外投資保険などにおいて担保される危険である。

☞非常危険，貿易保険制度

信用状（しんようじょう）
〈L/C: Letter of Credit〉

発行銀行が条件に合致した書類の呈示を条件に支払いや引受けを確約した証書

代表的な信用状には，輸入者の依頼に基づいて，取引銀行が発行するもので，受益者である輸出者が条件に合致した輸出船積書類と為替手形を呈示すれば支払いが確約されている荷為替信用状（Documentary Credit）がある。輸出入取引のための信用状以外にも，融資や保証のために利用されているスタンドバイ・クレジット（Stand-by Credit）や旅行者のための旅行信用状（Traveler's Credit）などがある。

信用状取引の特徴は書類取引にある。すなわち，信用状条件に合致する書類や手形を呈示すれば必ず支払いが受けられるもので，その書類にかかわる商品やサービスの取引を行うものではないことである。

なお，信用状には取消不能信用状と取引可能信用状などの区分がある。

☞荷為替信用状，商業信用状，スタンドバイ・クレジット，旅行信用状，取消可能（不能）信用状

信用状統一規則（しんようじょうとういつきそく）

信用状の取扱いに関して，性格，形式，

用語の解釈などを統一するため，国際商業会議所が制定した民間の国際基準

「荷為替信用状に関する統一規則及び慣例」(Uniform Customs and Practice for Documentary Credits)。法律，商習慣などの異なる国際間の貿易取引で国際的な取引ルールを確立するための国際商業会議所（ICC：International Chamber of Commerce）が制定した国際規則。

当初1933年に制定され，現在2007年の第6回改訂版が採用されており，事実上世界の統一ルールとなっている。なお信用状がこの規則の適用を受けていることを示すために，つぎのような文言が信用状面に表示される。"Subject to Uniform Customs and Practice for Documentary Credits, 2007 Revision ICC Publication No. 600."

☞取消可能（不能）信用状

信用状発行手数料 (しんようじょうはっこうてすうりょう) 〈Opening Charge〉

信用状発行にさいして発行銀行が依頼人から徴求する手数料

支払債務を負うための保証料，事務経費などを見込んで決められている。通常，通貨別，地域別，有効期間（当初3ヵ月）などにより料率が設定されている。

す

スイッチ貿易 (――ぼうえき)

二国間清算勘定の黒字国によって，その黒字分の一部または全部が第三国に譲渡され，譲渡を受けた当該国が清算勘定赤字国から商品を購入し，これを他国に転売する形態の取引をいう

スイッチ貿易は，仲介貿易の一種であるが，多くの場合，二国間清算勘定の多角的使用を基礎とするところに特徴がある。清算勘定では，通常，二国間貿易における黒字国が，清算勘定の一部または全部を譲渡することができ，清算勘定黒字分の権利を取得する第三国は，清算勘定赤字国から商品を購入し，これを他国に転売する場合，この第三国の商社がスイッチャーであり，スイッチャーは手数料や割引利益，すなわちスイッチ・コミッションを取得する。このような取引形態をスイッチ貿易といい，この場合，商品は第三国を経由することなく，転売先に直送される。スイッチ貿易では，清算勘定赤字国はハード・カレンシー不足に関連した問題を緩和し，資金難を回避することができるが，しかし，実際の取引では清算勘定赤字国の商品は，国際的な市場性に乏しく，品質および規格面で劣っていたり，価格が割高である場合が多いために転売が容易ではなく，そのためバーターなどの形態を含む一連の複雑な国際取引を通じて，商品をハード・カレンシーに交換することなる。

☞仲介貿易

スイフト 〈SWIFT：Society for Worldwide Interbank Financial Telecommunication〉

送金，信用状開設など銀行間の国際通信を標準化し，迅速に処理するために設立された組織およびそのシステム

顧客送金，銀行間資金付替，信用状の開設，アメンドなどの取引のメッセージを統一フォームに標準化して送受信することにより，通信の迅速化，通信費の節減などのメリットがある。組織は1973年に設立され，システムは1977年に稼働したが，日本の銀行は1981年に稼働開始した。

スクウェア 〈Square Position〉

為替持高（ポジション）が売買均衡した状態。スクウェア・ポジションともいう

為替持高は外貨債権と外貨債務の差であるが，その差がゼロ，すなわち売持にも買持にも傾かずに均衡した状態をいう。為替持高には為替取引が実行済の直物持高と，為替契約は締結されているが，未実行の先物持高，直物と先物を合わせた総合持高がある。総合持高がスク

スタンドバイ・クレジット
〈Stand-by Credit〉
　信用状（Letter of Credit）のうち，現地貸付や現地保証などを円滑に行うために利用されるもの

　日本の企業の海外支店または現地法人などが現地の銀行から貸付けや保証などを受けるにさいして，日本の銀行が現地の銀行を受益者として，債務の弁済を保証するために発行する信用状。債務不履行の場合には受益者である現地銀行はStatementなどを手形とともに呈示することにより，債務を求償することができる。

　このようにスタンドバイ・クレジットは貿易取引を円滑に行うための信用状ではないが，荷為替信用状を対象とする現在の信用状統一規則は適用可能な範囲においてスタンドバイ・クレジットにも適用されることとなっている。

ステール B/L（——ビーエル）〈Stale B/L〉
　時期経過船荷証券のこと。船積後相当の期間が経過して輸出地の買取銀行に提出された船荷証券であり，買取銀行はこの種の船荷証券の買取りを拒絶したり保証状を要求する場合もある

　船積みからかなりの日数が経過した後に船荷証券が買取銀行に呈示された場合，貨物が仕向港に到着したにもかかわらず船荷証券が不着で，輸入者の貨物受取りが不可能になり，そのことが原因で売買当事者間でさまざまな問題や係争が生じやすい。また信用状決済の場合，船荷証券の提出の遅延は，信用状に明示される有効期限内での買取りができない恐れが生じてくる。したがって輸出者は可能なかぎり迅速に船荷証券を提出すべきである。なお，信用状統一規則によれば，信用状の有効期限が明示されていない場合，船荷証券発行後21日を経過したB/Lは時期経過船荷証券とみなされる旨を規定しており，したがって買取銀行は買取りを拒絶することになる。
　☞船荷証券

ステベ 〈Stevedore〉
　輸出貨物の船内への積込み（Loading），荷ならし（Trimming；Leveling）などの請負業者のこと。ステベドアの略称である

　ステベは船会社または荷主と契約して，船内への貨物の積込み，船内からの貨物の積出し，さらに船内での貨物の積付け，荷ならしなどを行う。一般的には，荷主でなく，船会社が直接，ステベと契約し，その場合の費用は船会社の負担となる。

　ステベの具体的な主要業務は二つに分けられる。第一の船積みの場合，貨物を荷主から岸壁上屋（Pier Shed）または輸出上屋（Transit Shed）で受け取り，本船に積み込み，積付け，荷ならしを行うことである。第二の荷揚げの場合，本船から貨物を荷卸しし，陸揚げを行い，荷受人に引き渡すといったことである。

　今日コンテナ船に関しては，ステベ業務はかなり機械化されてきており，このステベという用語の使用頻度は低下してきている。

ストライキ約款（——やっかん）〈Strikes, Riots and Civil Commotions：SRCC〉
　貨物輸送における危険担保条件の一つで，ストライキや暴動，内乱などといった危険が填補される約款である

　一般には同盟罷業やロックアウト，労働争議などにより，港湾での船積み，荷役や，貨物の輸送などで被保険者に生じる損害を保険会社が填補するものである。なお旧ICC約款の All Risks では，このストライキと戦争危険は填補されないために，特約としてこれらを保険条件に含めることが一般的である。
　☞海上保険証券

ストレート B/L（──ビーエル）
〈Straight B/L〉

記名式船荷証券のこと。船荷証券の荷受人の欄に特定の買い主などの名前が記入されており，荷受人が予定されているために裏書による譲渡が不可能で，流通性がない

記名式船荷証券はオーダー B/L（指図式船荷証券）に対するものである。オーダー B/L は荷受人の予定をしていないがために，裏書による譲渡が可能であるが，記名式船荷証券は，はじめから荷受人が特定の氏名により明示されているために，貨物に対する所有権は船積みによりその特定人以外には移動しない。一般的には流通性のある指図式船荷証券が利用されるが，代金前受け輸出や無為替輸出，あるいは企業内取引，さらには中南米向けなどの貨物に対して発行される船荷証券は記名式船荷証券が利用される場合もある。

☞指図式船荷証券，船荷証券

スペース〈Space〉

Ship's Space（船腹）をいい，貨物を積み込む場所のこと

この空間は通常，船腹またはスペースと呼ばれている。このスペースは実際は船艙（Hatch）のなかにあり，船主が荷主に貨物を積み込む場所（Cargo Space）を提供するものである。用船契約では散（ばら）積み貨物──グレーン・キャパシティ（Grain Capacity），また，梱包貨物：ベール・キャパシティ（Veil Capacity）と呼ぶこともある。

スペースの予約とは，貨物を運ぶのに必要な船腹の確保をいう。輸出商品の1回の積出数量が比較的少ないときには，多くの荷主の商品が一緒に運送され，その場合荷主と船会社との契約は個品運送による。そのさい，輸出者は船会社に必要な船腹の申込みをする。予約申込みの確認事項は船名，出港予定日，船積・仕向港，貨物名，重量，運賃，乙仲名などである。ときには，倉庫の貨物の保管場所もスペースともいう。

スミソニアン体制（──たいせい）

ニクソン・ショック後に崩壊した固定相場制を多角的通貨調整により再度復活させた国際通貨体制。スミソニアン体制による固定相場制は約1年の短期で変動相場制に移行した

第二次大戦後の国際金融制度は金との交換性のある米ドルを基軸通貨とした固定相場制をとるブレトン・ウッズ体制でスタートした。しかし，1971年8月ニクソン米大統領のドルと金の交換性停止を含む新経済政策の採用，いわゆるニクソン・ショックにより主要通貨は変動相場制に移行し，ブレトン・ウッズ体制は崩壊した。

こうした混乱を立て直すため，1971年12月ワシントンで開かれた10ヵ国蔵相会議で合意された多角的通貨調整がスミソニアン合意と呼ばれている。ここではドルを1オンス35ドルから38ドルに切り下げたほか，円を1ドル＝308円とするなどの調整が行われ固定相場制のスミソニアン体制が確立した。なおスミソニアンの名前は会議場のスミソニアン博物館に由来したものである。

しかし，1972年6月にはポンド危機によりポンドが早くも変動相場制に移行したのを皮切りに1973年3月までに円を含む主要通貨が固定相場を離脱，スミソニアン体制も崩壊した。

スムージング・オペレーション
〈Smoothing Operation〉

中央銀行の為替市場への市場介入操作のうち，為替相場が短期間のうちに大幅に乱高下するような動きを抑える目的で行われるもの

各国中央銀行は原則として為替相場の安定を政策目標としているため，為替相場が大きく変動する場合には為替市場に市場介入して動きを抑制する手段をとる。市場介入の目的には一定の相場水準を想定して，相場がその水準の上限また

は下限に近づいた時点で，その水準を維持する目的で行われるものと，相場が短期間に大幅に乱高下した場合に，単にその動きを抑制しようとするものとがある。スムージング・オペレーションはこの後者を指す。

中央銀行の市場介入によっても，為替相場を一定の水準に維持することは難しいが，スムージング・オペレーションは効果を上げることが多いといえよう。

☞市場介入

スルーB/L （——ビーエル）〈Through B/L〉

ある輸出貨物を最終目的地へ運送するさいに，二つ以上の運送会社が分担しながらも，その最初の運送会社が全区間を通じて有効な形式で発行する船荷証券

本来は各運送会社と個々に運送契約を結び，それぞれの船荷証券が発行されるべきところであるが，それでは荷主にとって手続きが煩雑となる。したがって，各運送会社間で事前に特約を締結することによって，最初の区間の運送会社が最終目的地までのスルーB/Lを作成することにより荷主の手数と費用を軽減することができる。

☞通し船荷証券

スワップ・コスト 〈Swap Cost〉

為替スワップ取引における売買の差損益を年率で表わしたもの

たとえばドル金利が円金利より安い場合，ドルを借りたうえ，ドル売り・円買いにより円運用すれば金利差では利益を得ることができる。しかし，期日にドルを買戻してドルで返済する必要があるため，為替リスクを避けようとすれば，当初のドル売りと同時に期日のドル買いというスワップ取引を行うこととなる。

一般的にはドル金利が円金利より安い場合，先物の為替相場はドル高（ドル・プレミアム）となる。したがって，この場合のスワップでは期日のドル買いの方がドル相場が高く，為替差損が発生することとなる。この為替差損を年率にしたものをスワップ・コストと呼んでいる。すなわち安いドルを借りてきてもスワップ・コスト分だけコストが高くなってしまうわけである。金利と為替の間に裁定が働いている場合は，スワップ・コストは二通貨の金利差に等しいところで均衡する。

なお，スワップ・コストはつぎの式で算出される（年率％）。

$$\frac{直物と先物のレート差}{直物レート} \times \frac{365}{期間(日数)} \times 100$$

☞スワップ取引

スワップ取引 （——とりひき）

直物の買いと先物の売り，逆に直物の売りと先物の買いなど，異なる時点の売買を同金額で同時に行う取引

異なる受渡時期で同金額の為替の売買を同時に行う取引で，スワップ取引を行っても為替の総合持高は変化しない。外貨預金やインパクト・ローンではスワップ取引を行うことにより期日の為替リスクを回避し，採算を確定することができる。

為替市場の先物取引はスワップ取引で行われるのが一般的である。たとえば，顧客の輸出予約のカバーをとるために銀行はまず直物でドルなどの外貨を売る。同時に直物のドル買いと期日のドル売りをスワップの形で行う。このスワップの直物と先物の為替相場の差を直物相場に加減したものが顧客の輸出予約相場の基準となる。なお銀行の直物の売りと買いは相殺され，先物の売りだけが顧客の予約のカバーとして残ることとなる。

☞スワップ・コスト

せ

税関 （ぜいかん）〈Customs House〉

旅客，貨物，船舶，航空機などが自国の国境を通過するさいの一切の事務を取扱う官庁。日本では財務省関税局が主務官庁となって，税務行政，通関行政，監視行政，保税行政を主要業務としている

旅客，貨物，船舶，新空機などが自国の国境を通過するさいに伴って生ずる一切の事務を取扱う官庁をいう。日本では財務省関税局が主務官庁となり，その所管のもとに，函館，東京，横浜，名古屋，大阪，神戸，門司，長崎，沖縄地区に本関（税関本署のこと）が設置され，これらが全国を9地域に分けて管轄している。そして各地の開港および税関空港に支所，出張所，監視所が設けられて，それぞれ所掌事務を分担している。

税関の業務は，①税務行政（関税法に基づく関税，トン税などの徴収），②通関行政（貨物の輸出入が適法かどうか審査する），③監視行政（違法な貨物の輸出入が行われないよう監視するとともに，違反行為を調査・処分する），④保税行政（保税倉庫，保税工場などの保税地域の設置の許可，監督を行う）の四つに大別される。

財務省が主務官庁であるとはいえ，上記の業務のうち通関行政に関しては，「外国為替及び外国貿易法」（外為法）の規定に基づき，経産大臣の指揮監督を受け，経産大臣から委任された範囲内において行政事務を行っている。

税関送り状（ぜいかんおくりじょう）
〈Customs Invoice〉

輸出品の価格がダンピングされていない公正な価格であることを輸入国税関に証明するために，輸入者の要請に基づき輸出者によって作成される公用の送り状（インボイス）をいう。課税価格の決定，ダンピングの防止を目的とする

輸出商品の価格がダンピングされていない公正な価格であることを輸入国税関に証明するために，輸入者の要請に基づき輸出者によって作成される公用の送り状（インボイス）をいい，輸入者を通じて輸入国税関に提出される。課税価格の決定，ダンピングの防止を目的とし，内容的には領事送り状と同一であるが，領事送り状が輸出国に駐在する輸入国領事の査証を必要とするのに対して，税関送り状はそれを必要としない点で異なる。

カナダ，中南米の一部，アフリカ諸国の大部分で必要とされている（アメリカでは，1982年までは必要とされたが，現在は廃止されている）。たとえば，カナダ向け税関送り状では，商品価格欄に，①積出品と同種商品（Like Goods）が輸出国内で販売されている場合は，「輸出国内で，積出の時と場所において，同種商品が内地消費用として同一量のものが自由に売られている価額」を，②輸出国内で類似品（Similar Goods）だけが販売されている場合には，「カナダ向けに積み出された当該輸出品の生産原価に，前記類似品に粗利潤率を適用して得た利潤を加えた金額」を記載することになっている。

☞税関

請求払い（せいきゅうばら—）
〈Pay on Application : P/A〉

送金為替の支払方法の一つで，受取人からの支払請求を待って支払いを実行する方法で，支払銀行の側から受取人に通知する必要がない

受取人が旅行中などで，支払銀行から受取人への通知が難しい場合などに利用される。受取人は本人確認ができるものを持参して支払銀行に支払請求し，支払いの実行を受ける。支払銀行が受取人に送金到着の通知をしなければならないのが通知払い（Advise and Pay）である。

☞通知払い

清算価格（せいさんかかく）

金融先物取引において，毎営業日，取引終了後に行われる評価替えのために使用する価格

先物取引は約定時に決済を伴わない代わりに，証拠金の差入れが義務づけられている。日々の値動きにより，評価損が発生した場合，証拠金の積み増しを行う必要があり，取引所は未決済建玉の評価替えを毎営業日行う必要がある。この評価替えを値洗いといい，値洗いに使う価

格が清算価格である。清算価格は市場終了近くの価格を基準に取引所が決定，公表する。

清算勘定 (せいさんかんじょう)
〈Clearing or Open Account〉

当事者が双方の貿易貸借を決済するに当たり，取引ごとの決済を行わずに，一定期間，その輸出と輸入とを記帳しておき，その貸借の帳尻を現金で決済し合う方式

取引当事者が双方の貿易貸借を決済するに当たり，取引ごとの決済を行わずに，一定期間，その輸出と輸入とを記帳しておき，その貸借の帳尻を現金で決済し合う勘定方式を清算勘定といい，清算勘定に基づく貿易取引の形態を清算貿易（Open Trade）という。

この種の貿易取引では，取引額は貨幣単位で表示されるが，取引ごとに現実的な貨幣による個別の決済は行われず，取引額は債権・債務として記帳され，清算勘定による契約期間が満了した時点で，未決済の収支尻が生じた場合に，当該金額について貨幣による決済が行われる。したがって，この方式では，清算勘定の設定と個別取引の二本立ての契約となり，複数の輸出入契約が貨幣決済を経ずに長期的かつ継続的に実行される。

取引当事者が国家と国家である場合，両国間で二国間清算協定が結ばれるが，日本では戦後の一時期，手持ち外貨の少ない国との間で清算勘定協定を結んで取引が行われていたが，焦げつきの弊害があるため，現在では行われていない。

製造物責任法 (せいぞうぶつせきにんほう)
〈Product Liability : PL〉

製品に欠陥があれば，製造業者等（製造・加工業者，輸入者などを含む）はその製品により損害を受けた者に対して損害賠償責任を負うと規定した法律。旧来における過失の立証の要件をはずし，製造業者等の過失や怠慢にかかわらず損害賠償の責任があり，被害者側の過失等の立証負担を大幅に減じている。1995年7月1日に施行，一般にPL法ともいう。従来は，民法709条の「不法行為責任」等で被害者の救済を行ってきた

PL法は欧米諸国では日本が法制化した1995年よりかなり以前から立法化されており，従来，日本では製品等の欠陥で事故が発生して損害が生じた場合，消費者が製造業者などの過失を立証しなければならなかったが，1995年以降において過失の立証ができなくても，欠陥が認められれば被害者は賠償責任を受けられるようになった。

日本の輸入者もPL法の責任主体とされるので，輸入契約では外国の製造業者または輸出者に対する求償権を確保する必要があり，かつ，輸出者等は日本を対象地域とするPL保険をかけ，日本国内の輸入者が共同被保険者として要求するのが一般的といえる。

石油輸出国機構 (せきゆゆしゅつこくきこう)
〈OPEC : Organization of Petroleum Exporting Countries〉

1960年，サウジアラビア，イラン，イラク，クウェート，ベネズエラの5ヵ国が原加盟国となって設立された石油生産・価格カルテル組織で，2007年現在は，アラブ首長国連邦，カタール，リビア，アルジェリア，ナイジェリア，インドネシア，アンゴラ，エクアドルを加えた13ヵ国で構成されている

1950年代，セブン・シスターズと呼ばれる七大国際石油資本（メジャーズ）が中東石油の油田開発から生産・販売に至るまで一切を手がけて巨大な利益をあげていたが，さらに利益の拡大を図って原油価格を引き下げようとしたため，国際原油価格の低落を危惧した南米ベネズエラが中東諸国に連帯する形で1960年9月バクダッドにおいて，ベネズエラのほかサウジアラビア，イラン，イラク，クウェートの5ヵ国が原加盟国となって設立された石油生産・価格カルテル組織。当時，これら5ヵ国だけで世界の原油生産

量の38%、確認埋蔵量の67%を占めていた。2007年現在はアラブ首長国連邦、カタール、リビア、アルジェリア、ナイジェリア、インドネシア、アンゴラ、エクアドルの8ヵ国を加えた13ヵ国で構成されている。1974年の第四次中東戦争を契機に原油の価格と生産量の決定権がメジャーズの手からOPECに移り、1970年代にOPECは二度にわたる石油危機(オイルショック)を引き起こすに至った。加盟国の利益を守るため、加盟各国の原油生産割当量や価格の決定など共通した石油政策の推進を目的とする。本部はウィーン。

ゼロ・コスト・オプション
〈Zero Cost Option〉
オプション料(プレミアム)の支払いが必要ないように組み立てられた通貨オプション活用の為替予約

オプション取引において、オプション行使の権利を得るためにはオプション料の支払いが必要である。すなわち、オプションの買い手は売り手に対して対価を支払わなければならない。

先物為替予約に通貨オプションを活用するさい、このオプション料の支払いが必要ないように工夫した取引がゼロ・コスト・オプションである。代表的なものには、①有利なレートで予約が締結できる代わりに、市場実勢の方が予約レートより有利になった場合は実行額が2倍とか3倍に増額される方式と、②予約相場に一定のレンジを設け、レンジを越えて為替リスクを負うことはない反面、レンジ以上の期待利益を得ることもできないという方式などである。

いずれの場合もオプションの買いと売りとを組み合わせることにより、支払オプション料を受取オプション料で相殺することにより、オプション料の支払いを避けているのがポイントである。なお、一般的には上の例の、①を変額予約、②をレンジ予約(レンジ・フォワード)などと呼んでいる。

善意の保持者 (ぜんい―ほじしゃ)
〈Bona Fide Holder〉
善意とは悪意に対する法律用語で、事実を知り得なかったことを示し、その手形に瑕疵のあることを知らなかった手形の保持者

表面上完全で正常な手形を有償で取得した者は、たとえその手形の過去に拒絶などの瑕疵があったとしても法律上その責任は軽減されることになる。事実を知らなかった者を保護しその責任を軽減する法律趣旨に基づき、そのような手形の保持者は救済されることになる。
☞荷為替手形

全危険担保 (ぜんきけんたんぽ)
☞オール・リスク

船艙貨物 (せんそうかもつ)
〈Under Deck Cargo〉
船舶によって運送されるさい、船艙内に積載される貨物。船艙とは船舶のなかの一般荷積み場所であり、甲板以下(Below Decks)の荷積み場所を指す

海上保険契約上では船艙内に貨物を積載することが前提となっている。甲板積み貨物(On Deck Cargo)は、危険物(Hazardous Goods)や動植物(貨物)(Live Cargo)などの特殊な物に限られる。

無故障船荷証券(Clean B/L)は船艙貨物を対象として作成され、甲板積み貨物は対象外となる。もし荷送人の同意を得ずに甲板に積載した場合、運送人は運送契約違反を問われることになる。

ただし、コンテナB/Lの場合、運送人が甲板積み自由裁量権を留保する約款が記載されており、運送人は事前に貨物が船艙積みか甲板積みかを知ることができないので、保険会社は船艙積みの場合と同じ条件で保険を引き受ける。
☞オンデッキ・カーゴ

戦争危険 (せんそうきけん) 〈War Risks〉
戦争による船舶や積荷の拿捕、捕獲、

戦闘行為，敵対行為により生じた危険，あるいは平時における抑留や拿捕などの危険

戦争危険は，あくまでも海上において生じる危険であり陸上での戦争危険は填補されない。この危険は通常の保険条件では担保されず，同盟罷業の条件とともに特約として保険条件に含ませることが一般的である。

☞海上保険証券

全損 (ぜんそん) 〈Total Loss〉

保険契約の貨物が全部損失した場合の海上損害のこと。現実全損と推定全損とに分けられる

現実全損とは実際に海上輸送の貨物が全滅した場合を指し，推定全損は本船が行方不明になり実際的に全損が推定されるような場合をいう。いずれの場合においても被保険者は保険金を受けることができる。後者の場合には荷主は貨物に対する権利一切を保険者に譲渡する手続きが必要となり，これを委付（Abandonment）という。

☞海上保険証券，分損

船腹 (せんぷく)

☞スペース

戦略物資 (せんりゃくぶっし)

旧ココムのリストに掲げられた品目にかかわる兵器，原子力関係物資，電子機器などのこと

輸出貿易管理令などで定められている輸出統制品目は，たとえば兵器，原子力関係物資，電子機器，ハイテク工作機械などは，通常，経済大臣の許可を必要とする。その具体的品目については，輸出貿易管理令別表第一などに掲げられている。ココム制度が廃止された冷戦後の現在では，地域紛争や国際テロにつながるような品目などの流出を予防する「不拡散体制」にかかわる輸出管理が重視されている。また，旧ココムに代わる制度として「ワッセナー・アレンジメント」が誕生した。

戦略物資のなかには「武器」や「武器製造関連設備」に属するものもあるが，平和国家としての立場をとる日本は，原則として武器輸出を認めていない。

☞ココム，ワッセナー・アレンジメント，輸出貿易管理令，輸出（許可・承認）証

そ

送金小切手 (そうきんこぎって)

☞小切手送金

総合持高 (そうごうもちだか)
〈Over All Position, Net Open Position〉

直物持高と先物持高を合計したポジションで，保有する為替持高をすべて集計したもの。直先総合持高，オーバーオール・ポジション，ネット・ポジションなどともいわれる

為替持高は直物持高と先物持高に分けられるが，直物と先物を合計した全持高が総合持高である。為替相場変動から生ずる損失，すなわち為替リスクは原則としてこの総合持高から生ずる。すなわち，当該通貨の総合持高が買持のときにその通貨の相場が値下がりしたり，逆に売持のときに，相場が値上がりすると為替差損が発生する。総合持高がスクウェアのときは，原則として為替リスクはないが，直物と先物の間に持高の差がある場合は，スワップ・コストの変動により為替差損の生ずるリスクは残される。

☞直物為替持高，スクウェア，スワップ・コスト

倉庫渡し (そうこわたし—)
〈Ex Godown, Ex Warehouse〉

売り主が所有する倉庫，ないしは指定する倉庫において物品を買い主に対して引き渡すLoco（現場渡し）条件。積地条件である

売り主は物品が倉庫に置かれたままの状態で引き渡す条件であり，売り主にと

って最小の義務を表わす取引条件である。インコタームズの工場渡し (Ex Works) 条件のうちの一つである。

日本の商社と製造業者との間で単に "Ex Godown" というと、商社の指定する積出港所在の倉庫を意味する場合があるので注意を要する。従来の意味からすると、この用法は逸脱しているが、慣行的に日本で使用されている。

本条件で売り主は、通常、輸出承認証などを取得したり、通関手続きを行ったりする義務は課せられていない。しかし、買い主が輸出承認などを取得するために、売り主はあらゆる協力を行うべきである、とインコタームズでは規定している。

☞インコタームズ，工場渡し

相殺方式（そうさいほうしき）〈Offset〉

武器，航空機，先端技術製品などの輸出にさいして，輸入国で生産された部品や資材などを輸出国が購入し，それを輸出商品に組み込むことによって輸出代金の一部を相殺する方式

主として武器、航空機、先端技術製品などの輸出に用いられる方式であって、輸入国で生産した部品や資材を輸出国が購入し、それを輸出商品に組み込むことによって輸出代金の一部を相殺する方式で、アメリカからの武器や航空機の輸出において定着している。

この方式では、完成品の輸出に対して、見返り条件として部品・資材などの輸入が輸出者に義務づけられ、並行的に二つの売買契約が結ばれて、通常それが同時に調印される。

輸出者が部品・資材などを輸出商品に組み込むためには、当該部品などがある程度の技術水準を保持していることが要求される。そのため、輸入国側は、技術の導入を図り、研究開発を進めて輸出者のニーズに合致させる必要があることから、輸出者に対して自国内での部品製造工場の建設や技術提供その他の産業協力を要求することがある。したがって、完成品の性能特性を保証しうる組込み部品などの技術水準を備えた輸入国を対象として取引が行われる点に、この種の取引形態の特徴がある。

双務契約（そうむけいやく）〈Bilateral Contract〉

契約当事者の双方が，相互に対価的な債務を負う契約のこと。売買，賃貸借，雇用などをいう。消費貸借のように片務契約はこれに対する用語

貿易取引契約のように、契約当事者の一方の売り主が物品引渡しの義務を負担し、他方の買い主がその対価として代金支払いの義務を負担することをいう。そのほか、賃貸借や雇用などはこれに相当する。

これに対して、目的物を消費して同価値のものを返還すればよいような借り主だけがその義務を負うべき消費貸借などの場合は、片務契約という。

また、双務契約の多くは有償契約であり、贈与のように対価を伴わない一方的な物品などの移転は無償契約である。

☞貿易取引契約

ソフト・ローン〈Soft Loan〉

発展途上国が，先進国に対する債務返済などで国際収支上の負担が大きくなり円滑な経済開発の促進が困難に陥った場合，それを救済するため，緩やかな条件で貸し付けられる借款のこと

国際開発協会 (International Development Association: IDA、第二世銀) の提供するような緩やかな貸付条件の借款をいう。

発展途上国は、先進国からの経済援助や商業信用を受けているが、途上国のなかには債務の返済が多額に上り、国際収支上の負担が大きくなって、円滑な経済開発の促進、とくに社会資本（インフラストラクチャー）の整備が困難に陥っている国がある。国際復興開発銀行（世界銀行）は、発展途上国に対する開発融資を主たる業務としているが、その貸付原

資の大部分は外部からの借入金に依存しているため,資金調達コストを基礎に金利が設定され,準商業ベースの貸付条件となっている。そのため上記のような発展途上国は,世界銀行よりも一段と緩和された融資条件が必要となり,この要請に応えるため IDA が設立された。IDA の融資条件は,無利子,手数料0.75%,償還期間35年から40年,10年間の据置,その後の10年間は元本の1%ずつ,30年間は3%ずつの返済という,世界銀行に比べてきわめて緩い(ソフトな)ことから,この種の貸付けをソフト・ローンと呼んでいる。

た

対外証券投資（たいがいしょうけんとうし）
対内証券投資（たいないしょうけんとうし）
　　居住者が資産運用を目的に外国の有価証券に投資すること

　居住者が利子，配当，値上がり益などを目的に外国の株式，公社債などの有価証券を取得すること。外国証券の取得でも企業の経営参加を目的としたものは対外直接投資となる。

　コルレス契約を認められた為替銀行が外国証券を取得する場合や，居住者が指定証券会社から証券を取得する場合などは外為法上の財務大臣への事前届出は不要である。対外証券投資に対して，資産運用を目的に非居住者によって行われる。日本の債券，株式などへの有価証券投資が対内証券投資である。
　　☞**対外直接投資**

対外直接投資（たいがいちょくせつとうし）
対内直接投資（たいないちょくせつとうし）
　　居住者による，経営参加を目的とした外国法人の株式取得や外国での支店，工場の設置など

　経営参加を目的とした居住者による外国への投資で，資産運用を目的とした対外証券投資とは区別される。形態としては外国法人の発行する証券の取得，外国法人への期間1年超の金銭の貸付け，外国における支店，工場の設置などがある。改正外為法上の取扱いは一部を除いて事前届出制は廃止されている。

　逆に外国投資家による，経営参加を目的とした株式の取得や，支店の設立は対内直接投資である。
　　☞**対外証券投資**

代金取立手形（だいきんとりたてがた）
　　〈Bills for Collection：B/C〉
　　銀行が海外のコルレス銀行など取立依頼人から取立ての委任を受けた手形や小切手

　一般に取立委任を受ける手形類は為替手形，約束手形，小切手などで，取立てを委任された銀行は輸入者などから取立代金を受領した後，取立依頼人に対して支払いを実行する。

　このように代金取立手形の取扱いでは，取立依頼人と依頼を受けた銀行との関係は委任関係で，買為替手形の場合のように，銀行が手形の権利義務者となることはない。なお代金取立手形は逆為替の一種である。
　　☞**逆為替**

対顧客相場（たいこきゃくそうば）
　　〈Customer Rate, Exchange Quotation〉
　　為替銀行が対顧客取引に適用する為替相場

　為替銀行が顧客との外国為替取引に適用する為替相場は原則として為替市場の相場を基準に，銀行の利鞘を加減して算出される。しかし，市場相場の基準の取り方は直物取引と先物取引では取扱いが異なっている。

　為替手形の買取り，輸入為替の決済，送金など当日決済が行われる直物取引については公示相場制度がとられている。すなわち，朝10時近くの市場相場を基準に原則としてその日1日適用する顧客相場を決定し，店頭に公示する方式である。店頭公示相場（Exchange Quotation）には電信売（買）相場，一覧払手形買相場，現金売（買）相場など取引種類に応じて各種の相場が公示される。

　翌日以降に決済が予定される取引の為替相場を予約する先物取引については，原則として予約締結時点の市場の実勢相場を基準に顧客相場が決定されるのが一般的である。

タイド・ローン〈Tied Loan〉
　　援助の受入国が，必要な物資やサービスの調達先として，当該援助の供与国に限定するように義務づけられる形態の借款。ひも付き借款ともいわれる

　発展途上国は技術上の制約から，道

路，港湾などの社会資本（インフラストラクチャー），プラント施設やその他経済開発を促進する上で必要な物資やサービスを自国で供給できず，海外に依存しなければならない場合が多い。しかも必要な物資・サービスを輸入するだけの外貨準備を保持していないのが通常で，そのためこれらの発展途上国は先進国からの贈与や借款などの経済援助によって不足を補い，必要な物資・サービスを調達しなくてはならない。その場合，援助の受入国が供与国を調達先にするように義務づけられる形態の借款をタイド・ローン（ひも付き借款）という。これに対し，受入国は供与国からは資金の提供だけを受け，物資・サービスの調達は，国際入札などによって最も有利な条件のところから行えるようにするのをアンタイイングと呼ぶ。日本のODAは，以前にはタイド・ローンの比率が高かったが，近年はアンタイド化の比率が高まっている。

☞ ODA，プラント輸出

タイボー〈TIBOR: Tokyo Inter-Bank Offered Rate〉
　東京金融市場における銀行間の出し手（オファー）金利

　市場の実勢金利がたとえば 4 1/4―1/8% のときは 4 1/4% で資金の出し手がいて，4 1/8% で資金の取り手がいることを表わしている。この 4 1/4% が出し手金利（オファー・レート）と呼ばれ，ローンなどの基準金利として使われる。

　東京オフショア市場などで取引される金利水準の出し手金利が東京銀行間出し手金利のタイボーで，東京で値決めされるローンや金利スワップなどの基準として使用される。また時間を指定する場合は通常午前11時の金利が使用されることが多い。

　出し手金利のうち，国際的に多く使われているのがLIBOR（ロンドン銀行間出し手金利）で，そのほかSIBOR（シンガポール），HIBOR（香港）などもある。

☞ ライボー

代理店（エージェント）（だいりてん）
　本人に代わってその商行為を代行する者。通常，代理店契約に基づいた営業を本人の代理として遂行するもので，その報酬として本人より手数料を受け取る

　輸出の場合の代理店は，特定市場での商品販売の代理行為を本人から委任され，その販売実績に応じて手数料が支払われることになる代理店（Selling Agent）である。一般的な代理店は現地市場の買い手の支払いを保証しないが，その支払いを保証する旨の支払保証契約を締結する支払保証代理店（Del Credere Agent）も存在する。その場合には通常の手数料に加えて，支払保証手数料（Del Credere Commission）の取決めが行われる。さらに特定市場での本人の商品を独占的に販売することを締結した総代理店契約（Exclusive or Sole Agency Agreement）による総代理店の形態もある。

　なお，この代理店としばしば混同されるものに販売店（Distributor）がある。一般の代理店は，自己の費用と責任で商品を販売せず，契約上は本人の立場にはならないが，販売店の場合には，自己の費用と責任で商品を販売し，契約上は本人の立場になるところが両者の大きな相違点である。

☞ 販売店，貿易ビジネスの取引形態

多角貿易（たかくぼうえき）
☞ 多国間貿易，三角貿易，三国間貿易

多国間貿易（たこくかんぼうえき）
　二国間貿易でいろいろな障害があるとき，三角形もしくは多角形の形で取引を行い，3ヵ国以上が関与する貿易形態。多角貿易ともいう

　決済上の問題がある場合，二国間貿易から三角貿易，さらに四角貿易といったように発展していくことを多角貿易ないし多国間貿易という。このように従来は，主に決済上の収支の不均衡の問題な

どで多国間貿易へと進展していくことが多かったようであるが、現在では現地生産をも踏まえた多国間貿易へと変化してきている。

たとえば、つぎのようなケースである。日本のA社が付加価値の高い機種の工作機のライセンス契約をB国（たとえば、韓国）のB社と結び、現地で生産し同市場で販売することになる。しかも、A社は同製品を日本へ輸入するとともに、B国から第三国であるC国市場（たとえば、アメリカ市場、同市場に対しては日本からは自主規制となっている）に対して直接輸出し、また主要な一部の部品は日本からB国へ供給する。

このように多数国による多国間貿易では、二国間貿易よりも国際分業の利益が十分に発揮されることが多い。

☞ **三角貿易、三国間貿易、貿易取引、貿易ビジネスの取引形態**

多国籍企業（たこくせききぎょう）

少なくとも数ヵ国以上にわたって、対外事業活動を行い、進出国における社会的インパクトが大きく、企業戦略を重視し、グローバル志向の強い巨大企業

国連による規定では、「2ヵ国以上の国で資産を支配する企業」としているが、現在では中小企業でもその程度の企業活動を行っていることが多く、多国籍企業の概念としては、不適切であるといえる。

1960年代以降、とくにアメリカの巨大企業が多数国における海外直接投資を通じて、世界的規模で生産・販売活動などを行う多国籍企業の活躍が顕著となってきた。とりわけ1960年代では、ECの貿易制限に対する措置として、アメリカ企業の現地生産が活発化し、多国籍企業化が注目されるようになった。現在では、たとえばアメリカのGMの売上高は、スウェーデンやスイスのGNPに匹敵するような状況で社会的インパクトも大きい。近年においては、トヨタ自動車はGMを追い抜くように成長し日本の多国籍企業も世界的に影響力を与えてきている。

日本の多国籍企業は、一般的には輸出活動を軸とした発展過程を遂げてきてはいるが、とくにプラザ合意の1985年以降、現地生産を含めたグローバル志向へと転換してきている。

DAC（ダック）

〈Development Assistance Committee〉

OECDの下部組織である開発援助委員会の略称。発展途上国に対する加盟国の経済協力に関する情報の交換、政策の調整、国別の援助実績の年次調査、援助の量や条件に関する勧告などを主に行っている

開発援助委員会の略。OECDの下部組織。アメリカの提唱で1960年に設立された開発援助グループ（Development Assistance Group: DAG）がその前身で、1961年9月に行われたOEECのOECDへの改組に伴い、DACと改められた。DACはそれ自体経済協力を行うものではなく、その点で世銀グループとは異なる。主な活動は、発展途上国に対する加盟国の経済協力に関する情報の交換、政策の調整、国別の援助実績の年次調査、援助の量や条件に関する勧告などで、経済政策委員会、貿易委員会と並んでOECDの三大委員会の一つになっている。

加盟国は、アメリカ、イギリス、フランス、旧西ドイツ、イタリア、ベルギー、ポルトガル、カナダおよび日本の9ヵ国とEC委員会が当初から加わり、その後、オランダ、ノルウェー、デンマーク、オーストリア、スウェーデン、オーストラリア、スイス、ニュージーランド、フィンランドなどが加盟した。

☞ **OECD**

タックス・ヘイブン〈Tax Haven〉

法人税や所得税など税制上の特典のある国

法人税や所得税が非課税または軽減されている国や地域で、こうした国や地域

に子会社などを設立して収益を集中することにより課税を免れたり，低い税率で済ませることができる。

具体的には所得税のまったくないバミューダ，ケイマン諸島など，国外源泉所得が非課税または低い税率の香港，パナマなど，特定の事業活動について税率の低いルクセンブルク，スイスなどがある。

なお，日本では海外子会社に留保された利益を日本の親会社の所得に合算する租税回避防止措置がとられている。

WTO（世界貿易機関）
〈World Trade Organization〉

自由無差別の世界貿易秩序を維持，強化するために従来のGATTに代わり，紛争処理機能を持ち，強化された組織として設立された国際機関

GATTは自由無差別の原則のもとで，戦後の世界貿易の拡大に貢献してきた。しかし，対象範囲や組織などでGATTは必ずしも十分な体制とはいえなかった。

そこで，21世紀を展望した世界貿易の自由化と秩序維持のために発足したのが，世界貿易機関である。WTOは本部をジュネーブに置き，組織的にはGATTより強化された国際機関として1995年1月に発足した。モノのほか，GATTが対象としなかったサービスや知的所有権なども対象とし，紛争処理機能も強化されている。

2007年10月現在のWTO加盟国は151ヵ国，GATT時代から通算して第9回の新ラウンドの「ドーハ開発アジェンダ」が進行中である。同ドーハラウンドでは，農業，NAMA（非農産物市場アクセス），サービス，開発，ルール，貿易円滑化に係わる分野のほか，TRIPSや貿易と環境問題についても交渉が進展中である。

ダミー〈Dummy〉

にせもの，替え玉の意味で，ダミー商社のこと

中国と台湾といった二つの中国があり，かつて取引する場合，日本の商社は台湾政府から貿易の許可がおりなく，代わりのダミー商社を設立してそれぞれの国に対して対応した。

また，旧ソ連貿易の場合にも，ダミー商社を経由して取引を行ったが，米ソ間の冷戦が終結した今日では，あまりこのような必要性が少なくなってきている。

タリーマン（検数人）
〈Tallyman, Checker〉

輸出入貨物の積込み・荷卸しのさいに，貨物の荷姿や個数を検査する者。通常，荷主側の海貨業者と船主側のタリーマンが立会いのうえ検査する

輸出貨物の場合，通常輸出通関の前に貨物を検査するが，荷受けのさいにそれを再確認するため，荷主側の海貨業者と船主側のタリーマンの両者が，S/O（D/R）とみくらべながら，貨物の個数，荷印，その他荷造り状態などを検査し，検数表（Tally Sheet）に記入し，これを船長もしくは一等航海士に報告する。

貨物に損傷などがあれば，その旨がRemarkとしてのM/R（D/R）の摘要欄に記入され，ファウルB/Lが発行されることになる。

☞乙仲，海貨業者

タリフ〈Tariff, Customs Duties, Duties〉

租税の一種で，輸入税・輸出税・通過税に分かれるが，現在における先進国では後二者はきわめて少ない。目的別には保護関税と財政関税に大別され，貿易政策の一つとしての関税政策があり，1930年代の世界はこの政策が推進され，世界貿易額を減少させた。このようなことを繰り返さないためにも，GATTが設立される契機の一つとなった

☞関税，GATT，WTO

ダンピング 〈Dumping〉

一般的には不当廉売のこと。とくに輸出ダンピングでは,外国との国際競争を有利にするため,国内市場価格より輸出価格を低くすることをいう

1970年代,日本はカラーテレビの対米輸出において,国内市場価格よりも低い価格で輸出したため,その二重価格をアメリカから指摘され,不当廉売のダンピング認定を受けた。

これは,ある意味では日本の労働条件などの社会的犠牲を背景にして,輸出品の不当廉売を行ったソーシャル・ダンピングの性格を帯びていたともいえる。

このほか,カルテル・ダンピング,継続的ダンピングなどもあるし,とくに輸出取引を優位にさせるため,自国の為替相場を不当に切り下げるような為替ダンピングの場合もある。

ダン・レポート 〈Dun Report〉

世界的に有名な民間の調査機関であるダン興信所(Dun & Bradstreet Inc.)が調査依頼者に提出する企業の信用調書。きわめて詳細かつ精密な内容が特色である

ダン・レポートは大別すると基本調書と追加調書に分けられる。前者はダン興信所が調査依頼者に最初に回答するもので Information Report や Analytical Report がある。後者は,依頼者に追加的に送付される調書で,企業の資本や財務上の信用度,あるいは経営者の変更,取引先などに関する最新の情報が含まれている。

一般にダン・レポートの構成は,業種,役員名,格付け,要約,沿革,経営の概要,財務諸表,仕入先や取引銀行の調査などから成っている。

ち

遅延利息 (ちえんりそく)
〈Delayed Interest〉

輸出手形の買取りにさいして,買取相場に織り込まれている入金予定日より遅れて入金になった場合に徴求される追加の利息

輸出手形の買相場では,一覧払いおよび一覧後ユーザンス期間払いなど,一定の郵便日数を基準に,手形の決済予定日(予定振替日)が決められている。すなわち,予定振替日までの銀行の立替利息は買相場に織り込まれているわけである。

実際の入金がこの予定振替日より遅れた場合は,銀行は遅れた分の利息を追徴しなければならないが,この部分の利息が遅延利息と呼ばれている。

チャーター 〈Charter〉

物品運送するため,船舶や航空機のスペースの全部または一部を借り切ること。用船契約(Charter Party:C/P)の略語でもある

Charter Party は,ラテン語の carta partia に由来し,「分割された紙片」の意味で,当初は契約書類の総称であったが,現在では船腹の一部または全部を借り切って物品運送するため,船主および用船者と結ぶ用船契約書として使用されている。

用船契約は,本来,不定期船(トランパー)によって運送する場合に使用され,甲仲と呼ばれる仲介ブローカーを介して契約を結ぶ場合が多い。用船契約は,その内容により航海用船契約,期間用船契約,船舶賃貸契約または裸用船契約の三種に大きく分けられる。

運送契約が一部の貨物を対象とするような個品運送が行われる場合,通常,流通性のある船荷証券が発行され使用されることが多い。船荷証券は元来,船主が物品の引渡しを受けたことを認めた受取証の性格を有し,かつ運送契約を証する重要な書類ではあるが,契約書ではない。

☞チャーター・パーティー B/L,甲仲,トランパー

チャーター・パーティーB/L（――ビーエル）〈Charter Party B/L〉

用船契約船荷証券のこと。貨物の運送が用船契約で締結されている場合に，その契約により発行される船荷証券を指す

とくに貨物が原材料や穀物などの場合，その性質上不定期船で運送される必要があるが，その場合に締結される用船契約に基づいて発行されるB/Lのことを用船契約船荷証券という。用船契約船荷証券は一般に裏面約款を略した略式で発行されるために流通性がない。信用状決済の場合には，同船荷証券の買取りを認めない旨が明示されていないかぎり，買取銀行はこれを受理する。

着船通知書（ちゃくせんつうちしょ）〈Arrival Notice〉

輸入貨物を積載した本船の仕向港到着に先立って，船会社より発せられる本船到着予定を示した通知書

船荷証券の通知先欄に記載されている通知先に対する船会社の本船入港予定日の通知であり，輸入貨物の処理を円滑にすることがその目的である。この通知に基づいて荷受人は貨物の受入れ準備や通関，その他の手配を行うことになる。

なお，輸入地の銀行が輸出地より船積書類を入手した後に，その旨を輸入者に通知する場合の通知もArrival Noticeと称される。

着払い（ちゃくばら―）〈Freight Collect〉

貨物が仕向地に到着したのちに荷受人がその運賃を支払うこと

国内取引の場合，着払いとは目的地において，貨物を引き取るさいに，荷受人が運送会社に運賃を支払うことである。着払いは運賃の後払い，向う払いともいう。

貿易取引の場合，たとえば，FOBやFASの条件による貿易取引が行われたとき，輸入業者は輸入地において貨物を受け取る時点で運賃を支払うことになる。

☞フレート

仲介貿易（ちゅうかいぼうえき）

三国間貿易の形態をとり，本邦への通関行為がないかぎり，仲介者が貿易取引の契約当事者となり，外国相互間で貨物の移動があること

一般的には，A国の買い手Aと日本の売り手の仲介者B（B国）が物品の売買契約を結び，さらにC国の荷送人Cからその物品を購入し，それを直接にA国の買い手に対して運送させることである。すなわち，A国に対して売り手であり，C国に対して買い手である日本の仲介者は，A国の買い手に対する販売金額とC国の荷送人との買付金額の差額を収益とする。

日本の貿易管理制度に基づく仲介貿易は，日本の居住者が本邦への通関行為がないかぎりで，「外国相互間で貨物等を移動させること」および「その移動に伴う売買契約等の当事者になること」の条件を具備することをいう。

日本の港における積換え，日本の仲介者が契約の当事者となり売買差額のみを受け取る場合，プラント輸出において一部機材を第三国から現地へ直接に送り，その代金を前もって支払う場合でも，上記の原則が適用できるかぎりでは，例外として仲介貿易とみなされる。

中継貿易は三国間取引の形態をとるが，いったん日本へ海外からの貨物を輸入する手続きをとるので，仲介貿易とはいわない。これらの仲介貿易や中継貿易などを含める場合は，通常，三国間貿易という。また，スイッチ貿易と仲介貿易の相違は仲介者が，通常，契約の当事者にならないことである。

☞三国間貿易，スイッチ貿易，中継貿易

仲介貿易保険（ちゅうかいぼうえきほけん）

本邦仲介者が，仲介貿易に基づく貨物代金，賃貸料，貸付金が非常危険ないしは信用危険により回収不能になった場合に受けた損失を塡補する保険

1987年4月に輸出保険法が改正され，

「仲介貿易保険」および「前払輸入保険」が加わり、貿易保険法に改称された。その仲介貿易保険の実施は同年10月からであった。とくに1985年以降において、日本企業の海外生産・販売拠点の拡大に伴い、仲介貿易が加速する結果となった。

仲介貿易の場合、第三国の輸出者は海外のバイヤーからのリスクをカバーできる制度が多いかもしれないが、仲介者はそのリスクが補償される制度が比較的に少ないといったことから、仲介貿易保険が設立されたという。

非常危険による場合には、その填補される補償額は、通常、損失額の約90%、信用危険では80%程度である。

仲介貿易保険の対象は、通常、A国の地域で生産・加工もしくは集荷される貨物を日本（B国）へ輸入することなく、C国の地域へ販売または賃貸する契約であり、当該貨物の決済が2年未満のものである。

なお、1992年10月から仲介貿易保険、普通輸出保険、輸出代金保険を一つの約款としてとりまとめ、これを「貿易一般保険」と呼んでいる。
☞貿易保険制度、貿易保険法、非常危険、信用危険

中継貿易（ちゅうけいぼうえき）
輸出地から輸入地へ直接に貨物を送らずに、いったん第三国にいれて、貨物をそのまま、もしくは修繕・加工などを行い、輸入国へ再輸出すること

輸出地A国から輸入地C国へ貨物は直送されずに、いったん第三国のB国へ輸入手続きが行われ、その貨物を原形のまま、もしくは多少の加工を施したり、または修繕したりして、最終の輸入地であるC国へ再輸出されることをいう。

仲介貿易と相違するところは、中継貿易ではB国で貨物がいったん輸入されることである。輸入手続きがとられずにそのままB国を通過されるならば、仲介貿易ということになる。

日本の貿易管理制度の「加工貿易」では、たとえば小麦などの非自由化品目を外国から輸入し、それを二次製品に加工し輸出する場合であり、これは「中継加工貿易」といわれる。
☞三国間貿易、仲介貿易、貿易ビジネスの取引形態

直接貿易（ちょくせつぼうえき）
製造業者や商社が、第三者を介さずに直接に海外の売り手や買い手と貿易取引を行うこと。とくに、製造業者が商社を経由せずに直接に海外取引を行う場合をいう。直貿と略称。その反対語は間接貿易（略して間貿）

直接貿易には、直接輸出と直接輸入の場合がある。直接輸出は、輸出者が輸入国の輸入業者・買付け機関、販売店、代理店、海外子会社・支店などと直接に輸出取引を行うことをいう。したがって、輸出者は自らの名義で輸出通関を行い船積みし、代金決済などを行う。

直接貿易（直貿）の反対は、間接貿易（間貿）といい、とくに製造業者が国内の商社経由で輸出入取引を行うなどの場合に用いられる。

直接貿易では、第三者が介入せずに、手数料を支払う必要もないし、海外の相手と直接に交渉できるので、現地の情報がつかみやすく、アフターサービスが容易などといった利点がある。とくに自動車や家電業界は、ほとんどこの取引形態による。

製造業者が海外市場に不慣れであったり、人材に乏しいなどの場合には、間接貿易によるほうが経費も節減され有利である。とくに中小企業では商社機能を活用することも一案である。また、直貿と間貿を併用することができる。

つ

通貨スワップ〈Currency Swap〉
異なる通貨の元利金を交換する取引

スワップは将来受け取ったり、支払ったりする資金を交換する取引であり、将

来のキャッシュ・フローを交換する取引ともいえる。こうしたスワップ取引のうち、通貨スワップはドルと円など異なる通貨の元本および利息を交換する取引である。

たとえば、ドル建外債を発行したA社が為替リスクを避けるために、ドル債の発行、償還、利払いに合わせた通貨スワップを取り組むケースを考えてみよう。A社は債券の発行代金をドルで受け取るが、スワップにより円に交換する。同時に期日のドル債償還の為替相場も確定することにより、償還時の支払いを円で確定し為替リスクを回避できる。毎年の利息の支払いは、スワップ契約により円金利で計算された円払いとなる。このように、通貨スワップを利用することにより、A社はドルのキャッシュ・フローを完全に円のキャッシュ・フローに換えることができる。こうしてA社は、通貨スワップを利用することにより、円建債券を発行したのと同じ経済効果を得ることができる。

こうした取引を為替先物予約で行うことは、理論的には可能であるが、長期の為替先物予約は実務的には難しいこと、および為替は期間が長くなるにつれて、直物と先物の相場の乖離が大きくなり、円の支払額が年々変化して期間損益がぶれるなどの問題を含んでいる。すなわち、通貨スワップは為替先物予約と比較しても利用価値の高い取引といえる。

通関 (つうかん) 〈Customs Clearance〉

税関における輸出入管理をいい、輸出通関と輸入通関がある。関税法等に基づく一般関税行政のほかに、外国為替及び外国貿易法、輸出入を規制するその他法律等による輸出入管理業務を行う

輸出通関の場合、貨物が保税地域に搬入され、輸出申告が行われ、税関における審査・検査等が施行された後で輸出許可を得る。その輸出許可をもって貨物を船積みすることになる。輸出通関は、通常、保税地域へ貨物を搬入してから輸出許可が取得されるまでをいう。

輸入通関では、貨物を本船から荷卸しし、保税地域に搬入してから輸入申告を行う。税関で輸入検査・審査され、輸入関税等を納付し輸入許可を取得する。その輸入許可をもって保税地域から貨物を引き取るまでを輸入通関という。

通関業者 (つうかんぎょうしゃ)
〈Customs Broker〉

輸出入業者の代理人として、税関に対して貨物の通関業務を行う業者をいい、国家試験に合格した通関士を所定数配置しておかねばならない。以前は、税関貨物取扱人とも呼ばれた。日本では、海貨業者 (乙仲) が兼務している

港湾で輸出入貨物を取り扱う業者のなかで、荷主の委託を受けて、税関に対して貨物の通関業務を代行するものをいう。その場合、国家試験の通関士試験 (1967年に制定された通関業法に基づく) に合格したものを置いておかねばならない。

通関業者は、言葉どおりにとれば輸出入の通関業務だけを行うわけであるが、日本の場合には海貨業者が通関業務・海貨業務を兼務している。したがって、貨物の受取りから荷積みまで、または荷卸しから荷渡しまでの荷動きを手配し、税関に対し必要な通関手続きを行い、船会社に対し荷卸しに関する連絡手配から所定の書類上の手続きまでを行う。

さらに、海貨業務・通関業務に加えて、はしけ運送・沿岸荷役なども合わせて海貨業者は行うのが一般的である。

☞乙仲, 海貨業者, 甲仲

通関手続き (つうかんてつづー)
〈Customs Procedure〉

輸出入貨物の通関で、税関に対して輸出入申告をし、輸出入許可をとるための手続きを行うこと。許可を得てから、貨物の船積みや引取りが可能となる

輸出通関手続きでは、まず貨物を保税地域に搬入し、輸出申告を行うが、輸出

許可証，承認証などは前もって準備し，通関に必要な仕入書（インボイス），包装明細書，輸出申告書などを揃える。税関の輸出審査・検査を経て輸出許可書が交付される。この許可をもって，貨物の船積みを行う。

輸入通関手続きは，荷卸しされた貨物を保税地域へ搬入し，輸入申告を行う。そのさいに，輸入（納税）申告書，仕入書，包装明細書，納付書，輸入承認証などを税関に提出し，輸入審査・検査を受けてから，輸入税や内国消費税を納付し，輸入許可書を得た後で，蔵置中の保税地域から貨物を引き取る。

現在では，NACCS 申告が主流を占めている。
☞ **NACCS**

通関ベース（つうかん――）
〈**On a Customs Clearance Basis**〉
税関を通過した貨物の流れを基準にして貿易額を集計したものを通関ベース貿易額といい，財務省関税局作成の外国貿易統計（通関統計とも呼ばれる）において表示される

一国の貿易額を捉える場合，税関を通過した貨物の流れを基準にして集計したものを通関ベース貿易額といい，日本では，財務省関税局が作成する外国貿易統計（通関統計とも呼ばれる）において表示される。外国貿易統計は，税関に提出された輸出入申告書，船舶の入出港届けなどに基づいて作成され，一国の貿易状況を示す基本的な統計である。原則として，輸出については積載船舶の出港日が，そして輸入については輸入許可または輸入承認が出された日をもって計上され，計上金額は，輸出が FOB 価格，輸入が CIF 価格で表示される。また国別では，輸出が仕向地，輸入は原産国によって区分されている。

このように外国貿易統計では，輸入金額が CIF 価格で計上され，サービスの対価である運賃・保険料が含まれるので，輸出入金額の対比にさいしてはその点，注意を要する。

なお，貨物の通関量に関係なく，外国為替の受払いを基準にして貿易額を集計したものを為替ベース貿易額という。
☞ 税関

通関用送り状（つうかんようおく――じょう）
商業送り状とは別種の関税法上の送り状。輸出申告，輸入申告のさいに税関に提出しなければならない。外国貿易統計の資料，関税額算定の基礎として利用される

日本では，輸出者は船積みのさい税関に輸出申告（Export Declaration）を行い，税関から輸出許可（Export Permit）を受けなければならず，同様に輸入者も，税関からの輸入許可（Import Permit）を受けないと，輸入貨物を引き取ることができない（関税法67条）。そして輸出，輸入申告とも送り状を税関に提出する必要があり（同68条），それを通関用送り状と称する。通常は2通提出し，外国貿易統計の資料，関税額算定の基礎として利用される。なお関税法規上，送り状は「仕入書」といわれる。

通関用送り状は輸出入とも，①当該貨物の記号，番号，品名，品種，数量および価格，②送り状の作成地および作成年月日，仕向地および仕向人，③価格の決定に関係のある契約の条件（FOB，CIF などの建値を含む）を記載し，かつ当該貨物の仕出人（Shipper）の署名がなくてはならないとされる（関税法施行令60条1項）。

これは関税法上の送り状で，売買上の送り状，すなわち商業送り状（Commercial Invoice）とは別種のものであるが，両者の記載内容が大体同一であるため，売買用の送り状でもって通関用送り状に代用する場合が多い。
☞ 税関，通関ベース

通常電報（つうじょうでんぽう）
〈**Ordinary Telegram**〉
国際電報に用いる通常の電報で指定語

をつけていないものをいい，電報の本文には普通語（Plain Language）と暗語（Secret Language）の両方が用いられる

近年，国際電報は国際テレックスや国際ファクシミリが発展したために利用度はかなり減少した。しかし，これら国際テレックス，国際ファクシミリが発達・普及していない国へ通信する場合には，国際電報の存在は不可欠であった。国際電報の料金は，通常電報を基準にして決められている。最低料金は7語分である。

通常電報は普通語電報（Telegrams in Plain Language）と暗語電報（Telegrams in Secret Language）の二種に分類される。普通電報の料金は

1語の料金×（宛名＋本文に使われる語数）

で計算される。そのさい，有料語数は10字ごとで1語として計算される。また，暗号電報はある語，数字，または数字と文字の組合せで秘密の意味をもたせて使う。

ただし，昨今ではインターネットなどの普及により電報の時代は終わったといえる。

☞ 至急電報

通知銀行（つうちぎんこう）
〈**Advising Bank**〉

信用状発行銀行の依頼に基づいて受益者に対して信用状の通知を行う銀行

信用状発行銀行は通常，受益者の所在地や近隣にある本支店またはコルレス銀行を通知銀行として選ぶ。通知銀行はその信用状が正規に発行されたかどうか相応の注意を払う必要はあるが，その信用状にかかわる権利，義務はない。

通知払い（つうちばらー）〈**Advise and Pay**〉

送金の支払指図を受け取った銀行が，ただちに送金受取人に対して通知を行ったうえで支払いを実行する方法

被仕向送金にさいして，支払指図を受領した銀行がただちに送金受取人に送金内容を通知したうえで送金の支払いを実行する方法で，通知をせずに受取人の請求を待つ方式（Pay on Application）に対する方法。

☞ 請求払い

積戻し（つみもどー）
〈**Return Shipment : Re-Ship**〉

外国から貨物が陸揚げされたのちに，この外国貨物を輸入手続きをしない状態で，一時的に保税地域あるいは税関の許可を受けた場所で保管し，保税のまま再度外国へ向けて積出しすること。関税法上では，これを積戻しと呼ぶ

関税法上の積戻しには二つの条件が必要である。一つには輸入手続きをしていないこと，二つには積戻し先が貨物の製造地あるいは原産地を問わず，外国であること。この積戻しは外国貨物の輸入手続きを終えたのちに，再び外国向けに輸出することも含む。

たとえば，クレームで輸出業者に貨物が送り返される場合，委託販売輸入貨物の売れ残った貨物を返す場合なども積戻しと呼ばれている。その積戻しの場合には，税関に積戻し申告書を提出する必要がある。また，この外国貨物を簡単に加工して積み戻すさいには，積戻し申告書に貨物の製造地，貨物名，価格，数量などを特記しなければならない。

て

T/R（ティーアール）〈**Trust Receipt**〉

銀行が輸入荷物の所有権，担保権を保有したまま，輸入者に荷物を引き渡し，倉入れ，売却などを認めること，または引渡しにさいして徴求する保管証をT/Rという。荷物貸渡しのこと

輸入荷物が銀行の輸入与信の担保となっているかぎり原則として，銀行は荷物を輸入者に引き渡すことはできない。しかし，銀行が輸入者に荷物の引取り，売却などを認めなければ，銀行がみずから通関，売却などの手続きをとらなければならない。

このために，「荷物は銀行の担保」で「銀行の所有に属する」こと，「通関，倉入れ，売却などは銀行の代理人として行う」こと，さらに「売上代金としての現金，手形などは銀行に差し入れる」ことなどを確約した輸入担保荷物保管証（T/R）により銀行が輸入者に荷物の貸渡しを行う方法がとられている。

なお，T/Rには輸入者に荷物の売却まで認める甲号，倉入れまでしか認めない乙号，航空貨物の書類到着前に行う丙号などの種類がある。

☞荷物貸渡し

D/A（ディーエー）
☞引受渡し

DD（ディーディー）
☞小切手送金

TTS（TTB）レート（ティーティーエス――）
　銀行にとって資金立替えによる金利負担が生じない取引に適用される為替相場で，金利要因を含まず，手数料のみを含んだ相場。電信売（買）相場

仕向送金に適用される売相場や電信による被仕向送金に適用される買相場などは銀行が資金を立て替える必要がなく，相場に金利要因が含まれていない。このように為替相場のうち，手数料のみが含まれ，金利要因が含まれていないのがTTSまたはTTBレートである。

一覧払いの輸入手形を決済する場合や一覧払いの輸出手形を買い取る場合などは，TTSに郵便日数分の金利を加えたAcceptance RateやTTBから同様の金利を差し引いたAt Sight Buying Rateなどが適用される。

現在一般的な米ドルのTTSレートの公示相場は当日の仲値に手数料を加えたレートが，またTTBレートは同様に手数料を差し引いたレートが使われている。

TT リインバースメント（ティーティー――）
　輸出手形の買取銀行が信用状に定められた補償銀行に資金の請求を電信で行う方法。電信補償請求方式

信用状において輸出手形代金の補償銀行（Reimbursing Bank）が発行銀行以外に別途定められている場合，手形の買取銀行はその補償銀行に対して輸出手形代金の請求を行うこととなる。この代金請求を電信で行うのがTTリインバースメントである。このほかに買取銀行が一覧払手形を振り出して補償を求める方法もあるが，これをサイト（メール）リインバースメントといい，このとき振り出す手形をリインバースメント・ドラフトという。

☞補償請求方式

D/P（ディーピー）
☞支払渡し

ディスカウント〈Discount〉
　対象通貨の先物相場が直物相場より安い状態，すなわち先安の状態をいう

外国為替市場の先物取引は一般には直物相場と先物相場の差，すなわち直先の開き（スワップ幅）を基準に行われる。直物相場と先物相場で先物相場の方が安い場合をディスカウント，逆に先物相場の方が高い場合をプレミアムと呼んでいる。

金利と為替の間に裁定が働いている場合，金利の高い通貨の先物はディスカウントに，逆に金利の安い通貨の先物はプレミアムとなるのが一般的である。

なお，ディスカウントの幅を年率で表わしたものがスワップ・コストで，二通貨の金利差にほぼ等しくなる。

☞プレミアム，スワップ・コスト，スワップ取引

ディスクレパンシー〈Discrepancy〉
　信用状付荷為替手形の買取りにさいしての，船積書類の信用状条件との不一致

信用状付荷為替手形の買取りにさいし

ては，為替手形および船積書類が信用状条件に合致し，かつ書類相互間に矛盾があってはならないが，不一致などがある場合，その不一致をディスクレパンシー（単にディスクレとも呼ぶ）という。

ディスクレパンシーがある場合，買取依頼人に訂正させる必要があるが，訂正できない場合は，その重要度や買取依頼人の信用状態などにより，①信用状条件の変更依頼をする，②L/G ネゴを行う，③ケーブル・ネゴを行う，④取立扱いとするなどの方法がとられる。

☞ L/G ネゴ，ケーブル・ネゴ

ディスパッチ・マネー（早出し料）
〈Dispatch Money〉

航海用船契約では，通常，あらかじめ取り決められた停泊期間があり，その定められた期間よりも早く荷役が完了した場合，その節約した日数について船主が用船者もしくは荷主に対して支払う割戻金のこと。日数節約割戻金ともいい，俗にデスと呼ばれる

航海用船契約において，通常，前もって積み荷や揚げ荷に要する停泊期間が定められており，用船者がその取り決められた期間よりも早く荷役を終了した場合，その節約した日数について，船主が用船者もしくは荷主に対して支払う払戻し金または報償金をいう。逆に停泊期間を超える場合の違約金をデマレージ（滞船料）と呼ぶ。

日本では，一般的に早出し料は，滞船料の 2 分の 1 とされるが，海外ではこれを契約によっては 3 分の 1 とする場合もあるようである。早出し料の計算では，通常，1 日 24 時間とする。

☞ デマレージ，チャーター

デビット・アドバイス
☞ 引落通知書

デポジタリー・コルレス
〈Depository Correspondent〉

自行名義の為替決済勘定を開設してあるコルレス先銀行

為替銀行は外国為替取引の資金決済のために主なコルレス先銀行に為替決済勘定（預け金勘定）を開設している。この勘定の開設してあるコルレス先銀行をデポジタリー・コルレス，デポ・コレ，デポジタリー銀行（Depository Bank）などと呼ぶ。また勘定の開設してないコルレス銀行をノン・デポジタリー・コルレスと呼んでいる。

デポジタリー・コルレスに開設してある勘定の残高は為替取引による出入金を予測して適正な水準を維持するように努める必要がある。

☞ ノン・デポジタリー・コルレス，コルレス契約

デマレージ（滞船料）〈Demurrage〉

航海用船契約では，一般的にあらかじめ定められた停泊期間があり，その期間を超過して荷役が終了した場合，用船者もしくは荷主が船主に対して支払う違約金。デマと俗にいう。早出し料の反対語である

航海用船契約において，通常，前もって停泊期間を定めておき，その取り決められた期間を超過して荷役が完了したさいに，その超過日数について用船者または荷主が船主に対して支払う違約金をいい，つぎのような意味における滞船料がある。

第一に狭義の滞船料であり，契約上定められた停泊期間を超過して支払われる違約金で，あらかじめ違約料金が取り決められており，後に変更できない場合である。

第二に広義の滞船料であり，前もって超過日数の違約料金の定めがなく，用船者もしくは荷主の超過停泊の要請により発生した実損額を算定して支払われる場合である。これは，第一の狭義における滞船料のように実損額にかかわらず，定められた料率で支払われ，後に変更ができない場合とは明らかに異なる。

☞ ディスパッチ・マネー，チャーター

デュープリケート・ドキュメント
⟨Duplicate Documents⟩

輸出船積書類の郵送にさいして，事故などによる未着を避けるため第二便に分けて送る書類

輸出船積書類の郵送にさいして，誤送や紛失による未着を避けるため，一般には手形および船積書類を二つに分け第一便と数日遅れの第二便とで送る方法がとられている。この第二便の書類がデュープリケート・ドキュメントと呼ばれる。

しかし，最近では事務手数を省略するため "Negotiating bank is to forward all documents to us by one registered airmail" などのように全書類を1回（ワン・メール）で送る指示もみられる。

デリバリー・オーダー（荷渡指図書）

輸入貨物が到着後，船会社が船長もしくは船内荷役人に対して，貨物の引渡しを指図したもの。これにより荷受人は貨物を引き取ることができる

輸入者は銀行から船荷証券を受け取りこれを船会社に提出し，それと交換に荷渡指図書を受け取り，輸入者がこれを船長または船内荷役人に提出して貨物を引き取る。荷渡指図書には商品の明細，個数，荷印，重量，容積，船荷証券の番号，荷送人，荷受人などが記載されている。

電子商取引（でんししょうとりひき）
⟨EC : Electronic Commerce⟩

インターネットなどの電子的通信手段を使って商品の売買，およびサービス提供の商取引。さらにECを進めた新しいビジネスの方法をE-ビジネス（Electronic Business）という

インターネットなど電子的通信手段によって，商談，商品の売買，サービス提供，代金決済などの商取引を多数の相手と迅速に行うことである。しかし，一方では取引相手の本人確認や契約書類の信頼性など，認証制度の確立などの法的規制とかかわる問題も多い。さらにECを発展させた新しいビジネスの手法をE-ビジネスという。これは，ビジネスのあらゆる情報をデジタル化し，ビジネス自体を電子化し，旧来のビジネスのプロセスを新しくして経営刷新を行う手法である。B to B（Business to Business）は企業間での取引，B to C（Business to Consumer）は企業と消費者間の取引である。

電信売相場（でんしんうりそうば）
☞ TTSレート

電信買相場（でんしんかいそうば）
☞ TTBレート

電信送金（でんしんそうきん）
⟨Telegraphic Transfer : TT⟩

送金銀行から支払銀行宛の支払指図が電信で行われる送金方法

送金依頼人に送金小切手を発行して交付する小切手送金の形をとらない場合は，送金銀行は支払銀行に対して支払指図を行って受取人への支払いを依頼する。この支払指図を電信（通常はテレックスなど）で行うのが電信送金で，郵便で行うのが郵便送金である。

いずれの場合も通知払いと請求払いとがある。電信送金は電信料がかかるため急ぎの送金や金額の大きな送金に利用される。

☞ 郵便送金，通知払い，請求払い

電信テスト・キー（でんしん——）
⟨Telegraphic Test Key⟩

電文が正当なものであることを確認するための一種の暗号

電信で送られる通信文には署名がないため署名照合により真偽を確かめることができないうえ，数字などが誤って送信されることもおこる。こうした電信の欠点を補うために工夫されたのが電信テスト・キーである。

コルレス銀行間で事前に取り交した暗号により電信で送られた通信文が電信テスト・キーの照合により正当なものであ

り，また金額などに送信上の誤りがないかなどが確認できる。
単にテスト・キー，電鍵などとも呼ばれる。

と

東京オフショア市場（とうきょう——しじょう）
〈Japan Offshore Market〉
　1986年12月東京に創設されたオフショア市場。内外分離型。略称JOM（ジョム）

　非居住者からの調達と非居住者への運用を原則とする市場がオフショア市場であるが，金融国際化の流れのなかで，日本に創設されたのが東京オフショア市場である。
　東京オフショア市場では円を含めてすべての通貨で非居住者が自由に参加でき，源泉税が免除されるほか，準備預金の対象外で，日本ではじめての国際資金市場となった。
　しかし，入超制限（オフショア勘定での受入超過に対する制限）による内外遮断措置など国際市場としてはまだ制約の多い市場といわれている。
　☞オフショア市場

東京外国為替市場（とうきょうがいこくかわせしじょう）
〈Tokyo Foreign Exchange Market〉
　日本の為替銀行が顧客取引のカバーやポジション操作のために最も多く利用している為替市場で，市場規模はロンドン，ニューヨーク，スイスについで世界第4位（2007年現在）

　規模は世界第4位の市場であるが，取引はドル円を中心とする。従来外国為替公認銀行のみが参加できる市場であったが，1998年4月の外為法の改正で公認銀行制度が廃止されたのに伴い，参加のための資格条件はなくなった。従来の外国為替公認銀行は約350あったが，金融機関の経営見直しが進むなかで，外国為替市場への直接参加を見合わせるところが増え，市場参加数は減少しているとみられている。ブローカーも従来の八社体制から統廃合などにより減少する一方，電子ブローキング二社の取引シェアが大幅に拡大している。市場参加者は日本橋，丸の内，大手町などを中心とするが，東京都内での分散に加えて，地元へUターンした地方銀行の地方都市からの参加のケースもみられるようになった。
　コスト高や規制の多さに外国金融機関のなかには，他のアジア市場とくにシンガポールへ取引を移すところも少なくなく，急成長が止まってしまった東京市場の活性化には目処が立っていない。
　☞外国為替市場

東京ドル・コール市場（とうきょう——しじょう）
　日本所在の外国為替銀行が外貨資金の運用や調達のために利用する無担保の外貨の貸借市場

　日本の為替銀行の外貨資金取引が増加するのに対応して，1972年にユーロ市場を規範に東京に設立された外貨資金市場である。外貨を調達したり運用したりするときに利用する最も身近かな市場である。名称に「ドル」と付いているが，ユーロやスイス・フランなどの取引も行われている。臨時金利調整法への抵触を避けるために「預金」ではなく「コール」として発足した経緯がある。
　外国為替銀行と取引を仲介するブローカーから構成され，東京外国為替市場同様テレフォン・マーケットである。また海外の銀行など非居住者の参加は認められていない。東京ドル・コール市場は時差がなく，市場レートをみながら運用や調達を行えるメリットがあるため，銀行が顧客とのインパクト・ローンや外貨預金などの取引のための金利算出や実際のカバー取引などに利用している。
　1986年非居住者も参加できる東京オフショア市場が設立されたが，引き続き外貨市場として重要な地位を保っている。

東京ラウンド（とうきょう――）

第7回のGATTラウンド交渉、1973年9月の「東京宣言」に基づき、1979年7月にかけて開催された。関税引下げ、非関税障壁の軽減・撤廃などの交渉。工業品の関税引下げ率33%、その貿易額（譲許品目）1550億ドル程度であった

東京ラウンド開催の背景には、1971年のニクソン・ショック、1972年の国際穀物価格の暴騰、1973年の第一次オイルショックなどと、GATT秩序の根底を揺るがすような出来事が頻発したことがある。

東京ラウンドが従来のGATTラウンドと相違したところは、一般的関税交渉から非関税障壁問題交渉への転換であった。工業製品関税交渉よりもむしろ農業問題、非関税措置・セーフガード問題などがクローズアップされてきた。具体的交渉グループとしては、関税、非関税措置、セクター、セーフガード、農業、熱帯産品、フレームワークの七つの組織から構成され、交渉の多元化が目立った。

関税交渉の成果は、工業品の関税引下げ率33%、貿易額約1550億ドルで、過去最高のものであった。非関税障壁の成果としては、多国間協議を通じて、補助金、相殺関税、政府調達などの国際協定コードの策定がある程度実現できたことである。日本の農業残存輸入制限11品目の自由化・輸入枠拡大も実施された。

☞ GATT、ウルグアイ・ラウンド、ケネディ・ラウンド

東西貿易（とうざいぼうえき）
〈East-West Trade〉

旧ソ連・東欧の東側諸国と、アメリカ・西欧の西側諸国との間の貿易。一般にOECD諸国と旧コメコン諸国との貿易を指す。1990年代におけるソ連の解体、東欧諸国の政治的変革の結果、今後、質量ともに大きな変貌を遂げる公算が高い

第二次大戦後、旧ソ連をはじめとする社会主義国と、アメリカと結んだ資本主義国の二つの体制が生まれたが、旧ソ連・東欧は東側諸国、アメリカ・西欧は西側諸国と呼ばれ、この東側諸国と西側諸国との間の貿易を東西貿易という。今日では、OECD諸国と旧コメコン諸国との貿易を指して一般に東西貿易と呼んでいる。

東西貿易は、第二次大戦直後から冷戦の最も厳しい時期までは皆無に等しかったが、冷戦構造が緩和し始めた1950年代後半から次第に行われるようになった。

1986～89年のOECD諸国全体の対ソ・東欧貿易額は、輸出で年平均420億ドル、輸入のそれは432億ドルで、輸出入総額に占めるシェアは輸出2.3%、輸入2.3%と、必ずしも高い値を示していたわけではない。旧ココム規制による枠があったため、東西貿易は十分な進展をみせていなかったが、1990年における東西ドイツの統合、東欧諸国の自由化への移行、ソ連の解体などの政治的変革の結果、ココム規制も廃止され急速に緩和する傾向にあり、今後の東西貿易は形態においても大きな変容を遂げ、量的にも拡大していく公算が高い。

☞ ココム、OECD

当座貸越（とうざかしこし）
☞ オーバードラフト

当初証拠金（とうしょしょうこきん）

金融先物取引を開始する時点で先物取引所に積み立てなければならない保証金。イニシャル・マージン

先物取引は約定時点で決済を行わない代わりに、信用保証金として、証拠金の差入れが義務づけられている。証拠金のうち、取引開始時点で差し入れなければならないのが当初証拠金である。以後、値洗いにより当初証拠金が目減りした場合は、証拠金の積増しを行う必要があるが、これを変動証拠金（バリエーション・マージン）と呼んでいる。

東京金融先物取引所では顧客（非会員）が会員に差し入れる委託証拠金、一般会員が清算会員に差し入れる一般会員

証拠金，さらに清算会員が取引所に差し入れる取引証拠金の三種類に分けて規定している。

東南アジア諸国連合（とうなん——しょこくれんごう）〈ASEAN：Association of South East Asian Nations〉

1967年8月，インドネシア，マレーシア，フィリピン，シンガポール，タイの東南アジア5ヵ国により結成された地域協力機構。その後加盟国が増え，1999年4月カンボジアが加盟して10ヵ国体制となり，"ASEAN 10"と呼ばれる

1967年8月5ヵ国により結成され，現在加盟国10ヵ国を擁する東南アジアの地域協力機構である。現在の加盟国は，シンガポール，マレーシア，インドネシア，タイ，フィリピン，ブルネイ，ベトナム，ミャンマー，ラオス，カンボジアの10ヵ国である。当初は社会主義国に対抗する意味合いも持ったが，経済，社会，文化，技術，行政など広い分野の相互援助により，経済，政治，外交面で大きな力を持つに至っている。

1985年のプラザ合意以降の円高で，日本企業がアジアに進出したことも影響してASEAN諸国の経済は80年代および90年代に急成長した。1997年以降国際資金の流出で一時経済危機に陥った国も多いが，1999年以降の経済は回復に転じている。

10ヵ国合わせた人口は5億近く，日本，アメリカ，EUを大きくしのぐ。しかし，国内総生産は合計してもアメリカやEUの10分の1に満たない。また，一人当たりの国内総生産がカンボジアでシンガポールの100分の1程度と経済格差が大きいなどの問題点も抱えている。

1992年にシンガポールで開催された第4回ASEAN公式首脳会議で，AFTA（ASEAN自由貿易地域）の実現が正式に決定し，同域内貿易の活性化，産業の国際競争力の強化，直接投資の促進を目的とした。AFTAをさらに深化させ，将来においてASEAN経済共同体構想も浮上している。

通し船荷証券（とお—ふなにしょうけん）
☞スルー B/L

ドキュメンタリー・クレジット
☞荷為替信用状

特殊決済方法（とくしゅけっさいほうほう）〈Special Payment〉

輸出入取引，役務取引，仲介貿易取引などで，貸借記，相殺，ため払い，2年以上の期間を経過して最終決済が行われるなどの場合のこと。通産（現経産）大臣の承認を必要としたが，1998年の改正外為法の施行によりこうした取引に対する規制は廃止された

特殊決済方法に関する省令（昭和55年11月28日大蔵（現財務）省令第48号）などにおいて，輸出入取引，役務取引，仲介貿易取引などにかかわる特殊決済方法が規定され，これ以外の決済方法が通常決済とされていた。

たとえば，輸出取引における特殊決済方法の概要は，以下の通りであった。

1 船積み後2年以上の期間を超えて支払いを受領する方法
2 本邦通貨もしくは本邦通貨によって表示される小切手または約束手形による支払いを受領する方法
3 輸出代金にかかわる債権を，当該輸出の相手方に対する債務と相殺する方法
4 輸出の相手方である非居住者のために行われる，他の居住者による支払いを受領する方法（ため払い）
5 勘定の貸記もしくは借記による方法（貸借記，たとえば商社などの本支店間取引）

また，上記のような決済方法による申告額が500万円を超える場合は，輸出報告書の「外国為替の種類」の項目に明記し，かつ輸出の承認を要するなどの規定がなされていた。

1998年4月の改正外為法の施行に伴

ドメスティック L/C 〈——エルシー〉 〈Domestic L/C〉

輸出契約に基づいて海外からきた信用状を国内の第三者に譲渡するために，輸出者が銀行にその信用状を提出して，それと見返りに発行される信用状

通常の信用状は，譲渡可能信用状でないかぎり第三者に譲渡することはできない。輸出者が何らかの理由で海外からきた原信用状（Original L/C）を第三者に譲渡する場合には，受益者である輸出者が原信用状と同一条件の信用状を，通知銀行ないしは取引銀行に対して開設依頼する。第三者はこの信用状に基づいて輸出を行い，一方そのドメスティック L/C の発行銀行たる通知銀行は海外の原信用状の発行銀行に書類を送付することになる。このような信用状は国内信用状，ローカル L/C（Local L/C），サブシディアリ L/C（Subsidiary L/C），見返り信用状（Back-to-Back L/C）などとも称されている。

☞信用状

トラベラーズ・チェック 〈Traveler's Check〉

海外旅行の費用などの携行に現金に代えて安全，便利に工夫された小切手

海外旅行にさいして多額に現金を携行する危険を避けるために利用する小切手で，購入時に行ったサインと同じサインを行うことにより本人の確認がなされ，現金化したり，そのまま支払いに当てたりすることができる。

トラベラーズ・チェックは銀行の自己宛小切手と同様の性格を持っているが，発行銀行と支払契約を行っている銀行や両替商が多く，世界中で広く現金化できるのが一般的である。

また盗難や紛失の場合，比較的簡単な手続きで再発行などが可能なことも利用しやすい点である。

トランパー 〈Tramper〉

定期船をライナーと呼ぶのに対して，不定期船のことをトランパーと呼ぶ。トランパーは，「浮浪者，放浪者」を意味する Tramp に語源を由来し，貨物輸送の需要に応じて，より有利な条件の貨物を求めて世界中のどこへでも配船される船舶をいう

航路，寄港地，発着日時，投入船舶および隻数が一定している海上運送を定期船輸送といい，運行期日，航路が一定しておらず，荷主が必要とする時期および航路に船腹を提供する海上運送を不定期船運送という。そして定期船のことをライナー（Liner）と称するのに対して，不定期船をトランパーと呼んでいる。

トランパーの語義は，「浮浪者，放浪者」を意味する Tramp に由来しており，不定期船は，貨物輸送の需要に応じて，より有利な条件の貨物を求めて世界中のどこへでも配船され，あたかも浮浪者のようにほうぼうに移動することからトランパーという名称がつけられている。帆船時代から定期船が出現する19世紀中葉まで，貨物船はすべて，一港または数港で積荷が満杯になるまで停泊して，それから航行するトランパーであった。

不定期船の契約では，年間の輸送量を取り決めるものもあるが，長期の運送契約に基づくものは稀で，一航海ごとに運送契約が結ばれるのが特徴であり，その契約も一荷主の貨物で満船にするのがほとんどで，片道航海を原則としている。

☞不定期船

取消可能（不能）信用状 （とりけしかのうしんようじょう）

いったん発行された信用状のうち，発行銀行によりいつでも変更や取消しが可能な信用状が取消可能信用状（Revocable Credit），関係者全員の合意が必要なのが取消不能信用状（Irrevocable Credit）

取消可能信用状は発行された後でも，

いつでも受益者に事前に通知することなく変更や取消しが可能である。一方取消不能信用状は発行銀行，（ある場合は）確認銀行，受益者など信用状関係当事者の同意がなければ変更や取消しができない信用状である。

なお，信用状統一規則では2007年の改訂により，「取消不能」と表示がなくても「取消不能」とみなす扱いとなり，2007年統一規則（UCP No. 600）では取消不能信用状のみをカバーすることとなった。

☞信用状統一規則

取立外国為替（とりたてがいこくかわせ）
〈Bills Receivable：B/R〉
一覧払輸入手形が海外の銀行で買い取られて取立てのために送付されてきた場合に使用される勘定

船積書類などが到着した時点で「取立外国為替」勘定がたてられて「外国他店預け」勘定に振り替えられる。顧客が一覧払いで決済を行う場合は顧客勘定からの入金により「取立外国為替」勘定は決済される。決済レートは一覧払輸入手形決済相場（アクセプタンス・レート）となる。

顧客が自行ユーザンス（本邦ローン）を利用する場合は，顧客が決済するまで「取立外国為替」勘定が残り，顧客決済日に顧客勘定により決済される。この場合の決済レートは電信売為替相場(TTS)である。

取立為替手形（とりたてかわせてがた）
〈Bills Receivable〉
海外の銀行で買取りされて取立てのために送付されてきた手形

海外の銀行から取立てのために送付されてくる手形のうち，海外の銀行が買い取ったもの，すなわち買為替をいい，代金取立手形（Bills for Collection）とは区別される。勘定に「取立外国為替」が使用される。

☞取立外国為替

取立統一規則（とりたてとういつきそく）
〈Uniform Rules for Collections〉
国際商業会議所（ICC）が制定した代金取立てに関する国際規則

手形，小切手，送り状などの代金取立てを円滑に行うために国際商業会議所が制定した国際規則。関係当事者の責任・義務のほか事務などの統一的基準が規定されている。

当初1956年に制定されたが，改訂が加えられ，現在は1995年改訂のものが採用されている。

☞ICC

トレード・タームズ（定型貿易条件）
〈Trade Terms〉
貿易取引契約において売り主と買い主間で定型化された価格とともに使用される取引条件。インコタームズが最も広く採用されている

貿易取引契約は，国際間の法律，慣習，その他環境要因を異にするため，売り主と買い主の義務，費用・危険負担の分岐点などについて誤解のないように国際的ルールを取り決めておく必要がある。

トレード・タームズの解釈基準に関する国際規則として，インコタームズが最も広く採用され，2000年の最新改訂版では，つぎの13種のものがある。

1　工場渡し：EXW（Ex Works）
2　船側渡し：FAS（Free Alongside Ship）
3　本船渡し：FOB（Free on Board）
4　運賃込み：CFR=C&F（Cost and Freight）
5　運賃・保険料込み：CIF（Cost, Insurance and Freight）
6　運送人渡し：FCA（Free Carrier）
7　輸送費込み：CPT（Carriage Paid To）
8　輸送費・保険料込み：CIP（Carriage and Insurance Paid To）
9　本船持込み渡し：DES（Delivered Ex Ship）

10 埠頭持込み渡し：DEQ（Delivered Ex Quay）
11 仕向地持込み渡し（関税抜き）：DDU（Delivered Duty Unpaid）
12 仕向地持込み渡し（関税込み）：DDP（Delivered Duty Paid）
13 国境持込み渡し：DAF（Delivered At Frontier）

なお，インコタームズの1980年改訂版における鉄道渡し（FOR），貨車渡し（FOT），航空FOB（FOB Airport）は，1990年改訂版ですべて上記6のFCAに吸収される形式をとった。

☞インコタームズ，貿易取引，貿易取引契約

トレジュアリ・チェック
⟨Treasury Check⟩
アメリカ財務省が政府支出の支払いのために発行する小切手

アメリカ財務省が年金や税金還付などアメリカ政府の支払いのために発行する指図式の証券。銀行経由で財務省に呈示次第支払いが行われ信用度が高く，裏書譲渡も可能である。しかし，偽造や変造が発見された場合は支払後6年間は呈示銀行に返還請求できることになっているので注意が必要である。

な

仲値（なかね）
　　為替銀行が店頭に公示する対顧客相場の基準相場

　為替銀行がその日一日の対顧客取引に適用する相場を算出するための基準になる相場。日本の銀行は公示相場制度をとっているため、朝10時近くの市場相場を仲値として定め、仲値に一定の手数料や金利を加減して、原則としてその日一日適用する対顧客相場を決めている。

　現在は銀行間の申し合わせがなくなったため、仲値はもとより、手数料や金利についても各銀行が独自で決めることになっているが、実際には大勢は大きく違わない相場が公示されている。

　なお、市場相場が朝の仲値から2円以上乖離した場合は、仲値が変更されることとなっている（公示相場のサスペンド）。

　☞ **公示相場制度、サスペンド**

NACCS（ナクス）〈**Nippon Automated Cargo Clearance System**〉
　　航空貨物や海上貨物の輸出入通関を、オンライン化することによる通関情報処理システム。現在、航空貨物通関情報処理システムを Air NACCS、海上通関情報処理システムを Sea NACCS と呼んでいる

　通関システムをオンラインで結ぶ時代が到来し、当初の NACCS は Nippon Aircargo Clearance System（航空貨物通関情報処理システム）と呼ばれ、早くも1978年から稼働し、航空貨物の場合、税関、航空会社、混載業者、通関業者、上屋業者、銀行間がオンラインで処理できるようになった。

　海上貨物の通関手続きについても、海上貨物通関情報処理システムが1991年10月から東京・横浜・川崎港で稼働を開始し、税関、通関業者、銀行間をオンラインで処理するようになった。翌年から、この情報処理システムは、大阪・神戸・堺・名古屋港でも利用されていた。

　官民共同で開発された NACCS は、標記の英文名に改称され、航空貨物通関情報処理システムは Air NACCS、海上貨物通関情報処理システムは Sea NACCS と俗称されている。

　NACCS は1999年10月のシステム改変により、税関・通関業者・銀行のほかに船会社・船舶代理店、コンテナヤード、保税蔵置業者、諸官庁の電算システムと新たにインターフェイスされるようになっている。

　☞ **JASTPRO 番号**

NAFTA（北米自由貿易協定）（ナフタ）
〈**North American Free Trade Agreement**〉
　　アメリカ、カナダ、メキシコの3ヵ国からなる自由貿易協定で、米加自由貿易協定にメキシコを取り込んで、EU や日本、NIEs 諸国に対抗するため一大経済ブロックを設立

　アメリカ、カナダ、メキシコの3ヵ国からなる自由貿易協定・地域経済統合をいう。アメリカとカナダの両国は、1988年に米加自由貿易協定（US-Canada Free Trade Agreement）に調印し、1989年1月から発効していたが、これをメキシコに拡大し、1994年1月に発効させ、一大自由貿易圏を成立させたもの。3ヵ国で人口3億6000万人、GNP 6兆2000億ドル（1990年実績）の経済統合圏となり、EU の規模を上回るものとなった。

　交渉の経緯は、まず1990年から翌年にかけて、メキシコのサリナス大統領の提唱に基づいて、ブッシュ米大統領とサリナス大統領の会談、ブッシュとマルルーニ加首相の会談がもたれ、1991年に構想実現に向けて三国間で合意をみた。そして同年6月に、トロントにおいて初の三国閣僚会議が催され、1992年8月11日、三国間で基本合意が成立した。

　この協定によって、アメリカは、メキシコ湾岸の大油田を確保して中東産石油

への依存度を軽減するとともに、アメリカ、カナダの資本はメキシコ国内に低コストの生産拠点を設立でき、一方、メキシコは工業化を促進し、巨額の累積債務をアメリカとカナダの協力によって円滑に処理できるなどのメリットがある。しかし、生産拠点の移転に伴うアメリカおよびカナダ国内における雇用の悪化、メキシコからアメリカ、カナダへの不法就労者の流入、メキシコ国内における環境汚染の発生などのデメリットも考えられ、また、経済のブロック化を懸念する声も大きい。

☞ NIEs, 米加自由貿易協定

並為替 (なみがわせ)

逆為替に対するもので送金為替、順為替ともいう。債務者が債権者に送金する場合に利用される

並為替は貿易取引のほか保険料や運賃などの貿易外取引の支払い、資本取引の支払いなどに使用される。並為替は為替と代金とが双方とも債務者から債権者へ流れるものである。送金の場合、送金小切手によるものや、銀行を通じて郵送により代金支払を指示する Mail Transfer や電信で指示する Telegraphic Transfer などがある。

☞ 逆為替

南北貿易 (なんぼくぼうえき)

〈North-South Trade〉

地球上の「南」側に位置している発展途上国と、「北」側に分布している先進工業国との間の貿易。発展途上国が経済発展するために、南北貿易の量的拡大が望まれる

主として地球上の「南」側に位置している発展途上国と、「北」側に分布している先進工業国との間で生ずる対立あるいは協調の関係を南北問題といい、南北問題を貿易面からとらえて南北貿易と呼んでいる。

発展途上国は、国際分業体制下で、農産物や天然資源などの第一次産品の生産に特化し、それを先進国に供給する一方、先進国から工業製品を輸入する役割を担ってきた。このような産業構造の第一次産業と第二次産業といった垂直方向での形態の貿易を垂直貿易と呼ぶが、この体制下では発展途上国は、いつまでたっても第一次産品供給国の段階にとどまり工業化を達成できないと、UNCTADなどの場で不満が表明されている。

発展途上国は経済発展のために、輸出による外貨獲得が不可欠であり、輸出市場の確保が重要な要件となる。

☞ UNCTAD

に

NIEs (新興工業経済地域) (ニーズ)

〈Newly Industrializing Economies〉

韓国、台湾、メキシコなど1960年代から1970年代にかけて輸出主導型の経済成長政策を推進して急速な工業化に成功し、所得水準の向上、世界の工業生産および工業製品貿易に占めるシェアの拡大を短期間に達成した一群の発展途上国を指す

従来は、新興工業国 (Newly Industrializing Countries: NICs) という言葉が用いられていたが、1988年の先進国首脳会議 (トロント・サミット) から、中国・台湾・香港間の微妙な政治的関係を配慮して、Countries といわずに Economies というようになった。

NIEs については、必ずしも明確な定義があるわけではないが、一般に、1960年代から1970年代にかけて輸出主導型の経済成長政策を推進して急速な工業化に成功し、所得水準の向上、世界の工業生産および工業製品貿易に占めるシェアの拡大を短期間のうちに達成した一群の発展途上国を指している。具体的には、アジアの韓国、台湾、香港、シンガポールや、ラテンアメリカのブラジル、メキシコ、アルゼンチンなどが含まれ、また南ヨーロッパのギリシャ、ポルトガル、スペイン、ユーゴスラビアを含めていうこともある。

このなかでもアジア NIEs の成長テンポはとくに急速で，アメリカに対して膨大な貿易黒字を出し，その結果，アメリカはこれらアジア NIEs 諸国に通貨の切上げや市場開放を求めるなどの摩擦問題が生じていた。

アジア金融危機によりアジア NIEs の経済成長が一時停退した。

荷受人（にうけにん）〈Consignee〉
　売買契約では販売の委託を受けた販売受託人であり，運送上では，貨物を受けとる者

船荷証券が記名式船荷証券の場合には，荷受人として記載された買い主が荷受人となる。一方，指図式船荷証券の場合には，裏書により荷受人として指定された者や，白地裏書によって船荷証券を取得，持参した者が荷受人となる。いずれの場合でも，船荷証券を船会社へ提出して貨物を実際に受け取ることができる者をいう。

　☞指図式船荷証券

荷為替信用状（にがわせしんようじょう）
　信用状（Letter of Credit）のうち，輸出入取引を円滑にするために使用されるもので，船積書類などを伴うもの。Documentary Credit

荷為替信用状の代表的な利用法は輸入者の依頼に基づいて，輸入者の取引銀行が輸出者を受益者とした信用状を発行するケースである。信用状条件に基づいて輸出者が為替手形を振り出すさい，商業送り状，船荷証券，保険証券などの船積書類の提出が求められる。ただし，荷為替信用状に関する現在の信用状統一規則は貸付けや保証のために利用されるスタンドバイ・クレジットも対象としている。

なお，荷為替信用状には取消可能信用状，確認信用状，リストリクト信用状，譲渡可能信用状など各種の条件が付けられているものがある。

　☞信用状，商業信用状，スタンドバイ・クレジット，取消可能（不能）信用状，確認信用状，リストリクト信用状

荷為替手形（にがわせてがた）
〈Documentary Bill〉
　運送途上の貨物が担保として添付されている為替手形

輸出者が輸入者を名宛人（支払人），輸出者の取引銀行を受取人として振り出し，輸送中の貨物を担保とするために船荷証券などの船積書類を添付した為替手形。信用状付きと信用状なし，および支払渡し（D/P）と引受渡し（D/A）とがある。

これに対して船積書類の添付されていない手形は，小切手なども含めてクリーン・ビル（Clean Bill）と呼ばれている。

　☞支払渡し，引受渡し，クリーン・ビル

ニクソン・ショック
　1971年8月にアメリカのニクソン大統領が発表した「新経済政策」における「金と米ドルの交換停止，10％の輸入課徴金の賦課」という内容，およびそれが世界に与えた影響を指す

1971年8月15日，ニクソン（Richard M. Nixon）米大統領が発表した「新経済政策」の内容，およびそれが世界に与えた影響を指す。

アメリカは第二次大戦後から1950年代までは，豊富な金準備を背景にして，各国の中央銀行が要求すれば，いつでも金1オンス＝35ドルの固定比率で米ドルと金を交換できる態勢にあった。しかし1960年代に入ると，ベトナム戦争をはじめとする軍事費の増大や対外援助の増加によるドルの流出，さらには国内インフレによる貿易の赤字などによって，米ドルの国際的信認は急速に弱まっていき，その結果，1968年頃から投機筋は金買いに走り，一部の国の通貨当局もアメリカ政府に金交換を要求してきたため，その

対応策として打ち出されたのが「新経済政策」であった。それは，金と米ドルの交換停止，10％の輸入課徴金の賦課を内容に含むもので，前者はIMF体制の崩壊を，後者はGATT体制の崩壊を実質的に意味することから，世界各国に与えた影響はきわめて大きく，この政策を発表し，実行に移したニクソン大統領の名を取ってニクソン・ショックと呼ばれた。なお，米ドルと金の交換停止を指してドル・ショックという場合もある。
☞ IMF, GATT

荷印（にじるし）
☞シッピング・マーク

日米円・ドル委員会（にちべいえん——いいんかい）
日本の金融・資本市場の自由化，円の国際化を大幅に推進することとなった日米の特別会合
1983年11月のレーガン大統領訪日時の日米蔵相会談で設置が決まった委員会で，正式には「日米共同円・ドル・レート，金融・資本市場問題特別会合」と呼ばれた。協議内容にはユーロ円市場の自由化，内外市場の一体化，日本の金利の自由化などが含まれ，1984年5月に報告書が提出された。
また同時に，大蔵省（現財務省）からは「金融の自由化および円の国際化についての現状と展望」が発表され，これらが以後日本の金融の自由化，国際化を大きく促進するよりどころとなった。

NIF（ニフ）〈Note Issuance Facility〉
長期間にわたって短期債を繰り返し発行し，資金調達ができる与信枠
借り手が6ヵ月などの短期債やCDなどを発行して，短期資金を繰り返し調達できる与信枠を銀行が借り手に対して長期間にわたって供与する取引である。
借り手が発行した短期債が売れ残った場合でも，引受団が購入をコミット（約束）することにより，借り手の資金調達が保証される仕組みである。
NIFは中長期の与信を供与する銀行と短期資金を供給する投資家が別であり，資金調達の多様化がはかれる一方，短期債の発行のため長期債の発行に比して一般的には低利の調達が可能であるなどのメリットがある。

日本海事検定協会（にほんかいじけんていきょうかい）〈Nippon Kaiji Kentei Kyokai〉
港湾運送事業法に基づく，海運貨物の鑑定，検量，検収などを行い，それらの鑑定書・証明書を発行する公益社団法人。ほかに㈱新日本検定協会がある
この検定協会は貨物の重量，容積などの報告書を発行する。それに基づいて，海上運賃が計算され，その証明書は船積書類の一つとされる場合もある。したがって，輸出業者の輸出貨物の個数，重量，容積などは，主に日本海事検定協会もしくは新日本検定協会等によって検量を受ける。
貨物の運賃は重量，容積が計算の基準になるので，運賃の計算上から信用のある海事検定協会などによる正確な検量が船会社から要求される。しかし，昨今のコンテナ船の普及で従来よりも検量業務が少なくなり，同協会は船舶安全法による諸検査のほかに理化学分析，食品衛生分析等を全国に展開している。
☞重量容積証明書

荷物貸渡し（にもつかしわたー）
☞ T/R

荷物引取保証（にもつひきとりほしょう）〈Letter of Guarantee : L/G〉
船荷証券未着時点で輸入荷物を受け取るために輸入者が船会社に差し入れる保証状
輸送荷物は原則として船荷証券と引換えでなければ受け取れないが，船荷証券が未着のうちに荷物が到着した場合，輸入者は商機を逸したり，費用負担などの

理由から荷物の早期受取を希望することとなる。このために輸入者が船会社に差し入れる銀行の連帯保証付き保証状を荷物引取保証（L/G）という。

船荷証券到着後はただちに船会社に提出し，荷物引取保証を回収する必要がある。

入金通知書 (にゅうきんつうちしょ)
☞クレジット・アドバイス

入札保証 (にゅうさつほしょう)
国際入札などにおいて，入札参加者が入札にさいして積み立てなければならない保証金。ビッド・ボンド（Bid Bond）

工事請負などの国際入札において，入札開催者が入札参加者に積立てを要求する保証金。不正業者の入札を防止したり，落札者が契約の締結を拒否したりするのを防ぐための保証金である。

実際には，現金や証券の積立てに代えて為替銀行の信用状や保証状によるのが一般的である。なお，入札保証の必要な取引には輸出，輸入のほか仲介貿易にかかわるものなどがある。

ね

値洗い (ねあらー)
金融先物取引所で毎日，営業終了後に行われる未決済取引（建玉）の評価替え

先物取引は約定時に決済を行わない代わりに，証拠金の差入れが義務づけられている。日々の値動きにより，評価損が発生した場合，証拠金の積増しを行う必要があり，取引所は建玉の評価替えを毎日行う必要がある。

この評価替えを値洗いといい，値洗いに使う価格を清算価格と呼んでいる。清算価格は市場終了近くの価格を基準に取引所が決定，公表する。

ネゴ (買取り) 〈Negotiation〉
銀行の顧客の依頼に基づいて輸出荷為替手形などの代金を回収する前に支払いを実行すること

外貨建の手形や小切手の代金を回収する前に顧客に支払うこと，すなわち，立替え払い融資である。これに対して回収後に支払うのが取立て（Collection）である。銀行の外国為替取引約定書では買取りを「貴行が外国向為替手形の交付を受け対価としてその代り金を私に支払うこと」と約定している。

ネッティング（相殺決済）
相互に支払いと受取りがある場合，その差額のみを一方が他方に支払う方法

ネッティングとは相互に輸出入取引のある企業同士などが，お互いに受取り・支払いを行う金額を相殺して，その差額のみを一方が他方に支払う方法である。こうした取引は，従来，商社等交互計算制度として一部行われていたが，1998年の改正外為法の施行で自由に行えるようになった。こうした取引は，すべての取引を個別に決済する方法に比べて，為替リスクの回避につながる一方，送金手数料の軽減など，代金決済の採算改善につながる取引といえよう。

ネッティング・センター 〈Netting Center〉
複数の支店などを含めた多数の拠点間のネッティングなどで必要となるネッティングの集中決済の中心機能

多数の拠点間でネッティングを行うマルチ・ネッティングの場合，個別相互間のネッティングでは効率的でないため，中心となる1ヵ所にすべての取引を集中して決済することにより，効率的なネッティングを行うことができる。このようにネッティングの機能を集中した部門をネッティング・センターという。多国籍企業などの場合，通貨別に資金の余剰と不足をネッティング・センターに集中することにより，各通貨ごとに資金効率を高めることができる。資金の管理に加えて，各通貨ごとの為替持高も集中すれば，さらに効率が高まる。

☞ネッティング（相殺決済）

ネット・ポジション
☞総合持高

眠り口銭（ねむりこうせん）
　一般に口銭は代理店，委託販売契約の受託者，委託された輸入問屋などに払われる手数料（Commission）。しかし，眠り口銭は上記とは異なり，実際には，何の実質的業務活動にも関与せずに，手に入れる手数料である
　たとえば，ある貿易商社が海外の買い手とFOBの貿易条件で契約を締結すると同時に，その商社が国内の製造業者ともFOBの貿易条件で契約を結ぶ。このような貿易取引の形態において，貿易商社は眠り口銭を期待できる。

の

ノーティファイ・パーティー（通知先）
〈Notify Party〉
　船会社が輸出貨物に関して通知する相手先のことであり，指図式船荷証券（Order B/L）などに記入されるもの。ノーティファイ・パーティーには普通，バイヤー名を記入する
　ノーティファイ・パーティーは船荷証券に記載されるものの一部であり，指図式船荷証券では通常，このノーティファイ・パーティーの欄にバイヤー名を記入することによって，安全，確実に積荷を受け渡すことができる。

延払い（のべばらー）〈Deferred Payment〉
　延払輸出とは，通常，発展途上国向けに大型機械やプラントなどを輸出する場合に，その代金決済について輸出者が相手国輸入者に対し，一定期間にまたがる分割払いを認める形で信用を供与すること
　掛売りのような売り手が買い手の信用および資力を信認して，物品代金の支払いを，商品を引き渡した後一定期間猶予する方法を一般に延払いというが，貿易決済でいう延払輸出とは，通常，発展途上国向けに大型機械やプラントなどを輸出する場合に，輸出代金が高額になるので，その代金決済について，輸出者が相手国輸入者に対し，一定期間にまたがる分割払いを認める形で信用を供与することを指す。
　日本では，「貨物の船積の日後2年以上の期間に支払いの受領する方法」は，旧来の輸出貿易管理令の特殊決済方法に該当し，通産（現経産）大臣による承認を要したが，外為法の改正により必要なくなった。
　延払輸出は，輸出者が自己資金でそれを賄うには資金負担が過大となるので，国際協力銀行と市中銀行が協調して輸出者に延払い部分を貸し付ける制度があり，これをサプライヤーズ・クレジットといい，両銀行が輸入者に輸入国経由で長期分割弁済による貸付けを行い，輸出者に現金決済ができるようにする制度をバイヤーズ・クレジットといっている。
　☞プラント輸出

ノン・デポジタリー・コルレス
〈Non-depository Correspondent〉
　コルレス先銀行のうち，自行名義の為替決済勘定を開設していない先
　為替取引を委託するコルレス銀行には為替決済勘定を設けて資金決済まで行えるコルレス先と為替決済勘定は設けていないコルレス先とがある。このうち為替決済勘定の設けてあるコルレス先をデポジタリー・コルレス，設けていない先をノン・デポジタリー・コルレスと呼んでいる。
　ノン・デポジタリー・コルレスに為替取引を委託した場合は，資金決済をほかのデポジタリー・コルレス先か自行の本支店などで行う必要がある。
　☞デポジタリー・コルレス，コルレス契約

は

パーシャル・シップメント（分割船積）
⟨Partial Shipment⟩

契約した貨物の数量が大量な場合など，何回かに分けて積み出すこと

通常は分割の回数や各回の積出し量や各船積出時期については輸入業者が指示する。国際貿易取引の慣習によれば，特約がない場合は，輸出業者は分割して船積みすることができる。輸出業者が分割船積を望まないのであれば，その貨物の引渡し条件のなかにその旨（Partial shipment not allowed）を明記すべきである。

輸入業者がたとえば，分割船積を希望する場合には，以下のような条件を記載しておく必要がある。Shipment during May/June in two equal lots（5月と6月の二度に分けて均等船積），Shipment at intervals of about twenty days（約20日おきに船積み）。

また，輸出業者が分割船積を希望する場合にも，つぎのように記載する。In two or three shipments at shipper's option during July（売り手の選択として，7月中に二度あるいは三度に分けて船積み）。

バーター貿易（——ぼうえき）
⟨Barter Trade⟩

バーターの本来の意味は，「物物交換」を指し，貨幣概念の介入しないものであるが，今日ではバーター取引は，狭義の求償貿易を指す

バーターの本来の意味は，「物物交換」を指し，貨幣概念の介入しないものである。その起源は古代フェニキア商人の時代にまで遡るといわれ，最も原始的な取引方法である。

しかし今日においては，バーター貿易と称しても，それは貨幣単位をもって表示する方法がとられる。というのは，取引の当事者は，貨幣という交換基準を用いなければ，取引の交換比率を確定できないからである。したがって今日ではバーター貿易は，狭義の求償貿易を指し，純粋の意味の物物交換ではなく，事実上，物物交換と等しい効果，すなわち二国間の政府間協定によって，相手国との輸出入価額を一定期間内に完全に均衡させ，差額決済のための資金を不要にする貿易統制の一方式である。しかも個々の取引は売買契約に基づく物品売買であって，ただ結果的に相互に負担しあう代金支払いの義務を会計上の貸借で処理し，正貨（国際決済通貨）の移動を省略するという決済上の便法がとられているだけである。この種の取引の具体的事例としては，東西貿易や南北貿易において多くみられる。

☞ **求償貿易，東西貿易，南北貿易**

バイ・バック ⟨Buy-back⟩

輸出者が自己の輸出した技術，プラント，機器に直接由来する製品や，それらを用いて生産された製品を購入する契約を行って，輸出商品の代金の全額または一部を輸入代金で充当する方式

供給した物に直接由来する，あるいはそれを用いて生産される製品を，供給者が購入する取引をバイ・バックといい，「戻し買い」と訳される。この取引形態では，輸出者は，自己の輸出した技術，プラント機器に直接由来する製品や，それらを用いて生産された製品を購入する契約を行い，輸出商品の代金の全額または一部はその輸入代金で充当されることになる。

したがって，この取引では，①プラントや技術などの供与であるため金額が大きい，②契約期間が長い，③見返商品の引取りは継続的に行われる（1回で終わらない），④輸出入のタイム・ラグが大きい，⑤輸入額は輸出額と同額か，またはそれ以上になる場合もある，⑥輸出国側で借款供与の措置が必要となる，などの点が特徴としてあげられる。

この取引では，単純な生産機材の輸出

から高度な技術移転を伴うものまであり，後者の場合をとくに産業協力方式（Industrial Cooperation Method）と呼ぶこともある。

☞プラント輸出

バイヤー〈Buyer〉

一般に海外の輸入者のこと。自己の勘定と責任で輸出者本人と直接に交渉し輸入する場合，および輸入地の顧客本人の代理人としてのバイヤーがある

一般的には，自己の勘定と責任で輸出者（本人）と直接に交渉し商品を輸入する外国の買い手をいう。

また，現地の最終買い手（本人）の代理人として，輸出者と交渉し契約し，決済上の信用状だけを最終買い手から輸出者に対して直接に開設させ，代理人手数料をとるような仲介者も含む。とくに南アフリカやギリシャなどでは，この方法によって輸入する場合がみられる。また，これをインデンターともいう。

バイヤーの反対語として，輸出者または売り手（商社，メーカーなど）の商品供給者のことをサプライヤーという。

☞サプライヤー，インデント

バイヤーズ・クレジット
〈Buyer's Credit〉

輸出国の金融機関が，外国の法人や政府などに対して直接に資金を貸し付けること。外国の相手先が輸入者の場合，バイヤーズ・クレジット，金融機関の場合にはバンク・ローンという。国際協力銀行の融資はその代表的なもの

国際協力銀行などのように，輸出国の金融機関が，外国の法人や外国政府などに対して，輸出入契約などにかかわる必要な資金を直接に貸し付けることをいう。

国際協力銀行で規定する外国法人とは，民間会社，金融機関，国際機関をいい，外国政府などとは，政府，政府機関，地方公共団体をいう。融資の相手先が外国の輸入者の場合，バイヤーズ・クレジットと称し，金融機関の場合をバンク・ローンと呼んでいる。国際協力銀行は，通常，本邦の銀行を介在させ，外国の当事者と貸付契約などを行う。

バイヤーズ・クレジットは，一般的に輸出入契約をその対象とし，バンク・ローンでは「中小プラント輸出促進バンク・ローン」にみられるように，特定されない契約も対象とする場合がある。

国際協力銀行のサプライヤーズ・クレジットは，バイヤーズ・クレジットと基本的には類似するものであるが，これは本邦からのプラント輸出，技術の提供について，本邦業者に対しての融資・手形割引などを行うことをいう。

ハウス・ビル〈House Bill〉

商社などの本店と海外の支店間で振り出される手形。通常，クリーン・ビルの場合が多い

商社やメーカーなどが本店と海外の支店間で振り出す手形をいう。

たとえば，本店が海外支店に対して輸出貨物を船積みした場合，通常の貿易取引であれば荷為替手形を振り出して，為替銀行に銀行買取を依頼し，代金決済を行うのであるが，船積書類を銀行経由ではなく，直接に海外支店に回付する。その場合，その手形は船積書類によって担保されていないことが多い。

☞クリーン・ビル

はしけ〈Lighter, Barge〉

港湾の船舶係留地の水深が浅かったり，荷役設備の整備が不十分なため，本船が港湾岸壁から離れて停泊している場合，本船と陸上施設の間の海上で貨物の移動に利用される小型の船舶をいう

港湾のなかには，水深が浅いため，貨物を満載した船舶が接岸できなかったり，あるいは岸壁埠頭の荷役設備が不十分なために，本船が港湾岸壁から離れて停泊しなければならない場合がある。そのような港湾では，貨物は本船と陸上施設の間の海上を移動しなくてはならず，

その移動に利用される小型の船舶をはしけ（漢字で「艀」と書く）という。櫨などを備えて自航性を有するものをライター（Lighter），自航性を欠き曳き船（タグ・ボート）によって曳航されるものをバージ（Barge）と呼び，厳密には両者は区別されるが，日本では，通常，両者とも「はしけ」と呼んで混用している。

日本におけるはしけ運送は，港湾運送事業法の適用を受け，はしけ運送事業を営もうとする者は，国土交通大臣の許可を受けなければならない（第4条）。かつては，接岸荷役よりも沖取りのほうが多く，はしけ運送事業者の果たす役割も大きかったが，近年は港湾整備が急ピッチに進み岸壁埠頭も整備されて，はしけ利用は著しく減少している。

パッキング・リスト 〈Packing List〉

輸出貨物の明細，箱番号，総重量，正味重量，容積，数量，注文番号，船名，バイヤー名，包装種類などを示すための書類。包装明細書のこと

パッキング・リストは工場で作成されたものを用いるべきである。しかし，輸出申告などの通関手続きに間に合わないときがあるから，一般的には売り手側によって作成されたものが使用される。

パッキング・リストは荷為替取組みのさい，特別に要求がないかぎり，船積書類として銀行に提出する必要がない。しかし，買い手側あるいは税関が船積みした貨物を照合する場合に，コマーシャル・インボイスの補助的な書類として要求される。

買い手側はこのパッキング・リストによって，船積みした貨物の内容，明細など具体的な状況が判断できる。貨物を船積みしてから買い手側に送付する船積書類のコピーには，パッキング・リストを添付する必要がある。売り手側はパッキング・リストを作成する場合，それに記載した事項と実際の内容とを合致させなければならない。

☞包装明細書

発行依頼人 （はっこういらいにん）

〈Applicant, Opener〉

信用状発行における発行銀行に対する発行依頼者であり，通常，輸入者のこと

輸出入契約が成立後，その代金決済が信用状付荷為替手形による場合，銀行に対して信用状発行を依頼する者をいう。通常は，貨物を輸入する者が発行依頼人になる場合が多いが，その輸入者が何らかの理由で発行銀行（Issuing Bank）に対して依頼できない場合，もしくは依頼してもそれが受理されない場合，第三者が依頼人になることがある。

信用状発行の依頼を受けた銀行は，依頼人の与信限度などを審査し，これが受理されれば，信用状の発行手続きをとる。発行銀行は，通常，通知銀行（Advising Bank）を経由して信用状を発行する。まれには，信用状が発行銀行から輸出者に直接送付される場合もある。

その信用状を通知銀行経由で接受した受益者（Beneficiary）である輸出者は，契約した商品を通関・船積みし，信用状の定める条件に合致した船積書類を，買取銀行（Negotiating Bank）に対して呈示し，代金決済を行う。ただし，委任状付L/C買取りの場合のように，受益者以外の第三者が銀行買取を依頼することがある。

買取銀行は，発行銀行が補償銀行になっている場合，要求書類を発行銀行に送付し補償請求を行う。その要求書類を受けた発行銀行は，これを審査し受理するかどうかを決定する。これが受理されたならば，発行銀行は，買取銀行から回付された手形決済を行う。さらに，発行依頼人に代金支払と引換えに船積書類を引き渡し，輸入者は船荷証券を船会社に提出して貨物の引取りを行う。

発行銀行 （はっこうぎんこう）

〈Issuing Bank, Opening Bank〉

輸入者の依頼により，信用状の開設（発行）を引き受け，信用状を第三者つまり受益者宛に発行する銀行。信用状開設

銀行とも呼ばれる

信用状を開設する発行銀行は，通常輸入者と取引関係がある外国為替銀行である。信用状には，貿易取引にかかわる代金の決済上のリスクを回避し，金融の便宜を与える機能があるため，これを開設（発行）する発行銀行は，国際的に信用があり，信用状取引について豊富なノウ・ハウをもつ銀行が選定される。

発行銀行は，信用状開設（発行）依頼人のために，受益者に対して支払債務を負う。つまり，信用状条件に合致した手形・書類が呈示されれば，開設（発行）依頼人の代金支払の履行・不履行にかかわらず対外的な決済をする義務を負うため，発行銀行は，信用状取引の開始時点で，輸入者・開設（発行）依頼人の償還能力や信用状態を厳しく審査する。

一般的に輸入者は，輸入商品を国内の需要家に売りつなぎ，その売却代金で輸入手形を決済することが多い。この対外決済から商品代金回収までの期間，通常1～3ヵ月であるが，資金を融通する輸入金融も発行銀行の重要な業務となっている。

☞信用状，商業信用状，輸入金融，開設銀行

はね返り融資（跳ね返り金融）（——かえ—ゆうし）

外貨建輸入の場合に，輸入品の国内販売先からの代金回収や現金化が輸入ユーザンス期日までに行えないことがある。この場合に，ユーザンス期日から代金回収までの期間つなぎ資金として，為替銀行が輸入者に行う円資金の融資を「輸入物資引取資金融資」または「はね返り融資」という

はね返り融資は，外貨ユーザンス（外銀ユーザンスや本邦ローン）の期日後，輸入者が販売先から回収した手形を割り引く形で行う（ハネ商手）場合と，販売先との回収条件によって，手形を入手できないため手形貸付の形で行う（ハネ単名）場合の二つの融資形態がある。また，外貨金利に比べて，円金利が低い場合は，輸入ユーザンスを利用することなく，直接手形貸付によって円融資に切り換え，その代金を輸入手形の決済に充てることもあり，これを「直ハネ」と呼んでいる。

はね返り融資の期間は，商品性，売買契約または代金回収条件などによって異なるが2～3ヵ月程度が一般的であり，通常，信用状開設時に，ユーザンス利用の有無とあわせて申込みがなされる。

なお，はね返り融資のうち，一定の要件を備えたものは，準商業手形制度や輸入決済手形制度の適用があり，日銀の低利資金供給を受けることができる。

☞輸入ユーザンス，自行ユーザンス

パフォーマンス・ボンド
☞契約履行保証

バルキー・カーゴ（かさ高貨物）
〈Bulky Cargo〉

貨物一個の容積が大きく取扱いにくい貨物のこと

バルキー・カーゴとしては，大型発電機，起重機，機関車，トラクター，はしけ，航空機などの巨大貨物があげられる。これらは船艙内への積込みが困難なため，特別バルキー・カーゴとして，上甲板積みあるいは専用の船艙内に積み込まれる。また建築材料などの長尺物（木材など），石炭，穀物なども同様の取扱いをする。

バルキー・カーゴを外国へ輸出する場合，包装費が節約されるが，積込む時の荷役のさいに特に手間を要するので，実際上，割増運賃（Additional Freight；Extra Freight）が徴収されるか，荷積量によらないで総量で運賃を決定することがある。

なお，バルキー・カーゴは穀物や鉱物のように，包装しないで，バラで船艙に積み込むバルク・カーゴ（Bulk Cargo；散荷）と間違わないようにしなければならない。

バンカーズ・アクセプタンス
〈Banker's Acceptance：B/A〉
銀行宛に振り出され、その銀行によって引き受けられた期限付為替手形。銀行引受手形とも呼ばれる

商品の輸出入や、それに伴って必要となる輸送・保管資金を調達するため、輸出者が銀行宛に振り出した期限付為替手形で、当該名宛銀行が引き受けたものが銀行引受手形である。一流の銀行が引き受けた銀行引受手形は、短期金融市場で優良手形として扱われ、資金需要者は低利の市場性資金を容易に調達することができる。

アメリカでは、輸出入や三国間貿易のために振り出されたこの種の手形が安全な短期投資の対象となっており、B/A市場（銀行引受手形の流通市場）において、B/Aディーラー経由で売買されている。

銀行引受手形は、個別性が強いために市場規模は大きくないが、貿易取引の裏付けがあることや、通常、大手米銀が引受銀行となるために信用度はきわめて高く、とくに、アメリカ連邦準備銀行の割引適格手形（Eligible Bill）と認められたB/A（Prime Banker's Acceptance）は公開市場操作の対象となっている。

☞ B/Aレート、FRB、三国間貿易

販売店 (はんばいてん) 〈Distributor〉
本人から通常の売買契約に基づき、自己の費用と責任により商品を継続的に買取り、自己の顧客に対して販売し売買差益を得る者。輸出または輸入販売店があり、特約店ともいわれる場合もあり、かつ、独占的販売権を付与される者を一手販売店（exclusive distributor）、それ以外を通常、非独占的（non-exclusive）販売店という

海外のメーカーまたは総発売元が、各国・地域の販売店を通じて輸出販売する場合、その商品について、特定の地域内で当該販売店以外と取引をしない等といった独占的販売権の規定を含む契約を、一手販売店契約（Exclusive Distributorship Agreement）と呼ぶが、日本では総代理店契約（Exclusive Agency Agreement）と混同して使用されている場合が多い。また、一手販売店契約等は独禁法との関連で抵触するかどうか確認する必要がある。

唯一販売店契約（Sole Distributorship Agreement）もあり、独占的 "exclusive" の用語と比較して通常、非独占的意味合いが強いが、契約書全体の条項明細によって解釈が相違してくるので注意を要する。

☞ 代理店、並行輸入、貿易ビジネスの取引形態

ひ

B/R (ビーアール)
☞ 取立為替手形

BIS (国際決済銀行) (ビーアイエス)
〈Bank for International Settlements〉
1930年、第一次大戦後、ドイツ賠償金処理を目的として連合国中央銀行によって設立された国際機関。現在では、欧州通貨協力基金（FECOM）の代理機関となる一方、国際金融協力の分野で重要な役割を担っている

BISは、1930年5月に第一次大戦後、欧州各国間の金融協力の場の必要性から、直接的には、ドイツ賠償問題の処理機関として、スイスのバーゼルに設立された主要国の共同出資による国際機関である。

第二次大戦後は、新たに設立された国際通貨基金（IMF）、世界銀行（IBRD）とともに国際金融面でその役割を分担し、現在ではFECOMの代理機関としての役割を担っている。また、毎月第二月曜日に、株主である28ヵ国の中央銀行総裁による月例会議を開催し、国際協調のための話し合いの場を提供したり、世界の経済、金融情勢についての報告を発

行するなど，独自の幅広い活動を通じて国際金融協力に大きく貢献している。

日本は，1952年サンフランシスコ平和条約でいったん株主権を放棄したが，1970年に再加盟し，1994年より理事国に就任している。
☞ IMF, IBRD

P/A（ピーエー）
☞ 請求払い

B/A レート（ピーエー———）
〈Banker's Acceptance Rate〉
　銀行引受手形（B/A）の流通市場における割引料率のことで，日本の外国為替銀行が，外貨建輸入ユーザンス金利を決定する基準となっている金利である

銀行引受手形（B/A）とは，銀行宛に振り出され，引受けがなされた期限付為替手形である。銀行引受手形（B/A）は，元来，国際金融の中心地で，割引市場の発達していたロンドンで生まれ，ついで，アメリカの経済力の上昇とともにその中心をニューヨークに移して発展してきた。

B/A市場は，手形の売り手，買い手およびB/Aディーラーの三者で構成されている。B/Aディーラーは，売買の仲介を行うとともに，自己勘定でも売買を行っている。

B/Aレートは，B/A市場での割引料率のことで，B/Aディーラーにより，手形期間に応じて建値されている。またこのレートは，引受銀行の信用力（格付）に大きく左右され，一般的に，大手米銀が引き受けたものに比べて，Foreign B/Aといわれる外国銀行が引き受けたもののほうが金利が高くなることが多い。
☞ 輸入ユーザンス，バンカーズ・アクセプタンス

B/Cディスカウント（ビーシー———）
☞ B/Cユーザンス

B/Cユーザンス（B/Cディスカウント）
（ビーシー）
　信用状なしの荷為替手形を，輸出者の依頼に基づいて，輸出地の銀行が手形を割り引き，代金の立替払いを行う一方，輸入者に対しては，代金の取立てを手形期日まで猶予する金融方式である

B/Cユーザンスは，外為法上の区別で，海外の銀行（買取銀行）による輸入者に対する貸付け，つまり外銀ユーザンスとして扱われる。

シッパーズ・ユーザンスとの関係では，輸入者に対して，ともに輸出地サイドで支払猶予が与えられる点では同じであるが，信用供与の主体が輸出者であるか，輸出地の銀行であるかによって異なる。

B/Cユーザンスは，商社などの本支店間取引に利用され，とくに，為替銀行の海外支店が買取りした上記のハウス・ビルが，本店宛に取立てのために仕向けられたものは，B/Cディスカウントと呼ばれ，本邦為替銀行による現地金融の一種である。

なお，B/Cユーザンスの場合は，本邦の為替銀行に資金負担は発生せず，単純な輸入取立手形（輸入B/C）として，輸入者に対し代金の取立て手続きを行うことになる。
☞ シッパーズ・ユーザンス，輸入B/C，ハウス・ビル

東アジア生産・貿易ビジネスネットワーク
（ひがし———せいさん・ぼうえき———）
　東アジアに形成された生産と貿易ビジネスのネットワークで，地域内における水平的産業内貿易が進展している

日本やNIEsは従来，中国における加工貿易により対米輸出を行ってきた。この形態は日本企業などが工程を分割せずに，海外において一貫生産を行う「水平展開」により生産工程の変化をもたらしつつある。すなわち，部品供給形態が「日本→東アジア」から「東アジア→日本」も増加し，相互に部品取引を行う産

業内貿易が進展することになった。この背景にはASEAN、中国の技術力が向上し、同品質の財の水平的産業内貿易が可能になったことがあげられる。こうして、日本、NIEs、ASEAN、中国において東アジア生産・貿易ビジネスネットワークが構築され、ここで生産された完成品が主として日本およびアメリカに輸出されるという新たな形態が出現した。

非関税障壁（ひかんぜいしょうへき）〈Non-Tariff Barriers：NTB〉

関税評価、輸入数量割当、原産地表示、政府補助金、国家貿易、衛生規制、輸入手続および輸入関係書類、工業規格、輸入ライセンス制度、包装など関税以外のさまざまな手段による輸入制限措置のこと。非関税措置ともいわれる

関税以外のさまざまな手段による輸入制限措置を指し、非関税措置（Non-Tariff Measures：NTM）ともいわれる。非関税障壁というと、自国国境に関税以外の障壁を打ち立てて国内産業を保護する、いわば輸入に対する措置をカバーするにすぎないように聞こえるが、補助金のような輸出サイドの保護措置が除外されてしまうおそれが出てくる。そのため各国とも、非関税障壁に代わって非関税措置という用語を使うことが多くなり、今日においては、むしろこの用語のほうが定着している。

しかし非関税障壁・措置に対して、各国で共通の明確な定義が現在、存在しているわけではない。その種類・形態はきわめて広範にわたり、関税評価、輸入数量割当、原産地表示、政府補助金、国家貿易などの一般的な制限措置から、衛生規制、輸入手続きおよび輸入関係書類、工業規格、輸入ライセンス制度、包装など多面に及んでいる。

また非関税障壁・措置には、直接貿易の制限を目的としたものだけでなく、他の目的の措置がたまたま貿易に影響を与えるような間接的なものがあるため、一国の措置が非関税障壁・措置と指摘された場合、指摘した国とされた国との間で、その判定をめぐって論争が絶えず、摩擦の種となっている。

☞ GATT

引受け（ひきう—）〈Acceptance〉

期限付の為替手形の署名を行うことによって、期日に、手形の支払いを確約すること。とくに、外国為替取引上、輸出・輸入金融面で重要な手形行為である

引受けとは、外国為替取引において、期限付為替手形の名宛人が手形面に署名をなすことによって、手形債務を承認し、満期日に手形金額の支払いを確約する行為である。引受人には、手形上の主たる債務者として、手形の支払義務が生じるという法的効果がある。

引受けは、手形券面自体に行われれば表面・裏面どちらでもよく、また、行為地法の原則から、本邦内で引受けされる場合は日本の手形法に従うことになる。

引受けの代表的な例としては、①信用状に基づいて振り出された期限付輸出手形を、手形の名宛銀行が引き受けるケースで、この場合引受けは、発行銀行と引受銀行との間のコルレス契約に基づく与信枠、引受け条件などの取決めの範囲内で行われる。とくにニューヨーク、ロンドンなど、金融中心地の一流銀行が引き受けた手形はB/A手形（Banker's Acceptance）としてB/A市場において優遇されている。また、②信用状なしの輸入取引で、輸出者が振り出したD/A条件の期限付手形を取立銀行より呈示された場合、本邦の輸入者が船積書類を入手するために引受けを行うケースなどがある。

☞ バンカーズ・アクセプタンス、引受渡し

引受渡し（ひきうけわた—）〈Documents against Acceptance：D/A〉

引受渡し（D/A）とは、期限付荷為替手形の引受けを条件として、船積書類を引き渡すというもので、貨物代金の支払

いを条件としている支払渡し（D/P）と対比される

信用状なし（Without L/C）の期限付荷為替手形において，手形に付帯する船荷証券（B/L）などの船積書類を，輸入者が当該手形の引受けをすることと引き換えに引き渡すことである。この条件を輸入者サイドからみると，D/P条件と異なり，貨物代金の支払いをせずに，単に，手形の引受けをするだけで船積書類を入手できる。輸入貨物が到着次第引き取って売却し，貨物代金を回収して手形期日に決済をすればよく，金融而できめて使い勝手が良い。逆に輸出者サイドには，輸出代金回収の点で不安が残る。このため，輸入者との取引関係，取引実績，支払能力，また商品性，市場の慣行などを考慮して，D/PまたはD/A条件を売買契約で取り決めることになる。期限付荷為替手形の取立てに関して，「取立統一規則」（1995年 No.522, 7条）では，D/P条件かD/A条件かを明示すること，および取立銀行（輸入地の銀行）はこの明示がない場合には，D/P条件（D/P手形）として扱う旨規定されている。

☞期限付手形，支払渡し，船積書類

引落通知書（ひきおとしつうちしょ）
〈Debit Advice〉

一般的に，銀行間の外国為替取引に伴う資金決済は，取引当事者の預金勘定（他店勘定）を通じて行われるが，先方銀行名義の預金勘定を預かる銀行が，当該勘定を借記した場合に発行する通知書を引落通知書またはデビット・アドバイスという

内国為替と外国為替の資金決済上の相違は，前者には全銀データ通信システムがあるのに対して，後者には，集中決済するシステムがなく，個々に開設した預金勘定を貸借記することによって決済する点である。たとえば，本邦の為替銀行は，自行名義の外貨預金勘定を海外のコルレス先や自行海外支店に開設し，また本邦為替銀行に先方名義の円貨預金勘定を開設して，これらの勘定に受払いを記帳することによって資金決済を行っている。

引落通知書またはデビット・アドバイスは，この預金勘定を借記したことを先方銀行に通知するために，借記日，引落し金額およびその明細，取扱参照番号などを記載して，発行される通知書である。

デビット・アドバイスやクレジット・アドバイス（入金通知書）は，為替銀行が勘定記帳を行ううえでの根拠となるだけでなく，リコンサイルメントを行ううえでも重要な資料となっている。

☞外国他店預り，外国他店預け，リコンサイルメント

非居住者（ひきょじゅうしゃ）
〈Non-resident〉

外為法に基づき，本邦内に住所または居所を有する自然人および本邦内に主たる事務所を有する法人である居住者以外の自然人および法人をいう

☞居住者

被仕向送金（ひしむけそうきん）

海外へ送金する仕向送金に対して，海外から仕向けられる送金が被仕向送金である。貿易代金を前払い・後払いで受領したり，代理店手数料，保険料，運賃などの支払いを送金で受領する場合などに利用される

海外の仕向銀行から仕向けられる送金取引をいい，送金を実行した側からみれば仕向送金であり，送金を受けた側からみれば被仕向送金となる。つまり，仕向送金と被仕向送金は表裏の関係にあり，その種類や仕組み，手続きなどは，仕向送金の裏返しにすぎないため詳しくは「仕向送金」の項を参照されたい。

被仕向送金のポイントは以下のとおりである。

①支払指図の方法によって，送金小切手（D/D），郵便付替（M/T），電信送

金（T/T）に分けられる。②支払委託を受けた被仕向銀行（支払銀行）は、受取人宛に送金の到着案内を迅速かつ正確に行うことが要求される。③受取人への支払時には、本人確認のためパスポート、免許証などの確認資料を求める場合がある。④被仕向銀行は、外為法上の適法性を確認する。⑤適用される為替相場は当日の電信買相場（TTB）である。⑥勘定処理は、仕向銀行との間の支払資金の受取り時点により異なるが、一般的には外貨または邦貨未払外国為替勘定で処理される。

☞ 仕向送金、未払外国為替、TTBレート

非常危険〈ひじょうきけん〉

為替取引の制限または禁止、輸入の制限または禁止、戦争、革命、ストライキなどの不可抗力によって輸出入貨物代金や貸付金などの回収が不能になる危険。貿易保険制度における信用危険と並ぶ担保危険の一つ

相手国において実施される為替取引の制限または禁止、輸入制限または禁止、戦争、革命、ストライキなどの当事者の不可抗力によって、輸出入貨物代金や貸付金などの回収ができなくなるような危険をいう。

信用危険が輸出入契約などの相手方の責に帰すべきであるのに対して、非常危険は相手方の責に帰すことができない支配管理不能な状態をいう。

貿易保険制度における貿易一般保険、輸出手形保険、仲介貿易保険、前払輸入保険などにおいて、信用危険と並んで担保される危険である。

☞ 信用危険、貿易保険制度

ビッド・レート〈Bid Rate〉

資金取引や為替取引のインターバンク市場で、資金の取り手が提示する金利や通貨の買い手が呈示する相場。オファー・レートに対する言葉

ドル・コール市場やユーロ・ダラー市場で市場金利がたとえば $4\frac{1}{4}-\frac{1}{8}$ のとき、$4\frac{1}{8}$%をビッド・レートという。すなわち、資金の取り手の希望金利は $4\frac{1}{8}$%であり、現時点で資金を運用しなければならない出し手は $4\frac{1}{8}$ で資金を放出することとなる。このためビッド・レートは外貨預金など預金の基準に使われる金利であるといえよう。一方、為替市場でたとえば、125.10―20円のとき、125.10円をビッド・レートという。すなわち、ドルの買い手の希望相場は125.10円であり、現時点でドルを売らなければならない銀行は125.10円でドルを売ることとなる。このためビッド・レートは輸出予約など、顧客のドル売取引の基準に使われる相場であるといえよう。

☞ オファー・レート

ふ

ファーム・オファー（確定売り申込み）〈Firm Offer〉

売り申込みの一種であって、相手先に対して、契約に同意する期限を確定し、その期限内に承諾されれば通常、その契約が有効となり、一方的な変更や取消ができない確定売り申込み。期限内有効売り申込みともいう

ファーム・オファーは市場の変動によりリスクを回避するために、買い手側に承諾の回答を行う期限を限定した売り申込み方法である。それと同時に、期限内の市場の変動により、コストが大きく変化しても、売り申込み者による条件の変更は認められない。

このようなファーム・オファーは最も公平かつ合理的な申込みであり、現在、国際取引上において、頻繁に利用されている方式である。

ファーム・オファーの内容は少なくとも、①承諾期限、②商品名、③販売数量、④単価、⑤船積期日が記載される必要がある。

ファウルB/L〈――ビーエル〉〈Foul B/L〉

クリーンB/L（Clean B/L）に対するも

ので，故障付船荷証券のこと。**Dirty B/L** ともいい，船積みにさいして貨物の瑕疵や欠陥がある場合に発行される船荷証券をいう

貨物を本船へ積み込む場合に，貨物に欠陥や損害が生じた場合，一等航海士の発行する本船受取証（Mate's Receipt）には事故摘要が記載されるが，荷送人がこの受取証により船会社に対して船荷証券の発行を依頼した場合，発行される船荷証券にはやはり事故摘要の記載された船荷証券が発行されることになる。この事故摘要のある船荷証券が故障付船荷証券となる。故障付船荷証券は買取銀行で買取りを拒絶されるために，通常，荷送人は船会社に補償状（Letter of Indemnity）を差し入れ，無故障船荷証券の発行を依頼する。

☞クリーン B/L，船荷証券

ファンダメンタルズ〈Fundamentals〉

経済成長率，物価，国際・財政収支などを一括して総合評価した場合に用いられる言葉で，経済の基礎的条件

1978年7月のボン・サミットで，先進各国がドル安を非難したことに対して，当時のカーター米大統領が「為替相場はファンダメンタルズによって決定し，政治的に決定するものではない」として反論して以来使われはじめた言葉である。その後，各国のファンダメンタルズの良し悪しが為替相場水準を決定するものとして，通貨当局や市場関係者の間でも，相場説明あるいは相場予測の根拠としてよく使われるようになった。

また広義の意味で，一国の経済の総合力を表わす指標として使われることもあり，この場合には，その国の経済成長率，外貨準備，国際収支，財政収支，インフレおよび失業率，金利水準などのフローのファンダメンタルズだけでなく，その国の軍事力，政治力，資源・エネルギーといったストックのファンダメンタルズも含むとされる。しかしながらファンダメンタルズといっても厳密な定義があるわけではなく，とくに短期間の為替相場を決定する要因としてはかなり曖昧な概念であるといえる。

☞外貨準備，国際収支

フェデラル・ファンド〈Federal Funds〉

アメリカ連邦準備制度のもとで，金融機関相互の資金の過不足を調整する無担保の短期資金で，日本のコールに相当する。略してフェッド・ファンドともいう

フェデラル・ファンドを取引する市場はもともと連邦準備制度の加盟銀行が，その現金や預金などの債務残高に応じて積み立てることを義務づけられた準備金（リザーブ）の過不足を調整する市場としてスタートしたが，現在では，短期資金運用・調達の代表的市場として機能し，かつ資金の需給関係を最も敏感に表わす指標となっている。その特徴としては，①インターバンク市場であること，②ほとんどオーバーナイト取引であること，③無担保であること，④当局の金融政策が色濃く反映されることなどである。

実際の取引は，ブローカーを経由して電話で行われ，その決済は，連邦準備銀行にある出し手と取り手の預け金を振り替えることで行われる。また，日本のコール市場と同様に，大手商業銀行が恒常的な資金の取り手となっている。この市場で取引されるレート，つまりフェデラル・ファンド・レートは，加盟銀行の準備金積立ての締切日である2週ごとの水曜日前後に，資金需給を反映して大きく変動することが多い。

☞インターバンク市場

フォワーダー〈Fowarder〉

運送代行業者のこと。**Forwarding Agent** もしくは **Freight Forwarder** とも称され，貨物の運送や通関手続き，港湾荷役などを行う業者である

荷主に代わって，貨物の運送や船荷積み，関連書類の作成や手配を実行する業者である。貿易取引では，海運貨物取扱

業者であり俗に乙仲と称されている。運送代行業者であると同時に，通関代行業者 (Customs Broker) や船積代行業者 (Shipping Agent) でもある。
　☞運送仲立業者，乙仲，甲仲，海貨業者

不可抗力 (ふかこうりょく)
〈Force Majeure〉

　取引に支障がでる原因となる天災，人災を含む契約当事者の統御を越える突発的な非常事態のこと。通常の注意や予防で防ぐことができないことをいう

　不可抗力には，天災，ストライキ，革命，暴動，輸出禁止，戦争，火災，洪水，工場閉鎖といったものや，当事者の責任によらない事由の発生を含んでいる。このような状態を想定して売買契約書においては，不可抗力の条項を挿入することが一般的になっている。

複合運送書類 (ふくごううんそうしょるい)
〈Multimodal Transport Document〉

　二種類以上の異種の運送手段により輸送される貨物に対して受取書として発行される書類。その代表的なものは，コンテナ B/L である

　複合運送書類ないしは複合運送船荷証券，いわゆるコンテナ B/L が，信用状統一規則でも，正式に拒絶されなくなった。従来の船積式船荷証券のみならず，受取式船荷証券でも認められるようになったのである。

　1980年のインコタームズでは，FCA, CPT, CIP といったトレード・タームズが採択され，従来の本船渡し (FOB, CFR, CIF) から運送人渡しも認められるようになった。すなわち，運送人渡しでは，受取式船荷証券もしくは複合運送船荷証券が発行され，On Board Notation が B/L に記載され，実質的に船積式船荷証券と同等の効力をもたせるわけである。

　信用状統一規則 (19条) では，少なくとも二つの異なる運送方法 (Multimodal Transport) を対象とする運送書類としている。
　☞船荷証券，船積式船荷証券，受取式船荷証券，オンボード・ノーテーション，コンテナ B/L

不定期船 (ふていきせん)
　☞トランパー

埠頭持込み渡し (ふとうもちこ―わた―)

　トレード・タームズ (定型貿易条件) の一つの「埠頭持込渡し」(指定仕向港)〔Delivered Ex Quay, named port of destination〕のこと。揚地条件で，売り主は輸入通関手続きを要せず，買い主に貨物を陸揚港の埠頭で引き渡す条件をいう。略称は DEQ (インコタームズ，2000年版)

　1980年版のインコタームズでは，単に「埠頭渡し」(Ex Quay) と呼んだが，1990年版で上記の呼称となった。旧来版では売り主が輸入通関することを要していたが，2000年版では不要となった。売り主は，輸出承認証，輸入承認証などの許可書類を準備する必要があり，売り主の義務負担やリスクが高い取引条件といえる。

　改正アメリカ貿易定義の Ex Dock に相当する。
　☞インコタームズ

船積後金融 (船積前金融) (ふなづみごきんゆう)

　輸出者は，輸出取引の各段階で，通常，為替銀行から種々の輸出金融を受ける。これらの金融は，分類上，船積時を基準として船積前金融および船積後金融と総称される

　船積前金融とは，見込み生産，輸出契約の締結，信用状の入手などの各段階で必要となる生産・集荷・買付けなどの資金を融資するもので，資金の性格上，外為業務というよりむしろ国内融資業務に近いといえよう。

　船積前金融には，日本銀行の優遇対象となる輸出共販手形 (つなぎ融資)，輸

出前貸関係準商業手形（輸出前貸）のほか，Export Account（Ea/c）と呼ばれる輸出当座貸越や黒貿手といわれる日銀優遇制度の適格要件を欠く輸出前貸手形などがある。

船積前金融に対して，輸出者の振り出した荷為替手形を為替銀行が買い取ることが船積後金融の中心である。輸出者は，輸入者が最終的に代金決済を行う以前に，為替銀行による手形代り金の立替払いによって金融を受けることになる。

船積後金融は大部分が為替銀行による買為替であるが，それ以外でも，日銀の円建期限付輸出関係準商業手形による担保貸付制度やプラント契約にみられる長期延払金融，取立扱い（B/C）とした輸出手形の決済までのつなぎ資金円金融などがある。

☞ **輸出前貸関係準商業手形，買為替**

船積式船荷証券 (ふなづみしきふなにしょうけん) 〈Shipped B/L, On Board B/L〉

貨物が本船へ現実に積み込まれた後で，発行される船荷証券。積込式船荷証券ともいい，受取式船荷証券がこの対応語。銀行買取では，ほとんど船積式 B/L が要求されることが多い

船積式は，貨物が本船へ積込み完了後に発行される B/L なので，受取式よりも買い主にとっては最も安全な方法であり，日本の銀行買取ではほとんどの場合，この B/L が要求されることが多い。

他方で，売り主や船会社にとっては，受取式船荷証券のほうが便利で都合がよい。というのも，売り主には，貨物を運送人などの指定場所に搬入すれば，B/L が発行され，代金決済が可能となりうるからである。

しかし，買い主，これに融資する銀行などにとっては，船積式のほうが安全である。なぜならば，受取式であれば本船に貨物が積み込まれないで埠頭などに野ざらしで何日も放置されていることがあり，実際にいつ貨物が陸揚港に到着するかについて不確実なことが多くても，売り主に対して何ら責めることはできないからである。コンテナ船においては，運送人へ貨物を引き渡せばよいわけであるから，受取式 B/L ということになるが，通常 On Board Notation（船積付記，たとえば，B/L の Laden on Board の欄に船積日を記入）を付記することによって，船積式と同じ効力をもたせている。

☞ **船荷証券，受取式船荷証券，コンテナ B/L，オンボード・ノーテーション**

船積諸掛かり (ふなづみしょが——) 〈Shipping Charges〉

外国に輸出する貨物を本船へ積み込むのに要する費用のこと

船積諸掛かりとは，狭義には港の上屋から船側までの運送に要する費用を意味する。たとえば，積込み費，艀回漕料，トラック積卸し料金などがある。

広義には出荷地から本船側までの一切の運送費用を指す。この場合は出荷地から輸出港までのトラック，鉄道による陸送運賃，包装費，倉庫保管料，艀賃などすべてが含まれる。

ただし，船内での積付け費用（Stowage）は船積諸掛かりには含まれない。実際に，貨物が輸出されるさい，船内での貨物の積付け費用，荷ならしなどは通常は海上運賃に属する。

なお，用船運送契約の場合は積付け費用などの負担については，荷主と船会社との間で，明確な特約を締結する必要がある。

船積書類 (ふなづみしょるい) 〈Shipping Documents〉

貿易取引において，荷為替手形に付帯する主要な書類の総称で，基本的には，商業送り状，船荷証券，（海上）保険証券の三種を指す

貿易取引の通常の決済方法である荷為替手形は，信用状条件や貿易契約条件に基づいて，一定の書類が添付されるのが一般的で，これを総称して船積書類とい

う。

その基本的なものは、①商業送り状：輸出業者が作成する代金請求書および出荷案内書、②船荷証券：運送人が貨物の船積みまたは受取りを証するために発行する有価証券、③（海上）保険証券：保険会社が発行する運送中の貨物の付保を証する書類の三つである。

信用状統一規則はこれらについて、独立した条項を設けて規定しているほか、その他船積書類、たとえば原産地証明書、パッキング・リスト、検査証明書などの書類が要求されている場合についても規定を設けている。

船積書類は、一般的に、譲渡担保と解され、物的担保としての効力がある。また、信用状取引においては、信用状条件と船積書類が形式的に一致している場合にかぎり、発行銀行に支払いを求めることができる。したがって、買取銀行にとってはこの両者一致がきわめて重要な与信上の要素となる。

☞送り状、船荷証券、保険証券、パッキング・リスト、信用状統一規則

船積書類到着案内書・通知書（ふなづみしょるいとうちゃくあんないしょ）
〈Arrival Notice〉

輸入地の銀行は、海外から輸入荷為替手形を接受した場合に、輸入者に対して、手形および船積書類の到着案内・通知を行い、支払いまたは引受けの請求を書面で行うが、この案内・通知書をアライバル・ノーティスという。なお、輸入者が船会社から受け取る着船通知書もアライバル・ノーティスと呼ばれる

海外の買取銀行（または取立銀行）から送付された手形や船積書類を授受した輸入地の信用状発行銀行（または被仕向銀行）は、当該書類などの点検を行った後、その明細・内容を記載した船積書類到着案内書（または通知書）を作成して、輸入者に送付する。通常、輸入者が到着書類の内容などを正確に把握できるようにするために、この案内書に、送り状や船荷証券の写しが添付されることになる。

一覧払条件（信用状付）や支払渡し条件（D/P）の場合には、手形を輸入業者に呈示して決済を求めることになるが、実務的には船積書類到着案内書を送付することでこれに代えている。

信用状発行銀行が、輸入ユーザンスを供与する場合や、引受渡し条件（D/A）の場合には、輸入者振出しの外貨約束手形（Promissory Note）の差入れを依頼したり、輸入手形（輸出者振出手形）の引受けを求めることになる。

☞船積書類、船荷証券、支払渡し、引受渡し、輸入ユーザンス

船荷証券（ふなにしょうけん）
〈Bill of Lading : B/L〉

運送人と荷送人との物品運送契約により貨物の本船への受取りを証する受領証であり、それを引き渡す請求権を表す有価証券をいう

船荷証券の性格からいうと、輸出者が輸入者へB/Lを引き渡すことは、実務的には貨物を引き渡したのと同じことになる。他方、その船荷証券を受け取った輸入者は、同証券と引替えに貨物の引取りを請求することができるし、ときには貨物の到着前に、輸入者がB/Lをほかの顧客に売ってしまうことがある。

また、船荷証券には、荷主と船会社の運送条件が記載されている。

船荷証券は、一般的には要因証券（運送契約に基づき貨物を船積みしたこと（原因）により、その結果として船荷証券が発行されること）とされているが、その記載については債権的効力が認められ、その引渡しには物権的効力があるとされている。

船荷証券の記載事項としては、法律をもって定められている法定事項および当事者間の特約による任意事項がある。船名、運送品の種類・重量・容積、用船者もしくは荷送人、陸揚港および船荷証券の発行通数などは、船荷証券の本質から

して，不可欠な記載事項といえる。

船荷証券の種類としては，ストレートB/L，指図式船荷証券，無故障・故障付船荷証券，船積式・受取式船荷証券などがあげられる。

☞ストレートB/L，指図式船荷証券，船積式船荷証券，受取式船荷証券

船荷証券の元地回収（ふなにしょうけん——もとちかいしゅう）〈Surrender B/L〉

輸出地で発行された全通の船荷証券（Bill of Lading）原本の回収。こうすることにより，仕向地の輸入者が証券類の提出なしに運送人から貨物を引き取ることができる

高速船の出現やアジア諸国からの輸入品の増加などで，海上貨物のほうがB/L等の船積書類よりも早く到着するようになり，貨物を迅速に引き取れない場合が多いので，この解決策の一つとしてsurrender B/L方式が利用されることがある。貿易決済が送金による方法の際にこの方式が使用されるが，DP/DA・L/C決済などでは，原則として使用できない。ただし，L/C決済で"surrender B/L acceptable"とすれば，銀行買取が可能となり，D/P・D/Aでは，通常，B/Lに担保権がないので買取ができない。

プライム・レート（最優遇貸出金利）〈Prime Rate〉

銀行が，信用度のとくに高い優良企業への貸出しにさいして適用する貸出金利のことで，最優遇貸出金利とも呼ばれる

日本では，短期貸出に適用する短期プライム・レート（短プラ）と長期貸出についての長期プライム・レート（長プラ）がある。短プラは，従来，公定歩合連動型であったが，金利自由化の進展と銀行の調達コストの上昇を背景として，1989年1月以降，各種調達資金の「バスケット方式」による平均調達コストをベースに決定される「新短期プライム・レート」が導入され，現在では完全に定着し，これを短期プライム・レートと呼んでいる。

長プラは，長信銀による金融債利回り連動型のものと，1991年4月以降，都銀を中心として導入された，新短プラに期間別の利鞘をのせて決定する「新長期プライム・レート」との二種類があり併存している。

アメリカの場合，優良企業への短期商工業貸付にさいして適用される貸出金利をプライム・レートと呼び，その変更は通常，ニューヨーク大手銀行が先発し，全米の銀行に広がるため，新レートの適用時期にずれが生じることがある。また，プライム・レートの変更は，基本的には，資金の需給関係によるが，競合関係にあるCP金利（コマーシャル・ペーパー）にきわめて大きな影響を受けている。

プラザ合意〈Plaza Agreement〉

1985年9月22日に，ニューヨークのプラザ・ホテルで開かれた「G5」（日本，アメリカ，西ドイツ，イギリス，フランスの主要5ヵ国の蔵相，中央銀行総裁会議）におけるドル高是正のための為替レート調整などの合意

1970年代後半から，アメリカの経常収支は加速度的に赤字幅を拡大した。変動相場制のもとでは，赤字国通貨のレートは低下すると考えられていたが，現実には，長期金利が高止まり，ドル高基調が続いてアメリカへの資本流入が増大していった。こうした背景のもと，アメリカの保護主義の圧力に抵抗し，経常収支不均衡の改善とインフレなき持続的経済成長の実現を目的として，各国が協調して努力することで合意したのがプラザ合意である。

合意の内容は，①為替レートが対外的不均衡の是正にその役割を果たすべきであること，②為替レートはファンダメンタルズを反映しなければならないこと，③主要非ドル通貨を上昇させるため為替市場に協調介入することであった。

この合意は、為替レートの決定に政府が直接関与すべきであること、政府の政策としては、金融市場などの規制緩和や自由化だけでは不十分で、為替市場への介入や財政・金融政策も必要であることにアメリカが合意した点で歴史的な意義がある。

プラザ合意後、ドル高是正はめざましい成果をあげ、合意前日に1ドル＝238円であったドル・円レートは、1年後には、1ドル＝150円台へと急落したのである。

☞変動相場制、ファンダメンタルズ、協調介入、委託介入、G5

フランチャイズ
☞小損害免責歩合

プラント輸出 （――ゆしゅつ）
〈Export of Industrial Plants〉

鉱工業生産設備を輸出したり、電気・ガス供給設備、放送・通信設備、水道設備、医療施設などを外国で建設するような大規模な取引を指し、ほとんどの場合、発展途上国がプラントの輸出相手国となっている

英語のプラント（Plant）の字義は、第一に「植物、草木」を指すが、「製造工場、機械設備」の意味もあり、プラント輸出という場合は、後者の意味のプラント、すなわち大型の設備機器を海外向けに輸出したり、工場設備一式を外国において建設するような大規模な取引を指す。

日本の輸出貿易管理令などでいうプラントとは、「鉱工業生産設備、電気もしくはガス供給設備、放送もしくは通信設備、水道設備、教育・研究もしくは医療施設、灌漑施設、石油の貯蔵もしくは輸送施設、蒸気供給設備またはこれらに類する設備もしくは施設であって一つの機能を営むために配置され、または組み合わされた機械、装置または工作物の総合体」を指し、プラント類輸出統計に使われている経産省統計では、1件50万ドル以上の重機械類で、船舶のような単体は除外される。

プラント輸出の顧客の大半は、中東・アジア諸国であって、日本は隣国の韓国や欧米諸国などとの間で激しい受注合戦を展開しており、日本の輸出総額に占めるプラント輸出の割合は、近年相対的に高まってきている。

☞延払い

BRICs （ブリックス）

これから経済発展が期待されるブラジル、ロシア、インド、中国の4ヵ国の頭文字をとって作られた言葉

アメリカの証券会社ゴールドマンサックスが2003年に経済レポートのなかで使用したことから広く普及をみた。これらの国は、人口と資源が豊富なうえに、1990年代から規制緩和や市場の自由化を進め、海外直接投資の導入に積極的に取り組んでいる。いずれの国も今後、中長期的に経済発展が期待され注目されている。

プレ・アド （プレリミナリー・アドバイス）〈Preliminary Advice〉

信用状が発行されたことを早く輸出者（受益者）に伝える目的で、必要最小限の信用状内容を電信で知らせる予告通知である

郵便で開設された信用状や、近い将来開設される予定の信用状について、信用状の金額、有効期限、信用状番号、船積期限、輸出者（受益者）などの概略をあらかじめ発行銀行から通知してくる場合があり、これをプレ・アドまたは予告通知と呼んでいる。プレ・アドは信用状発行の事実を早く輸出者に伝えたいが、船積みまでには時間的余裕があり、郵便によって信用状原本を送付しても買取りに十分間に合う場合や、信用状内容が複雑で、主要なエッセンスだけを早めに伝えたい場合などに利用される。プレ・アドの場合は、"Full details to follow"（詳細を後で送る）の文言を信用状に記載す

る必要があり，後日送付されるメール・コンファメーションが信用状原本となる。逆に，上記の文言が記載されていない場合は，電信が信用状原本とみなされる（信用状統一規則第11条）。通知銀行は，電信とメール・コンファメーションのどちらが信用状原本なのかを十分確認したうえで，輸出者（受益者）宛通知するが，混乱を避けるため通常，プレ・アド通知用とオリジナル通知用の二種の送付状を使い分けている。

☞ 受益者，信用状統一規則，メール・コンファメーション

フレート〈Freight〉
運送業者が運送契約に従って，海運，水運において旅客や貨物の輸送のサービスの報酬（**Remuneration**）として受け取る料金。運賃のこと

このフレートには，前払い（Freight Prepaid）と着払い（Freight Collect）の場合がある。通常，運賃とは，運送サービスが無事完了したとき，支払うのが原則であるので，着払いが理に適っている。しかしながら，実際には前払運賃の場合も多く，運送会社に有利な取扱いとなっている。フレートは貨物重量，貨物容積，貨物の金額，貨物の輸送の需要量などによって決められる。

貿易取引の場合，FOBとFASの貿易条件のもとでは，着払いが要求され，C&F（CFR）とCIFの貿易条件のもとでは，前払いが求められる。

☞ 運賃，着払い

フレート・ユーザンス〈Freight Usance〉
輸入取引に伴って発生する貨物の運送代金を，輸入者が船会社などに支払う場合に，銀行が一定期間立替払いして支払いを猶予する外貨金融

輸入者は，輸入貨物代金についてばかりでなく，輸入に伴う運送料や保険料についても銀行ユーザンスを利用することができる。

フレート・ユーザンスは，輸入商品の国内売却代金回収後，本体のユーザンスとともに決済されるため，通常1〜3ヵ月間利用されることが多く，ユーザンスの方式としては，本邦ローンと外銀ユーザンスの二通りがある。

為替銀行の実務上，フレート・ユーザンス取扱いにあたっては，フレート・ユーザンス申込書，船会社などからの運送代金請求書，外貨手形などの必要書類を徴求し，ユーザンス金額の妥当性，本体貨物との関連性を確認したうえで取扱っている。

☞ 運賃ユーザンス，輸入ユーザンス，自行ユーザンス，本邦ローン

ブレトン・ウッズ協定（体制）（──きょうてい）〈Bretton Woods Agreement〉
1944年，世界44ヵ国から代表が集まって，アメリカのブレトン・ウッズ（ニューハンプシャー州）で国際通貨金融会議が開催された。そのとき，**IMF協定と世銀協定が承認された。この二つの協定を指してブレトン・ウッズ協定と呼ぶ**

1944年7月に締結されたブレトン・ウッズ協定は，金価格に裏付けされた米ドルを基軸通貨として，各国は，自国通貨の為替平価，つまり金の一定量と同価値をもつ米ドル（純金1トロイ・オンス＝35米ドル）に対する交換比率を固定化することで，為替リスクを排除しようとする内容で，第二次大戦後の国際通貨体制を確立することを目的としていた。同協定は，翌年12月に発効し，国際通貨基金（IMF）と国際復興開発銀行（世銀；IBRD）が同時に設立された。

日本の場合は，1952年にIMFに加盟し，このとき，1米ドル＝360円であった基準外国為替相場を為替平価として登録している。

この協定に基づく国際通貨体制（つまりブレトン・ウッズ体制）は，1971年のニクソン・ショックによって崩壊するまで，戦後の世界貿易に多大な貢献をし，また，固定相場の土台ともなった。

☞ **IMF，ニクソン・ショック，為替平**

価, IBRD

プレミアム〈Premium〉

為替相場の体系上，先物為替相場が直物為替相場に対して高くなっていることをいい，逆に，先物為替相場のほうが安い場合をディスカウントという

直物相場と先物相場の開き，つまり直先スプレッドが直物相場に対して割増しになっていることをプレミアムという。たとえば，直物相場が1米ドル=125円のとき，3ヵ月先物相場が130円となっていれば，ドル先物は5円プレミアムであるという。逆に，3ヵ月先物相場が1米ドル=120円の場合，直先スプレッドの5円だけドル先物はディスカウントであるという。また，直先スプレッドがゼロの状態（直物相場=先物相場）を直先フラット（またはイーブン）という。

直先スプレッドは，二国間の金利差を反映して生じるものであり，為替・資金取引が完全に自由に行われる場合には，金利裁定が働いて両国通貨の金利差と一致する。上記の例で，ドル先物が5円プレミアムであるということは，円金利がドル金利よりも高くなっており，その金利差は5円プレミアム分を，つまり直先スプレッドを年率換算したものと一致する。

☞ **直物為替取引，ディスカウント，スワップ取引，スワップ・コスト**

プレミアム（オプション・プレミアム；オプション料）〈Premium〉

プレミアムとは，オプション取引のさいに，オプションの買い手が売り手に支払う金額のことで，オプションという権利の対価，つまりオプション価格であるといえる

オプション取引とは，将来の一定期間内に，対象となる資産を，一定の価格（行使価格）で「買う権利」（コール）または「売る権利」（プット）を売買する取引である。

オプションの買い手は，権利を行使するか，放棄するかは自由であり，行使価格と期日の実勢相場との関係で決めることができる。その代わりに，オプションの売り手に対して，オプション・プレミアムを支払わなければならない。換言すればオプションの買い手にとって，最大の損失はオプション・プレミアムに限定され，利益は無限大に追求することができる。このようにオプション・プレミアムは，オプション（権利）の価格であるとともに，一種の保険料といった性格をもつものである。

オプション・プレミアムは，行使価格と実勢相場の差である「本源的価値」と，期間の長短や予想変動率などで決まる「時間的価値」によって決定され，一般的に，本源的価値が大きいほど，また時間的価値が大きいほど高くなる性質をもつ。

☞ **オプション取引，行使価格**

ブローカー（外為ブローカー）〈Broker〉

一般的に，商行為の媒介を業とする者のことをブローカーまたは仲立人というが，外国為替では，外貨資金・為替市場において，取引仲介を行う業者のことをいう。証券・保険などのブローカーと区別するために，とくに外為ブローカーという場合もある

外為ブローカーは，専用回線を使って銀行間の売買などの取引を成立させる役割をもち，市場参加者として不可欠な位置を占めているが，自己の勘定と危険において，資金・為替取引を行うことを禁じられており，仲介手数料（ブローカレッジ；Brokerage）を収入としている。仲介手数料は，取引額に応じて料率が定められており，取引当事者の双方で負担することになっている。

現在，東京外国為替市場には，トウキョウフォレックス・上田ハーローなどのほか，電子ブローカーがある。

1985年にDD（ダイレクト・ディーリング；ブローカーを経由しない銀行間直接取引）およびIB（インターナショナ

ル・ブローキング；海外の銀行との取引を仲介すること）が認可されて以来，外為ブローカー業界にも国際化，自由化の流れが進展し競争が激化している。

☞東京外国為替市場，東京ドル・コール市場

プロジェクト・ファイナンス
〈Project Finance〉

　国際的な融資形態の一つで，資源開発プロジェクトなどの事業に対して行われる融資

プロジェクト・ファイナンスは石油や石炭などの資源開発プロジェクトの事業に対して行う融資である。すなわち，融資の返済はその事業の売上収入によって行われ，返済不能の場合も事業の資産の所有権や運営の権利が引当てとなる。このため，プロジェクト当事者による事業の完成がポイントとなり，完工保証の徴求などが必要となる。

融資は，開発事業当事者が出資する現地の開発会社に対して行われ，担保もこの開発会社から徴求されるケースが一般的である。

プロフォーマ・インボイス
〈Proforma Invoice〉

　仮送り状，試算用送り状，見積りインボイスともいう。取引を促進するために，あるいは輸入したい商品の価格，内容を調べるために，さらに輸入許可を得るためなど，取引契約を締結する前に輸出業者が将来の取引条件を試算して作成し，輸入業者に提出するインボイスである

輸入業者はこのプロフォーマ・インボイスに記載されている商品の品名，数量や販売価格，諸経費，船積日，仕向地などの明細を検討し，この取引成否の判断を行う。その後，取引が成立し，実際に貨物が船積みされ，輸出業者によって，正式なコマーシャル・インボイスが作成され，輸入業者へ送付される。

なお，輸入通関手続き時に海外の輸出業者からのコマーシャル・インボイスが未着の場合，輸入業者自らがプロフォーマ・インボイスを作成し，一時的に税関に提出することもある。

☞送り状

分送方式（ぶんそうほうしき）

　信用状付輸出手形買取後，信用状条件や決済のための求償方法によっては，手形や船積書類の一部を発行銀行以外の銀行に送付する場合があり，この船積書類などの扱い（Documents Disposal）を直送または全送方式に対して分送方式という

一般的に，信用状付輸出手形の買取銀行は，手形・船積書類の全通数を信用状発行銀行に送付して支払いを受けるが，信用状発行銀行所在国の通貨以外の通貨建取引の場合，たとえば，イギリスの発行銀行（母国通貨は英ポンド）が開設した米ドル建信用状に基づいて，日本から輸出する場合など，信用状条件に従って，船積書類の一組を発行銀行へ送付し，もう一組は手形とともに支払銀行（手形の名宛銀行，上記の例ではアメリカの銀行となる）へ送付することがある。船積書類などの全通数を発行銀行へ送る直送方式（全送方式）に対して，これを分送方式と呼んでいる。

また，分送方式にはもう一つの意味がある。買取銀行は，支払呈示のため手形や船積書類を発行銀行へ郵送する場合に，信用状条件で一便（One Mail）で送付する旨の指示がないかぎり，紛失，盗難，延着などの危険を回避するため，通常，第一便（First Mail），第二便（Second Mail）に船積書類などを分散して郵送しており，これを分送方式という場合もある。

☞発行銀行，買取銀行，船積書類，デュプリケート・ドキュメント

分損（ぶんそん）〈Partial Loss〉

　被保険貨物の一部が滅失もしくは損傷すること。共同海損と単独海損があり，日本では単独海損を分損という場合が多

い。全損に対する用語

被保険貨物の一部が滅失もしくは損傷することであり，共同海損と単独海損がある。

共同海損とは，共同の危険を回避するため，たとえば船舶の沈没を避けるため投荷を行うことによって生じた損害を，荷主や船主が共同して犠牲的に負担することをいう。単独海損は，共同海損以外の分損をいい，その損害が被保険者の単独負担となる場合である。

イギリス海上保険法では，損害の種類を全損と分損に分類し，さらに分損を単独海損と共同海損とに分けているが，日本の国内輸送貨物の和文貨物海上保険証券の普通保険約款などでは，単独海損を分損と称していることが多い。

☞全損，共同海損，海上保険証券

分損担保（ぶんそんたんぽ）
〈With Average〉

単独海損担保の条件ともいい，通常の海上危険のすべてが塡補される海上保険契約の条件

With Particular Average とも称される。分損担保は，全損，共同海損による分損，単独海損による分損が塡補される。ただし付加危険や坐礁，沈没，火災の場合を除いた免責歩合に満たない単独海損は塡補されない。この条件は新協会貨物約款では ICC（B）にほぼ相当するものである。

☞海上保険証券，分損，フランチャイズ

へ

米加自由貿易協定（べいかじゆうぼうえききょうてい）〈US-Canada Free Trade Agreement〉

1988年1月に調印，1989年1月1日から発効したアメリカとカナダの二国間協定。関税の撤廃，輸入制限措置の改善，サービス貿易，二国間紛争処理手続きの規定などを主な内容とする

アメリカとカナダの両国は，地理的に近接しているだけでなく，言語や習慣などの文化面において共有する部分が多いことから，従来より経済的結合の度合いもきわめて強く，両国間の貿易額は世界最大規模を誇っていた。とくにカナダの対米依存度は高く，1982年の実績では，カナダの対米輸出額は，576億7900万ドルで輸出総額の68.2％，対米輸入額は479億1700万ドルで輸入総額の70.5％を占めていた。このような状況のなかで，1984年に政権に就いたマルルーニ加首相は，両国関係の一層の緊密化と貿易の自由化を通じて国内経済を活性化することを政策に掲げ，翌1985年，当時のレーガン米大統領に対して自由貿易協定交渉を申し入れた。レーガンはこれに応じ，両国間で何回か交渉が重ねられた結果，1988年1月2日に調印，1989年1月1日から発効した。

協定は，残存関税の10年以内の撤廃，輸入制限措置の改善，サービス貿易に関する規定，二国間紛争処理手続きの規定などを含む広範な内容となっている。この協定が発効したことにより，両国間の貿易総額は1989年の1800億ドルから，1991年には2000億ドルに増大した。

その後，メキシコが加わりNAFTA（北米自由貿易協定）が1994年に発効された。

☞NAFTA

並行輸入（へいこうゆにゅう）
〈Parallel Importation〉

海外の有名なブランド品などは，通常，日本の一手販売店（商標権の使用権者）が独占的に近い価格で国内市場において販売されるので，他の輸入業者が正規のルート以外から仕入れ，比較的格安の値段で国内において販売することをいう。一般に，並行輸入業者の仕入れルートは，グレイマーケットから調達するケースが多い

並行輸入業者は，ブランド総発売元の同国内の問屋や海外の一手販売店から輸入したり，または総発売元に対して販売

店地域のない仕向地に販売するなどといい直接にアクセスし、結局は販売店のある仕向地に途中で変更するスイッチャーから輸入したりする場合があり、通常、正規な販売ルートよりも消費者にとっては商品を安く買えることがメリットとなる。

旧来、一手販売店は商標権の排他的使用権者の立場から、税関に対して他社の当該品の輸入差し止めを請求できたが、1972年のパーカー万年筆訴訟の大阪地裁・高裁の判決以降、並行輸入が認められ、かつ、同販売店は独占禁止法との関連も考慮する必要がある。

☞代理店、販売店、貿易ビジネスの取引形態

ヘッジ取引（——とりひき）〈Hedge〉

ヘッジ取引とは、かけつなぎ取引ともいわれ、為替変動リスクを回避するために、先物為替相場において、直物と反対の為替ポジション（為替持高）をもつことである

ヘッジはもともと商品取引に用いる用語で、為替、商品、株式などの取引に伴うリスクを、他のリスクと併存させることによって、一方で発生した損失を他方で得た利益によって相殺させる取引である。

為替銀行が、顧客との外国為替取引によって生じた為替持高を、市場で反対取引を行ってスクウェア（持高±0）の状態にするカバー取引との違いは、カバー取引が、リスク発生要因を解消する取引であるのに対して、ヘッジ取引は、異なるリスクを併存させて、一つのリスクを他のリスクにかけつなぐ取引である点だといえる。

ヘッジ取引には将来発生が予定されている資産や負債が金利変動などによって損失を被るのを避けるため、金融先物取引で反対ポジションをつくる取引なども含まれる。

☞先物為替相場、為替持高、スクウェア、買持、売持

ベネフィシャリー
☞受益者

変動相場制（フロート）（へんどうそうばせい）〈Floating Exchange Rate System〉

変動相場制とは、外国為替市場の需要と供給の関係によって決定される為替相場制度であり、為替相場の変動を認めないかまたは変動を一定範囲内に限定した固定相場制と対比される

本来、変動相場制は、通貨当局が一切の市場介入を行わず、市場の需給関係だけで為替相場が決定する「クリーン・フロート」が建前であるが、現実的には、為替相場の乱高下を防ぐために、必要に応じて通貨当局が市場介入を実施する「管理フロートまたはマネージド・フロート」となっている。

1971年8月の米ドル・金交換停止（ニクソン・ショック）によって、IMF協定に基づいた固定相場制が事実上崩壊し、1973年には主要先進国のほとんどが変動相場制へ移行したため、日本も同年2月14日より変動相場制を採用した。

変動相場制には、①為替相場の変動により国際収支の不均衡を自動的に調整する、②輸入インフレを抑制するなどのメリットがある一方で、為替相場が乱高下（オーバー・シュート）し実体経済と乖離したものになりやすい、円滑な貿易、資本取引を阻害する恐れがある、投機的な動きを誘発しやすいなど多くのデメリットも指摘されている。

☞為替平衡操作（介入）、ニクソン・ショック、国際収支

ほ

貿易金融（ぼうえききんゆう）

輸出や輸入などの貿易に必要な資金を融通したり、外国為替の決済に関連して信用を供与することで、取引形態によって、輸出金融、輸入金融、現地金融に大別される

貿易金融の中心となるのは、外国為替

の決済と直接に結びついた為替金融である。具体的には、輸出手形の買取り（輸出金融），輸入ユーザンス（輸入金融）などが主なものである。

貿易金融には前記のような狭義の意味のほかに，貿易にかかわるすべての金融という広義の意味もある。為替金融に至るまでの段階では，輸出のための生産・集荷に必要な資金を円融資する輸出前貸，季節商品などの見込み生産のためのつなぎ融資（輸出金融）がある。また，為替金融後の段階では，輸入手形の決済資金を融通する輸入はね返り融資がある。これらは，円資金を主体とした金融で国内融資の性格が強いといえる。その他に，本邦商社の海外支店や現地法人に対して，貿易活動に伴う運転資金を融資する現地金融や，直接資金の貸出しを行わない荷物引取保証や荷物受渡しなども貿易金融の一つである。

貿易金融は，外国為替決済を円滑にするだけでなく，日本の貿易の発展に，直接・間接的に重要な役割を担っている。

☞ 輸入金融，輸出つなぎ金融，はね返り融資，現地貸付

貿易・サービス収支（ぼうえき——しゅうし）
〈Goods & Services〉

財貨の輸出入取引およびサービス取引にかかわる費用の受取り，支払い，収支尻を公表する項目

経常収支は，①貿易・サービス収支，②所得収支，③経常移転収支の三項目から成る。このうち貿易・サービス収支は，さらに貿易収支とサービス収支に分けられる。貿易収支は，財貨の輸出入取引を，運賃や保険料などを含まないFOB建で計上する。また，サービス収支は，サービス取引にかかわる費用の受取り，支払い，収支尻を公表する項目である。サービス取引には，輸送，旅行のほか，通信，建設，保険，金融，情報，特許等使用料などが含まれる。

貿易取引（ぼうえきとりひき）

国境を越えて行われる商品・サービスの取引。貿易取引には国内取引と本質的に類似性はあるが，取引する国々の経済・政治・法律・社会などの環境要因の違いによる国内取引とは異なった特殊性がある

商業的意味からすれば，貿易取引は国内取引と基本的には何ら変わらない。私的取引の場合，売り主が商品を買い主に対してオファーし，買い主がその商品の価格・品質・納期・決済などの売買条件に絶対的，かつ無条件に合意する申込みと承諾の合致により通常，契約は成立する。さらに，売り主は約定品を買い主に引き渡し，買い手はその対価の反対給付として，通常，通貨をもって決済を行う。

しかしながら，貿易取引は「国境を越えて」行われる商取引であるから，取引する国々の環境的要因としての経営資源，取引慣行，法律，通貨，政治，経済，文化，言語などが相違する。したがって，貿易取引は環境要因が同質である国内取引と比べて，より複雑となりその特殊性が存在する。

その私的取引の主体としては，一般的には個人企業，組合企業，会社などの法人格を有する団体（自然人でもかまわない）などであるが，公的取引では国家でもよい。

国際収支表では，商品を対象とした「貿易収支」，サービスの「サービス収支」と区別している。

貿易取引契約（ぼうえきとりひきけいやく）
〈Contracts for International Trade〉

貿易取引において締結される売買当事者間での商品の輸出入契約，つまり売買契約のこと。貿易取引契約は，通常，当事者間の申込みと承諾の合致により成立する

貿易取引契約が売買契約である以上，売り主の物品の引渡しと買い主の代金支払いが交換的に履行されることを契約当事者間で合意したものである。その観点

からすれば，当事者の履行する債務が契約成立によって対価性をもつ双務契約である。また契約当事者が相互に対価的給付を行う有償契約であり，契約が当事者の合意のみで成立する諾成契約でもある。

また，貿易契約は物品引渡しと代金支払いが同時履行条件である店頭売買などの履行済み売買（Excuted Sales）とは異なり，契約成立からその終了までに時間の経過が必要で，同時に当事者間に履行すべき何がしかの債務が条件として残るものであり，その意味では未履行売買契約（Excutory Contract of Sale）の形態をとることが多い。

貿易ビジネスの取引形態（ぼうえき——とりひきけいたい）

一般に貿易ビジネスの基本的取引形態は，伝統的な古典学派の経済学者がいう比較優位の原則に基づく自国で生産した優位差のある製品を海外へ販売する輸出ビジネスおよび海外で生産された自国より優位にある製品を購入する輸入ビジネスである

さらに契約の当事者，契約の期間，海外生産との関連基準等に基づく多様な貿易ビジネス形態をいう。すなわち，一定基準に基づく分類方法によって，概して次のような各種の貿易ビジネス形態があるといえる。

① 直接貿易／間接貿易

直接貿易（直貿） 国内メーカーが海外の契約当事者と直接に取引する場合

間接貿易（間貿） 国内メーカーが商社経由で海外の契約当事者と取引する場合

② スポット取引／継続的取引

スポット取引（通常1年以内） 短期的輸出入 並行輸入 共同輸入 個人輸入等

継続的取引（通常1年以上） 継続的輸出入 輸出入販売店 輸出入代理店等

③ 通常の輸出入ビジネスとは異なる特殊貿易

委託販売貿易 仲介貿易 中継貿易 三国間・多国間貿易 スイッチ貿易 迂回貿易等

④ 海外生産と関連する貿易取引

ノックダウン（SKD・CKD） 製造委託 委託加工貿易 加工貿易 開発輸入 逆輸入 OEM調達 ライセンス契約による調達 製造合弁会社・100％出資製造子会社による調達 M&A製造子会社による調達等

☞ 並行輸入，代理店，販売店，仲介貿易，中継貿易，三国間貿易，スイッチ貿易，迂回貿易，開発輸入，委託加工貿易，加工貿易，委託販売貿易，委託生産

貿易保険制度（ぼうえきほけんせいど）

民間の保険によっては救済できないリスクから生じた損害を貿易業者に対して補償する保険制度で，政府の直接事業として運営されていたが，2001年4月から独立行政法人日本貿易保険（NEXI: Nippon Export and Investment Insurance）に引き継がれ，NEXIが引き受ける保険を政府が再保険し信用を補強している

貿易保険制度は，政府が民間の保険ではカバーしきれない危険を担保する制度を確立し，外国貿易およびその他の対外取引の健全な発達をはかることを意図する。

このように自国の貿易業者に対して国家が補償するといった貿易政策手段の措置を講じたのは，貿易立国としてのイギリスが他に先駆け，補償制度を進展させた。日本もかなり早くから，補償制度を実施した。

現行の貿易保険制度は，貿易保険法を基本法とし，それに関連する法令などにより運営されている。

貿易保険は，1950年では，普通輸出保険の一種類しかなかったが，その後時代の要請に従って拡充され，変更されて1992年12月以降における保険種は，つぎのとおりである。

1 貿易一般保険

貿易保険法に規定されている普通輸出保険・輸出代金保険・仲介貿易保険種を一つの約款としてとりまとめたものである。輸出契約した貨物，技術提供に対する対価，輸出代金貸付金が，相手国の非常危険（戦争，革命，為替制限など）や信用危険（相手先の破産など）により受ける損失を塡補する。非常危険により輸出契約を履行する場合，運賃・保険料を新たに負担する増加費用についてもカバーする。また，仲介貿易に基づく貨物代金，賃貸料，貸付金が回収不能になった場合の損失をも塡補する。普通輸出保険は1950年，輸出代金保険は1951年，仲介貿易保険は1987年からそれぞれ実施され，現在では運用上一つの約款「貿易一般保険」として統合されている。

2 輸出手形保険

輸出者が，とくにD/P・D/Aなどの荷為替手形に基づいて輸出し，その手形を買い取った為替銀行が不渡りにより被った損失を塡補する。

3 海外投資保険

海外投資者の海外合弁企業に対する出資用資金などが，非常危険ないし信用危険によって損失を受けた場合に塡補する。

4 為替変動保険

プラント輸出や技術提供などに基づく契約で，決済期間が2年を超えるもの（15年以下）で3％以上の円高により受けた輸出者の損失を塡補する。現行では運営されていない。

5 輸出保証保険

プラント輸出などで，銀行や保険会社が保証書（Bond）を発行し，海外の発注者から不当にそれが没収された場合，その損失を塡補する。

6 前払輸入保険

輸入者が輸入貨物代金を前払いする輸入取引で，それが非常危険または信用危険で回収不能になった場合に受けた損失を塡補する。

7 海外事業資金貸付保険

海外事業資金貸付にかかわる貸付金など，または保証債務が非常危険ないし信用危険により回収不能になった場合に受けた損失を塡補する。1993年度から実施されている。

8 その他保険種

その他の保険種としては，限度額設定型貿易保険，中小企業輸出代金保険，ライセンス保険・貿易一般保険（技術提供に係わるリスクを塡補）などがある。

また，貿易保険制度の改正に伴い，1992年10月からバイヤーの格付基準も従来より細分化され，「引受関係」（G・E・S・Pグループ）および「事故管理関係」（R・B・Lグループ）などと変更された。

なお，日本貿易保険は今後，政府全額出資の特殊会社になる予定でいる。

☞ **仲介貿易保険，貿易保険法，信用危険，非常危険**

貿易保険法（ぼうえきほけんほう）

貿易保険制度の基本法。1950年に「輸出信用保険法」が制定され，1953年にその名称が「輸出保険法」と改められ，さらに1987年に「前払輸入保険」および「仲介貿易保険」が新たに設けられ，「貿易保険法」と改称されている

現行の貿易保険制度の基本法をいい，第1章〜第7章および附則などから構成され，貿易保険の種類とその内容明細，不服の申出，貿易保険審議会などについて定められている。

「輸出信用保険法」は，昭和25年3月31日法律第67号として制定され，昭和28年7月24日に一部改正が行われ，その名称は「輸出保険法」と改められ，さらに昭和62年3月30日に一部改正により「前払輸入保険」および「仲介貿易保険」が新たに制度化され，「貿易保険法」と改称される経緯を経た。

同法第1条に「この法律は，外国貿易その他の対外取引において生ずる為替取引の制限その他通常の保険によって救済

することができない危険を保険する制度を確立することによって、外国貿易その他の対外取引の健全な発達を図ることを目的とする」と規定している。

すなわち、貿易保険の役割は、日本の貿易政策の目的に従うことにあり、しかも今日では世界の累積債務問題に対応し、とくに発展途上国に対し民間資金の還流を促進することも目的としている。具体的には、貿易保険は、貿易業者の安心の供与や信用手段の供与の役割を果たしているといえる。

貿易保険法を基本とし、貿易保険法施行令、貿易保険特別会計法、貿易保険特別会計施行令等の関連法令などに基づき、現行の貿易保険制度は運営されている。

☞貿易保険制度

貿易摩擦（ぼうえきまさつ）

商品の輸出入にかかわる関係諸国間で発生する紛争問題のこと。日本は第二次大戦以後、とくにアメリカとの繊維、カラーテレビ、自動車などをめぐる摩擦問題に直面し、近年では直接投資、産業構造、金融などを含む経済摩擦にまで進展している。通商摩擦ともいう

古くて新しい問題としての日米貿易摩擦の発端は、1955年の綿製品の対米輸出規制にまでさかのぼる。しかし、本格的な問題として浮上するのは、日本の貿易収支が戦後初めて黒字となる1960年代以降といえる。

1960年代後半より、アメリカの国際収支の赤字や日米貿易収支の不均衡が高まり、当時のニクソン政権は、毛・化合繊製品の包括的対米自主規制を日本に対し要請し、いわゆる日米繊維紛争が起こり、1971年に日本の業界による対米自主規制によってなんとか決着をみた。また、鉄鋼、カラーテレビ、工作機械などの個別製品にかかわる摩擦が発生し、日本は主に輸出自主規制によって対応してきた。

1970年代末頃から表面化してきた自動車は1981年に日本の対米輸出自主規制で合意し、さらに各メーカーはアメリカで現地生産体制を整えに対応した。その後、半導体、農産物問題なども発生し、日米構造協議にみられるように、日本経済の貯蓄・投資パターン、排他的取引慣行、流通などの総合的経済摩擦にまで進展してきた。日米貿易摩擦ばかりでなく、日本は1970年代頃から対EUとの摩擦問題も抱え、しかも対アジア諸国との技術移転摩擦もある。いわば、日本は欧米諸国との貿易摩擦ばかりでなく、WTOでも討議されているサービス・技術・投資などにかかわる問題について世界全体に対して、いかに対応していくかが今後の大きな課題といえる。

邦貨買入外国為替（ほうかかいいれがいこくかわせ）

外国為替特有の経過勘定科目の一つである。銀行が円建の輸出手形や小切手を買い取った場合に、決済までの間に生じる立替金を一時的に計上する勘定科目である

外国為替の多くは、その性格上、顧客取引とその決済のための銀行間取引との間に時間的な隔りが生じる。この期間に発生する銀行の立替金を一時的に処理する勘定を経過勘定といい、その取引が、外貨建か邦貨建かによって勘定科目も外貨または邦貨の名称を付して区別されている。

買入外国為替勘定は、輸出手形・小切手などの輸出為替を銀行が買い取ってから、決済されるまでの期間、計上される勘定で、取引される通貨によって、外貨買入外国為替と邦貨買入外国為替とに分かれる。

邦貨買入外国為替の場合、通常信用状発行銀行または支払銀行の邦貨預り金勘定が本邦内の大手銀行にあるため、買取銀行は当該銀行宛に求償手形を振り出したり、また買取銀行に預り金勘定があれば、それを引き落して決済関係を終了する。邦貨買入外国為替は円建であるた

め，交換レートが介在せず，銀行にとっては売買益を得ることができないため，リフティング・チャージと呼ばれる手数料を別途買取依頼人から徴求するのが普通である。

☞外貨買入外国為替，補償請求方式，リフティング・チャージ

邦貨建相場 (ほうかだてそうば)
〈Rate in Home Currency〉

外国為替相場の表示方法の一つで，外国通貨1単位に対する自国通貨の量で示す方法。自国通貨建相場または支払勘定建相場ともいう

外国為替相場は，通貨と通貨の交換比率を表わしたものであるが，どちらの通貨を基準にして表わすかによって邦貨建相場と外貨建相場がある。

邦貨建相場は，外国通貨1単位について交換される自国通貨の量を示す方法で，たとえば，1米ドル=120円のように表示される。イギリス，アメリカ以外のほとんどの国では邦貨建相場を採用していたが，ユーロが導入されたことにより，ユーロ使用国は外貨建相場を採用することとなり，外貨建相場使用国が増加した。上記の例を用いて円を外貨建相場で表示すると，1円=0.0083米ドルとなる。これからわかるように，外貨建相場と邦貨建相場は互いに逆数の関係にある。

☞外貨建相場，ユーロ（通貨）

包括予約保険契約 (ほうかつよやくほけんけいやく)
☞オープン・ポリシー

包装明細書 (ほうそうめいさいしょ)
☞パッキング・リスト

報復関税 (ほうふくかんぜい)
〈Retaliatory Duties〉

自国の輸出品に対して不当に高率の関税を課したり，自国の国益や産業に不利益な措置をとった相手国に対して，報復の意味で，当該相手国からの輸入品に課す高率の関税のこと

相手国が自国の輸出品に対して不当に高率の関税を課したり，あるいは自国の国益や産業に不利益な措置をとった場合に，これに対処するため，自国も当該国からの輸入品に対して報復的に課す高率の関税のことをいう。

これは，各国とも関税法などで規定している差別関税で，日本では関税定率法において規定されている。それによると，日本国籍の船舶および航空機，日本から輸出される貨物および日本を通過する貨物が，相手国において他の第三国のそれらよりも不利益な取扱いを受けた場合，その国および貨物を指定して，当該国から日本に輸入される貨物の通常の関税のほかに，その貨物の課税価格と同額以下の，すなわち税率100％以内の関税を課すことができるとある。

この規定が設置されている意図は，相手国の不当な取扱いを改めさせるための威嚇であるといえよう。

保険証券 (ほけんしょうけん)

保険者が保険契約の成立を証するため，保険契約者に対して発行する証券のこと。インボイス・船荷証券と並んで，銀行買取のさいに重要な船積書類の一つ

保険会社（保険者）が保険契約の成立，その内容を明らかにするため，通常，保険契約者に発行する証券のことをいうが，当事者の合意（諾成契約）があればかならずしも証券の発行を必要としない。

ただし，貿易取引の銀行買取ではその性格上，船積書類としてインボイス・船荷証券とともに発行されるべき必要不可欠なものであるものの，船荷証券のように有価証券ではない。

貿易取引では，一般的に貨物海上保険，船舶保険，航空貨物保険，国内運送保険などが利用されている。また，CIF条件ばかりではなく，FOB条件でも保険をかけるケースがある。

概括的に一括して契約する保険を、包括予定保険（Open Policy）といい、それに基づいて貨物の船積ごとに発行するものを、保険承認状（Certificate）という。イギリスでは、保険証明書は譲渡性がなく、保険証券と代替できないとされているので、必ず L/C 条件に "Certificate" と明記されていないと、銀行買取上支障をきたす。

保険証券の記載事項に不明確な部分がある場合、とりあえず発行されるものが予定保険（Provisional Policy）、その事項が確定した場合、確定保険（Definite Policy）という。

☞海上保険証券

補償銀行（ほしょうぎんこう）
☞補償請求方式

保証状（ほしょうじょう）
〈Letter of Guarantee : L/G〉
輸入取引において船荷証券（B/L）が未着の場合に、輸入貨物を引き取るため、輸入者が船会社に差し入れる目的で銀行に発行を求める連帯保証を証する書状などである。L/G とも呼ばれている

一般的に保証状は、第三者の債務不履行、不完全履行が発生した場合に、債務者と連帯してまたは単独で損害賠償に応じたり、代わって債務を履行することを証した書状ということができ、債務者への信用授与の一手段である。信用力・資力の高い銀行、保証機関、大企業が発行することが多い。

為替銀行が行う外国為替取引関連の保証には、プラント輸出に伴う入札保証（Bid Bond）、契約履行保証（Performance Bond）、前受金返還保証（Refundment Bond）などの現地保証のほか、輸入関連で荷物引取保証（L/G）がある。

保証状が最もよく利用される典型的なケースは、L/G と呼ばれる荷物引取保証である。近隣諸国から輸入貨物を海上輸送する場合、船積書類よりも貨物の方が早く到着する。B/L なしでは貨物の引き取りが原則としてできないために、B/L の代わりに船会社に保証状を差し入れることが慣行的に行われている。これが荷物引取保証であり、通常、船会社所定の書式に、輸入者と為替銀行が連署するかたちで保証状が発行される。この場合の保証状は、輸入者の信用を補完するとともに、輸入者の船会社に対する支払・履行債務を銀行が連帯保証するものである。

☞船荷証券、入札保証、前受金返還保証、補償状、荷物引取保証

補償状（ほしょうじょう）
〈Letter of Indemnity : L/I または L/G〉
信用状と条件不一致がある輸出手形の買取り時に、為替銀行が、買取依頼人から徴求する単独の念書である

信用状付輸出手形の買取りにさいして、提出された船積書類に信用状条件との不一致（ディスクレパンシー；Discrepancy）、たとえば船積みした貨物が不足している（Short Shipment）とか、船積遅延（Late Shipment）といった不一致がある場合、為替銀行は、買取依頼人に与信上の懸念がなければ、補償状（L/I または L/G）を徴求したうえで買取りに応じることがある（L/G ネゴ）。

この補償状には、万一発行銀行から条件不一致を理由に支払拒絶を受けた場合に、買取依頼人は償還に応じる旨の記載がされており、性格的には、念書・誓約書であるといえる。通常、買取銀行の所定の書式に、信用状番号および発行銀行、手形金額・番号、条件不一致内容（ディスクレパンシーの明細）などを記入して作成される。買取依頼人単独の念書である補償状は、為替銀行が輸入者の債務履行を連帯保証した保証状（Letter of Guarantee : L/G）である荷物引取保証状と性格上、厳密に区別されるべきであるが、実務上では、補償状も L/G と呼ぶことが一般的となっている。区別が必要な場合には、荷物引取保証の保証状「L/G」に対して、補償状を Single

Guarantee, L/I, または輸出 L/G と呼ぶことがある。なお、補償状は故障付船荷証券に対して、荷主が船会社に無故障船荷証券の発行を依頼するときにも使用される。
　☞ディスクレパンシー，L/G ネゴ，荷物引取保証，保証状

補償請求方式 (ほしょうせいきゅうほうしき) 〈Reimbursement〉
補償銀行 〈Reimbursing Bank〉
　信用状取引に伴う銀行間の資金決済方法の一つで、リインバース方式 (Reimburse) とも呼ばれる
　信用状発行銀行が、買取銀行に対して行う手形買取資金の補償をリインバースメント (Reimbursement) という。信用状取引において、①発行銀行が自国通貨以外の通貨で信用状を開設したとき、②発行銀行が買取銀行の決済勘定（預金口座）を保有していないときには、通常、手形通貨を母国通貨とする国に所在する発行銀行のコルレス先 (Depository Correspondent) が指定され、当該銀行が買取銀行への補償を行うことになる。この第三の銀行を補償銀行といい、ここに開設された発行銀行名義の預金勘定を通じた買取資金の決済方法を補償請求方式という。
　この方式による決済は、あらかじめ信用状にその旨の指示文言 (Reimbursement Clause) があるかまたは銀行間のコルレス契約に定められているのが普通である。
　発行銀行は、信用状開設と同時に補償銀行に対して、買取銀行の補償の求め（求償）に応じるための授権書 (Reimbursement Authorization: R/A) を送付する。買取銀行は、手形および船積書類を発行銀行へ送付する一方で、補償を求めるための手形 (Reimbursement Draft: R/D) を別途補償銀行宛に振り出して資金請求を行う。なお、R/D を振り出さずに、輸出為替の取組みと同時に電信を利用して資金請求する方法 (T. T. Reimbursement) もある。
　☞発行銀行，買取銀行，TT リインバースメント

保税 (ほぜい) 〈In Bond〉
　外国貨物のままで、輸出許可未決済、課税留保状態。その場合、外国貨物は指定された保税地域に蔵置されて、保税貨物の状態、もしくは外国貨物のまま運送される移動状態の場合がある
　課税保留のまま、保税地域に蔵置されている外国貨物をいう。外国貨物とは、外国から移動してきた貨物で輸入許可を受けないものや、輸出する貨物で輸出許可を受けたものをいう。すなわち、保税状態にある貨物とは、つぎのようなケースが想定される。
　第一に、外国から本邦へ送られてきた貨物で、一般にいう輸入品や、本邦から輸出され、再度積み戻されたものなどが、輸入許可未決済のままで置かれている状態である。
　第二に、外国から到着した貨物が保税地域に搬入され、修繕・加工などされたのち再輸出される貨物が保税地域にあることである。これを中継貿易という。
　第三に、日本の輸出許可を受けた貨物の場合で、それを本邦へ積み戻すには、輸入許可を必要とする。

保税運送 (ほぜいうんそう)
　輸出許可を受けた貨物を保税地域から本船への積込みまでの運送や、輸入貨物を輸入許可以前に開港・保税地域などの場所相互間で運送すること
　輸出貨物の輸出許可を受けてから、その他積込み手配を終えて、荷主は本船ないしコンテナ・ヤードやコンテナ・フレート・ステーションまでの運送を陸路または海路で行わねばならない。その場合、同貨物は外国貨物であり、保税地域から搬出され運送されるから保税運送と呼ばれ、保税運送手続きをとらねばならない。
　しかし、輸入貨物の保税運送のような

正式な手続きを必要とせずに，輸出許可書の欄にその旨記載される。

輸入貨物では，輸入許可を受ける以前に，開港・保税・地域・税関空港など相互間で陸路，海路，空路による保税運送が可能である。その場合，保税運送手続きを必要とし，かつ関税額に相当する担保の提供も求められる。その担保は，到着地税関から発送地税関へ貨物の到着通知が行われた後に解除される。

保税工場（ほぜいこうじょう）
〈Hozei（Bonded）Manufacturing Warehouse〉

外国貨物の加工，またはこれを原料とする製造，外国貨物についての改装・仕分けなどができる蔵置施設。税関長が許可したものであり，蔵置期間は通常，承認を得た日から2年。同期間の延長ができることもある

関税法第56条に基づき，外国貨物について輸入手続き未済のままの加工，もしくはこれを原料とする製造，または外国貨物の改装，仕分けなどができる蔵置施設をいい，保税工場の許可申請を行い税関長が許可した場所でなければならない。

保税工場に外国貨物を蔵置できる期間は，承認された日から原則2年であり，特別な理由などがある場合，その期間の延長が認められることがある。

外国の委託者からの委託加工貿易，日本の貿易管理制度に基づく加工貿易の場合などに利用される。

☞加工貿易，保税地域

保税蔵置場（ほぜいぞうちじょう）
〈Hozei（Bonded）Warehouse〉

税関長が許可した外国貨物について関税が課されないまま，蔵置できる場所。蔵置期間は3ヵ月，これを超える場合蔵入れ承認をとり，原則2年。中継貿易などの場合に利用される

外国貿易について関税が課されないまま，蔵置できる場所をいい，税関長の許可を必要とする。主に民間私営などで，CFS・CYなどがその例である。

保税蔵置場の蔵置期間は原則2年といった長期間で，保税のまま蔵置でき，輸入業者が市況によって外国貨物を引き取るため，関税納付を猶予できるから，金利の節約にもなる。また，中継貿易や積戻しに便利でもある。

保税蔵置場の外国貨物について，倉荷証券発行許可を受ければ証券を発行することができるので，貨物を証券によって売買することも可能である。たとえばイギリスの取引所では，保税蔵置場の外国貨物を倉荷証券によって売買されているケースがある。

☞中継貿易，保税地域

保税地域（ほぜいちいき）
〈Hozei（Bonded）Area〉

外国貨物の関税を一時留保したまま，蔵置・加工・展示などができ，財務大臣が指定した，もしくは税関長が許可した場所。その機能に応じて，保税地域としては現在五つの種類に分けられる

外国貨物の関税を一時留保したまま，財務大臣が指定した，もしくは税関長が許可した蔵置・加工・製造・展示ができる場所をいう。

保税地域は関税法第29条に基づき，その機能に応じて，従来から存在する指定保税地域・保税上屋・保税倉庫・保税工場・保税展示場の五つの種類に分けられていたが，1992年度の法改正により，外国貨物の蔵置・加工・展示などの各種保税機能を総合的に活用できる，新たな「総合保税地域」が加わり，さらに1994年4月1日に保税上屋と保税倉庫が統一され「保税蔵置場」となった。その五種類の保税地域はつぎのとおりである。

1　指定保税地域（Designated Hozei Shed）

財務大臣が指定した国有，公共等の保税蔵置場所で，主に貨物の輸出入に伴う税関手続きを行うが，蔵置期間は原則1ヵ月。

2 保税蔵置場 (Hozei Warehouse)

輸出入貨物の税関手続きに利用される。外国貨物を輸入通関未済のまま蔵置、必要に応じて輸入業者が関税を納付し、貨物の引取りが可能である。中継貿易などでも利用され、従来の保税上屋と保税倉庫を統一したもので、1994年4月1日から稼働している。蔵置期間が3ヵ月を超える場合、蔵入れ承認をとり、原則2年蔵置可能。

3 保税工場 (Hozei Manufacturing Warehouse)

外国貨物の関税を留保したままで加工、もしくはそれを原料とする製造、ならびに外国貨物の改装・仕分け等ができる、税関長が許可した場所で、蔵置期間は原則2年。

4 保税展示場 (Hozei Display Area)

国際見本市や博覧会などで外国貨物を展示するため、輸入通関未済で貨物を保税のまま蔵置できる、税関長が許可した場所である。蔵置期間は許可の期間内。

5 総合保税地域 (Intergarted Hozei Area)

輸入の円滑化など貿易の振興を促すため、外国貨物の蔵置・加工・展示等の各種保税機能を総合的に活用でき、手続きも簡素化された保税地域である。税関長が、公共性を有する法人が所有または管理する一団の土地・施設に対して許可するものである。蔵置期間は原則2年。

☞ 保税工場，保税蔵置場

本支店勘定（外為）(ほんしてんかんじょう)
〈Inter-Office Account：I/O〉

為替銀行の本支店間で、外国為替取引を行った場合に発生する貸借関係を記帳する勘定科目である

外国為替の主要な勘定は、大別すると決済勘定（為替決済勘定）、経過勘定、付随勘定の三つに分類される。そのうち、決済勘定は、本支店勘定と外国他店勘定に分けられ、後者は、異なった銀行間の外国為替取引によって生じる貸借関係を記帳する勘定であり、前者は、同一銀行内部の貸借関係を記帳する勘定である。

本支店勘定は、外国他店勘定と同様に先方勘定（Their Account）と当方勘定（Our Account）に区別されるが、借勘定および貸勘定の別はなく、債権債務共通の勘定である。したがって、為替銀行内部の取引状況によっては赤字残高になったり黒字残高になったりする。本支店間であるため、外国他店勘定のように、常に資金を預けておく必要はなく、借越しも許される。この場合には、銀行内部で定められた利率で本支店利息を支払えば足りることになる。以上から、本支店勘定は、性格上当座貸越勘定（ただし、限度額はない）のそれに似た勘定ということができる。

☞ 外国他店預り，外国他店預け，外為経理処理に関する統一基準，オーバー・ドラフト

本邦ローン (ほんぽう——)
☞ 自行ユーザンス

ま

マーケット・クレーム ⟨Market Claim⟩

輸入者側が，現地の市況の変化などにより輸入しようとしている製品の価格などが下落し，輸出者に対して製品にかかわる不当なクレームをつけること

貿易取引契約成立後において，その購入予定の製品の価格が市況などの変化により下落した場合など，輸出者に対していろいろな理由をつけて値引きを依頼したり，もしくは契約を解除しようとする不当なクレームをいう。

たとえば，輸入者がL/Cを開設した後に，その製品の価格が下落し，L/C条件が契約条件に合致していないので輸出者がアメンド依頼したにもかかわらず，輸入者はその手続きを取らずに輸出者は製品を在庫してしまうようなケースもある。

かつての対米向けCBトランシーバーなどは，その市況の変化が激しく，マーケット・クレームが相対的につきやすかった。

マージン・マネー ⟨Margin Money⟩

輸出手形の買取りや信用状の開設など，為替銀行が信用供与を伴う外国為替取引を行う場合，取引先から別途徴収する保証金または担保金

マージン・マネーにはつぎの二つの意味がある。

①輸出手形の買取りにあたり，依頼人の信用が不十分で，かつ与信上の保全を必要とする場合は，買取銀行は，輸出手形買取代り金の一部または全部の支払いを留保し，輸出手形が支払銀行によって決済された後に留保金を返すことがあり，この留保金（積立担保金）をマージン・マネーという。

②輸入信用状の開設，為替先物予約の締結に当たり，為替銀行は，依頼人の信用を補完するために，担保としての金銭を徴求し，取引完了時まで担保金を積み立てさせることがあり，これをL/Cマージン・マネーと呼んでいる。

現在，日本では，マージン・マネーを徴求する取引はほとんどみられず，信用補完はたとえば，外国為替取引全体に対する共通担保の差し入れまたは積み増し，人的担保として保証人を立てるなどの方法によるのが一般的である。

☞**信用状，為替予約，故障手形，L/Gネゴ**

マーチャント・バンク
⟨Merchant Bank⟩

19世紀以降，イギリスの金融市場で貿易手形の引受業務や証券の発行業務を専業としていた金融機関で，アクセプタンス・ハウスともいう

欧州大陸からロンドンに渡った大陸系の貿易商が，輸出業者の振り出した荷為替手形を輸入業者に代わって，引き受けることを専業とする引受商社の活動を行ったのが起源で，現在においても，起債市場で中心的な役割を果たしている。

主要な業務としては，手形引受業務（貿易金融関係），ユーロ・ダラー市場での外国為替業務，短期・中期預金の受入れおよび中長期貸付などの銀行業務のほか，ユーロ債の発行・引受けや信託財産の受託，証券投資およびその管理などの証券業務，さらに，リース，ファクタリングなどを行っており，近年，マーチャント・バンクの業務は多様化する傾向にあり，多種多様の業務分野をカバーしている。

また，マーチャント・バンクという名称は，上記のような業務（一部または全部）を行っている銀行の総称として，広義の意味で用いられる場合もある。

☞**荷為替手形，ユーロ・ダラー**

前受金返還保証（まえうけきんへんかんほしょう）**⟨Refundment Bond⟩**

貿易関連で，取引が完結するまでに輸出者が前受金を受領するような場合に発生する銀行保証の一種

車両，船舶，プラントの延払輸出のように，取引の完結までに長期間を要するものは，最終的な引渡し完了以前に，輸出代金の一部または全部を前受金として，輸入者から受領することが多い。しかしながら，輸入者は，輸出者の契約不履行が発生した場合，前受金の返還を要求しなければならないことになり，この返還を確実なものとするために，輸出者の取引銀行に保証させることがある。この保証が前受金返還保証で，一般的には，輸出者の依頼によって為替銀行が保証状（証書）を発行する。保証の独立抽象性を確保するために，クリーン信用状が使われる場合も多い。

前受金返還保証の保証料率は，年利1.1％程度となっており，通常，輸出者は，保証期間に応じて保証料を前払いする。

☞現地保証，入札保証，延払い，クリーン信用状

マスターL/C（もと信用状）

〈Master L/C, Original L/C〉

すでに開設されている信用状を見返り（担保）として，新しい信用状を開設する場合，新しい信用状の裏付けとなる先に開設された信用状のことである。「原信用状」または「オリジナルL/C」ともいう

輸出信用状の受益者（輸出者）が，輸出商品・貨物の製造業者やその他供給者に対して金融の便を与えることを目的として，輸出者宛の信用状を見返り（担保）に，新たに，輸出地国内で信用状を開設してもらう場合，見返り（担保）または裏付けとなっている信用状のことをいう。

マスターL/Cが，輸出者を受益者として，海外の銀行（主として輸入地の銀行）が発行した輸出信用状であるのに対して，新たに発行される信用状は，輸出地の銀行が，輸出者（信用状開設依頼人）の依頼に基づいて，商品の供給者などを受益者として開設するもので，国内信用状またはLocal Creditと呼ばれる。

なお，国内信用状の金額や期限などの条件は，当然，マスターL/Cの範囲内で開設されることになるが，種々の制約が付加されることに加えて，手続きなど煩わしいため，現在ではほとんど利用されていない。

上記のように，マスターL/Cは，あくまで，信用状を見返りに新しい信用状が開設された場合に，両者を区別するまたは裏付けの関係を表わす言葉として用いられる。

☞**受益者，ドメスティックL/C**

マリー

☞**為替のマリー**

み

見返信用状（みかえりしんようじょう）

〈Back to Back Credit〉

海外から受け取った輸出信用状を引当てとして，商品の代金支払いなどのために，製造業者や他の商品供給者などに宛て発行される円建の国内信用状

信用状の受益者である輸出者が，自己の取引銀行に依頼し，その商品の供給者，製造業者に対し輸出信用状（原信用状という）を引当て（担保）として，原条件の範囲内で開設してもらう（円建）国内信用状である。輸出者が，製造業者などに対して，金融を提供する手段の一つとして発行され，Subcredit, Supplementary Credit とも呼ばれる。

もう一つの見返信用状の意味は，輸出者および輸入者が同時に同一金額の信用状を開設し，輸入者の開設する信用状には，輸出者が見返りに同額の信用状を開設するまで有効とならない旨の制限の記載のある条件付信用状である。これは同時開設信用状と呼ばれ，求償貿易に用いられたものであるが，現在ではほとんど利用されていない。

いずれの場合も，見返信用状は単独で発行されることはなく，原信用状を裏付けとして発行され，おのおのの信用状が

背中合わせの関係となっていることから，一般的には，バック・トゥ・バック信用状と呼ばれている。
☞マスター L/C，求償貿易，信用状，ドメスティック L/C

未払外国為替（勘定）（みばらいがいこくかわせ）

海外の仕向銀行から支払指図を受けた被仕向送金為替を，受取人に支払うまでの間，一時的に勘定処理しておく外為計理に特有の為替勘定科目で，その通貨によって外貨未払外国為替と邦貨未払外国為替に分けられる

外為計理上の勘定科目は，本支店勘定，外国他店勘定といった基本勘定と，一定期間が経過すると振り替えられて消滅する経過勘定に大別される。さらに，経過勘定は，対象となる外為取引が，並為替か逆為替か，および仕向為替か被仕向為替かで四種類に分類される。

未払外国為替は，前記のうち被仕向為替でかつ並為替を処理する経過勘定である。たとえば，米ドル建被仕向送金の支払指図をコルレス先銀行から受けた場合，被仕向銀行は，顧客に送金代り金を支払うまでの間，コルレス先銀行から決済勘定（外国他店預け）を通じて受領した送金資金を未払外国為替で過渡的に勘定処理を行い，その後顧客から送金受領方法について指示（円または外貨受領，入金口座などの指示）があった時点で，未払外国為替から振り替えて，当該勘定を消滅させる。

経過勘定には，前記のほか，売渡外国為替（仕向送金），取立外国為替（輸入），買入外国為替（輸出）があり，これらの勘定科目はすべて，対銀行取引から対顧客取引まで（またはその逆）の期間だけ用いられる勘定で，内国為替取引にはみられないものである。

☞売為替，買為替，被仕向送金，外貨売渡外国為替，取立外国為替

む

無為替輸出（むがわせゆしゅつ）
無為替輸入（むがわせゆにゅう）

〈無為替輸出〉輸出貨物の価額の全部について，支払手段による決済を要しない輸出

〈無為替輸入〉貨物代金の全部について決済を要しない貨物の輸入

現行の外為法上，無為替輸出については，大幅に規制が緩和されており，経産大臣の輸出承認を必要としない。

無為替輸入については，輸入が規制されていない品目は原則自由に輸入できる。また，輸入公表第1号の「輸入割当品目」および，第2号の「特定の原産地または船積地域から輸入する特定貨物」で無償のものは税関長の承認を得なければならない。

無為替輸入の具体例としては，①贈与などの無償の貨物の輸入，②無償の商品見本の輸入，③商品クレームなどによる代替貨物の輸入，④委託加工貿易契約による無償の貨物の輸入などがあげられる。

☞外国為替及び外国貿易法，特殊決済方法，輸入公表，輸入割当，委託加工貿易

め

メール・クレジット〈Mail Credit〉

銀行間の輸出為替の買取りに関する外貨の前貸しまたは立替払いのことである。**船積書類の郵送期間（Mail Days）中だけを対象期間とする信用供与形態である**

一覧払輸出手形の買取銀行は，コルレス契約（メール・クレジット関連契約を含む）に基づいて，手形・船積書類の発送と同時に，支払銀行（信用状発行銀行など）に対して，電信，テレックスなどの通信手段で，手形買取通知（ネゴ・アド；Negotiation Advice）とそれに伴うメール・クレジット供与の依頼を行う。支払銀行は，電信接受後，自行にある買

取銀行名義の外貨口座（先方勘定）に手形金額を前貸しまたは立替払いするかたちで入金する。

メール・クレジットは超短期の銀行間金融であり，その対象期間は，手形・船積書類の郵送期間に限定されている。

支払銀行は，手形・船積書類の到着後，手形決済時にメール・クレジット供与を終了させ，買取銀行に対して，当該与信期間の利息を請求することになる。

なお，外為法上は，コルレス契約を認められた為替銀行が，外国にある銀行に対して供与するメール・クレジットについても自由に行うことができ，届出不要となっている。

☞コルレス契約，ネゴ

メール・コンファメーション
〈Mail Confirmation〉

発行銀行が，電信，電報，テレックスといった通信手段によって信用状を開設する場合，電信などの発信後に，通知銀行宛に郵便で追送される同じ内容の書面による信用状のことである

メール・コンファメーションとは，一般的に，電話などによって成立した取引や契約の内容を確認するために送られる書状を指す。

外為取引におけるメール・コンファメーションは，信用状が電信・電報またはテレックスによって開設されたときに，電信などの手段で通知した同じ内容を書面化し，後日郵送される。このさい，通知銀行や受益者にとっては，電信などによって開設された信用状とメール・コンファメーションとどちらが本物なのか，つまり，信用状原本（オリジナルL/C）はどちらなのかということがきわめて重要になる。

これについて，1974年に改訂された信用状統一規則以降，電信などによって開設された信用状に "details to follow"（またはこれと同趣旨の文言）やメール・コンファメーションを信用状原本とする旨が明示されないかぎり，電信などによる信用状を原本とする扱いとなった。

また，電文中に明示なきものは，電信などを第一義的に取扱う（電信などを信用状原本として扱う）ことから，この場合には，発行銀行から通知銀行へのメール・コンファメーションは省略される。

☞信用状統一規則，通知銀行，受益者

メール・デイズ・インタレスト（メール期間立替金利）

輸出手形の買取りや，輸入手形の決済などの外貨取引において，為替銀行が，顧客に対して一定の郵送期間（Mail Days）を立替払いしたときに，郵送期間に対して，一律に徴求する立替金利（利息）

外為取引では，手形，船積書類などの発送から到着まで相当の日数を要するため，この期間の金利負担が重要な意味をもつ。

本来，取引ごとの実質郵便日数に基づき，期間立替金利を算出すべきであるが，為替銀行では，利息計算および徴求事務などを簡素化するために，各通貨ごとに，標準郵送日数を定めて，メール期間立替金利をあらかじめ算出し，適用相場に織り込んでいる。

現行，たとえば米ドル＝12日間，英ポンド＝13日間などのように決められている。したがってメール期間を経過した場合には，別途遅延利息（Delayed Interest）を徴求することになる。

この金利要因が加減されている対顧客相場には，信用状付一覧払手形買相場と輸入手形決済相場（アクセプタンス・レート）の二つがある。ともに手形の取立期間についての金利（利息）が調整されていることから，メール・デイズ・インタレストは，「手形取立期間立替金利」とも呼ばれている。

☞遅延利息，一覧払手形買相場（信用状付），アクセプタンス・レート

メール・トランスファー
☞郵便送金

も

持高規制（総合持高規制）（もちだかきせい）

銀行経営の健全性を維持するために，各為替銀行ごとに，直先総合持高に対して一定額を超えて売持または買持にすることを禁止していた規制。現在の外為法のもとでは撤廃されている

為替銀行は，顧客取引や市場取引を通じて外貨の売買を行うが，この外貨の売りと買いの差額を為替持高という。為替持高には，直物持高と先物持高があり，両者を差し引きしたものが直先総合持高で，為替リスクを回避するためにはこれを極小化する必要がある。

銀行の健全性維持の見地から，為替銀行は，毎営業日終了時に直先総合持高を一定額を超えて売持または買持にしないよう規制されていたが，これを持高規制と呼んでいた。この規制は規制緩和と自己責任の観点から1998年4月の外為法改正にさいして撤廃された。なお，従来は円転規制という直物持高規制も行われていたが，1984年6月，日米円・ドル委員会報告書に基づき撤廃された。

☞**総合持高，売持，買持，直物為替持高，アクチュアル・ポジション**

戻し税（もどしぜい）

輸入貨物ですでに納付された関税の一部または全部を，特定の条件に合致した場合，払い戻すこと。輸出貨物製造用原料品の戻し税など

関税定率法などに基づき，輸入者が輸入貨物ですでに関税を納付したが，一定の条件に合致した場合，その納付した関税の一部または全部を払い戻される制度をいう。たとえば，果実罐詰，清涼飲料水などを輸出する場合，その輸入原材料である課税済みの砂糖などについて，その関税が払い戻される場合，輸入時に輸出することを予想しなかったり，もしくは誤って関税を支払ったにもかかわらず，保税工場でその輸入原材料を使用し加工して輸出するような場合である。

そのほか，課税済みの輸入クレーム品を返送する場合や輸入品を再輸出する場合，一定の条件を満たしているかぎりにおいて戻し税制度が適用される。

ゆ

ユーザンス金利 (——きんり)
〈Usance Rate〉

ユーザンス金利とは，支払猶予期間に対する適用金利または利息であり，①輸入ユーザンスの適用金利と，②期限付の輸出手形買相場（買取レート）という二つの意味がある

①輸入ユーザンスの金利は，為替銀行が，輸入者の依頼により輸入貨物代金の支払いを一定期間猶予した場合に徴求する金利（利息）である。したがって，ユーザンス金利の対象期間は為替銀行の対外支払日からユーザンス期日までとなる。ユーザンス金利の決定は，当該期間における為替銀行の外貨調達コストがベースとなるが，実際には，1件ごとの輸入ユーザンスについて，個別に外貨資金を調達するわけではないため，通貨，期間ごとのB/Aレートをベースに一定の利鞘を加えて決められることが多い。

②信用状に基づく期限付輸出手形を買い取る場合は，ユーザンス金利を別途計算して徴求する方法をとらず，TTBにメール金利とユーザンス金利を調整し，金利要因を為替相場に織り込んだ期限付輸出手形買相場を適用する方法が一般的である。このため，為替銀行は，営業日ごとに，一覧後30日（30 days after sight），60日，90日…など標準的な買相場をB/Aレートをベースに算定し公示している。ただし，信用状条件でユーザンス金利が輸入者負担となっている場合は，一覧払手形買相場を適用して買取りを行い，ユーザンス金利は，別途輸入者に請求する扱いとなる。

☞期限付輸出手形買相場，輸入ユーザンス，TTBレート，B/Aレート

有事規制 (ゆうじきせい)

外為法上，平時は原則自由な資本取引について，有事（異常事態発生時）の場合に財務大臣が，それらの資本取引を規制し，許可を受ける義務を課すこと

有事規制は平時は原則自由とされている資本取引などに，必要な制限を行うことである。有事とは，①日本の国際収支の均衡を維持することが困難になること，②本邦通貨の外国為替相場に急激な変動をもたらすことになること，③本邦と外国との間の大量の資金移動により日本の金融市場または資本市場に悪影響を及ぼすことになることと規定されている（外為法21条2）。

有事規制は従来の外為法でも規定されていたが，1998年の改正においても引き続き存置されている。

☞外国為替及び外国貿易法，資本取引

有事のドル買い (ゆうじ——かー)

国際的な緊張が高まると，アメリカの圧倒的な軍事力・政治力や米ドルの流動性に対して，市場参加者の信認が増し，為替市場において，ドル買い需要が急激に高まること

為替相場を決定する要因の一つにファンダメンタルズがあるが，これは，経済成長率，国際収支，インフレ率，失業率などの経済指標で表わされるフローの面と，軍事力，政治力，資源（石油），および地理的な要素であるストックの面から成り，為替相場をみる場合に両者を分けて考える必要がある。

湾岸戦争時（1991年8月）のように国際緊張が高まると，フローの面ではアメリカよりも優れている日本やドイツの通貨（円，マルク）が売られ，逆に，ストックの面で優れているアメリカの通貨（米ドル）に対する需要が高まることになった。このため，市場参加者の間にドル買い安心感が広がり，先を競ってドル買いが行われるため急激なドル高（円，マルク安）の相場展開となることが多かった。

このように，戦争，クーデター，大地震などが発生したときに，顕著にみられる市場参加者の行動や為替市場の特徴的な動きを指して「有事のドル買い」，「有

事に強いドル」と呼んでいる。

しかし，最近はアメリカの経済力，政治力の優位性がゆらぎ，有事においても必ずしも「ドル買い」とならないケースも出ており，今後の動向が注目される。
☞ 為替平衡操作，市場連動制，GDP，サスペンド，ファンダメンタルズ

郵便送金（郵便付替）(ゆうびんそうきん) 〈Mail Transfer〉

海外送金の一方法。仕向銀行は，送金依頼人に小切手などの証券類を発行する代わりに，被仕向銀行に宛て，送金金額の支払いを依頼する文書を直接郵送することになる

郵便付替またはメール・トランスファーとも呼ばれる海外送金手段で，送金依頼を受けた仕向銀行は，送金小切手の発行に代えて，一定金額を受取人に支払うよう被仕向銀行または支払銀行に依頼する「支払指図書」(Payment Order) を作成し，直接支払銀行へ郵送する方法である。

この場合の支払銀行には，通常，受取人所在地にある自行本支店またはコルレス先が選定される。

支払方法には，受取人の請求があり次第，代り金を支払う請求払方法（P/A：Pay on Application）と送金到着を受取人に連絡したうえで代り金を支払う通知払方式（A/P：Advise & Pay）の二つがある。

支払指図の通知手段として電信を利用すると電信送金ともなるが，両者の基本的な仕組みに変化はない。

また，混同しやすい送金方法に「郵便送金為替」があるが，これは，送金人が"ゆうちょ銀行"を利用して海外へ送金するもので，Postal Money Order とも呼ばれている。
☞ 仕向銀行，電信送金，請求払い，通知払い

ユーロ（通貨）〈Euro〉

欧州連合（EU）の共通通貨。2008年1月現在の導入国は15ヵ国

欧州11ヵ国が参加し1999年からスタートした欧州統合通貨。1979年に発足した欧州通貨制度（EMS）の12ヵ国の統合通貨ECUがその母体となり，新通貨に転換された。中身はドイツ・マルク30％，フランス・フラン19％，イギリス・ポンド13％などで構成される。

1999年の通貨統合に参加したのは，ドイツ，フランス，イタリア，スペイン，ポルトガル，アイルランド，オランダ，ベルギー，ルクセンブルク，オーストリア，フィンランドの11ヵ国であった。99年からは国家間の取引や金融市場取引がユーロで行われ，2002年にはユーロの紙幣やコインが流通し，従来のマルク，フラン，リラなどは消え去った。

2001年にはギリシャがユーロを導入，その後も2007年スロベニア，2008年にはキプロス，マルタが導入，2008年1月現在のユーロ導入国は15ヵ国となった。

ユーロ円（――えん）〈Euro Yen〉

ユーロ円とは，欧州を中心とした日本国外の銀行（邦銀海外支店を含む）に預けられた円預金である。取引される市場をユーロ円市場といい，香港，シンガポールなども主要な市場となっている

ユーロ円は，貿易の円建比率の上昇，円建証券に対する対内投資の増加，および国内の取引規制の緩和などを背景に急速に取引規模が拡大した。

ユーロ円の源泉は，①ユーロ・ダラーの所有者が為替市場を通じ円転しユーロ銀行に預ける，②円建輸出，円建外債発行で得た資金をユーロ銀行に預ける，③本邦の非居住者円預金をユーロ銀行へ預け替えるなどのケースがある。

また，金利水準は，ユーロ・ダラーを基準に為替市場のドル・円スワップ・コストを調整して決定される。したがって臨時金利調整法の規制外の自由金利で，かつ預金準備率，源泉課税の対象とならないなどの取引メリットがある。

ユーロ円取引の自由化は，1984年，日

米円・ドル委員会報告書を契機に急展開し、ユーロ円貸出、ユーロ円債、ユーロ円CD、ユーロ円CPの発行等つぎつぎに解禁された。この動きは、長短分離を原則とする金融制度に大きな変革をもたらしたうえに、金融・金利の自由化促進に重要な役割を担っている。

☞日米円・ドル委員会，ユーロ・ダラー，スワップ取引，スワップ・コスト

ユーロ・ダラー〈Euro Dollar〉

アメリカ以外の銀行に預けられた米ドル建預金で、発生当初、ヨーロッパを中心に取引が拡大していったため"Euro"という接頭語がつけられている

1950年代後半、米・ソの冷戦を背景に、ソ連・東欧諸国が、アメリカ側による米ドル資産の凍結を回避するために、米ドル預金をロンドン、パリなどヨーロッパの銀行へ預け替えたことが始まりといわれている。

ユーロ・ダラー取引が拡大した要因としては、①1950年代を通じて、アメリカの国際収支が赤字であったこと、②アメリカの預金金利上限規制、イギリスのポンド防衛を目的とした信用供与制限などから両国での活動が制約を受けたこと、③西欧諸国の為替管理が緩和され、通貨の交換性が回復したことなどがあげられる。

1971年の金・ドル交換停止措置(ニクソン・ショック)以降、飛躍的に市場規模が拡大し、国際金融市場での資金調達の必要性などから米ドル以外にもその他の欧州通貨(ユーロ・マルク、ユーロ・スイス、ユーロ・フランなど)も加わり、広く「ユーロ・マネー」または「ユーロ・カレンシー」と呼ばれるようになった。

☞ユーロ円、ニクソン・ショック

輸出許可(ゆしゅつきょか)

通関上、貨物を輸出する場合、税関長に輸出申告し、その許可(Export Permit)を受けること。外為法および関連法規の改正に基づき、戦略物資などを輸出する場合、経産大臣などからその許可を受けること

関税法67条に基づき、貨物の輸出者はその品名、数量、価格などを税関長に申告し、その許可を受けなければならないことをいう。

実務上、輸出者は貨物を保税地域に搬入するとともにインボイス(仕入書)、パッキング・リスト、輸出申告書などを税関長に提出し申告手続きを行う。

税関は、受領したこれら書類を審査し、必要に応じて現品検査を行う。書類と貨物が一致しているか、関連法規などに基づいて手続きが行われているかなどを審査し、なんら問題がないとすれば、輸出許可の旨が輸出申告書の1通に押捺され、輸出許可書として輸出者に対して発行・交付され、それをもって貨物を本船に積み込む。

旧ココム規制違反事件を契機に、「外国為替及び外国貿易管理法」(外為法)が1987年9月に一部改正され、関連法規も改正されるに至った。従来は、輸出承認のみであったが、新たに輸出許可制度が導入された。外為法規定に基づく輸出貿易管理令(昭和24年12月1日政令第378号)1条では、「輸出の許可」について定めている。具体的には、戦略物資、ミサイル関連機材、化学兵器原材料等の特定貨物を特定地域の仕向地に輸出する場合、別表第一(T1018)で定める様式による「輸出(許可・承認)申請書」等を経産大臣等に提出して、その許可を輸出申告する前に受けておかねばならないことである。

☞輸出申告，輸出(許可・承認)証

輸出(許可・承認)証(ゆしゅつきょか・しょうにんしょう)

ミサイル関連機材、化学兵器原材料などの対象品目・役務は輸出許可を要する。国内供給確保物資、輸出秩序物資など、ならびに委託加工貿易契約に基づく「指

定加工」などにかかわる貨物は，輸出の承認を必要とする。これらの輸出について経産大臣等から受けた輸出許可・承認を証する書類のこと

　輸出者が輸出許可および承認を要する貨物について経産省などに申請を行い，適当と認められた場合，その申請書に許可もしくは承認の記名捺印がなされ，輸出者に対して輸出許可証・輸出承認証として交付されるものをいう。従来は，輸出承認（Export License）のみであったのが，旧ココム規制違反事件を契機として，外為法が1987年9月に一部改正され，それに従って政省令なども改正され，新たに輸出許可制度が導入され，輸出（許可・承認）証制度が生まれる経緯となった。

　外為法48条，25条などの規定に基づき，輸出貿易管理令（昭和24年12月1日政令第378号）1条では，「輸出の許可」について定めている。すなわち，同令別表第一に掲げる戦略物資（旧ココム品目），ミサイル関連機材，化学兵器原材料，国連決議による規制物資の特定貨物等の輸出，ならびに役務取引を提供する場合，その許可を受けなければならない。とくに，旧ココム品目については，これにかわるものとして「ワッセナー・アレンジメント」が誕生した。

　同令2条では，「輸出の承認」を要する貨物について，同令別表第二に掲げる特定貨物を輸出する場合，委託加工貿易契約にかかわる「指定加工」（織物の絞り加工等）による貨物を輸出する場合と規定している。なお，別表第二貨物とは，国内供給確保物資，輸出秩序物資，国際協定等に基づく規制物資，輸出禁制品をいう。

　輸出管理規制によれば，別表第一貨物や第二貨物の輸出許可・承認を申請するには，別表第一（T1018）で定める様式による「輸出（許可・承認）申請書」を経産大臣に提出しなければならないとしている。委託加工貿易にかかわる「指定加工」などでは，別表第二（T1024）の「委託加工貿易契約による輸出承認申請書」などで定める様式に基づく。

　なお，1996年に補完的輸出規制により別表第一の16項の88品目が追加され，2002年4月から日本版キャッチオール規制が導入され，ほぼ全ての貨物・役務が規制の対象となっている。

　☞輸出許可，ワッセナー・アレンジメント

輸出申告（ゆしゅつしんこく）
〈**Export Declaration**〉
　貨物の輸出者は，税関長から輸出許可を受けるため，貨物についての品目，数量，価格などを申告すること

　関税法67条に基づき，貨物を輸出しようとする者は，輸出許可を受けるため，貨物の品目，数量，価格，その他必要事項を税関長に申告することをいい，通常，海貨業者が輸出者を代行して輸出申告を行う。

　実務上，輸出者は海貨業者に依頼して，輸出貨物を保税地域（特別な事情がある場合，保税地域外においてでもよいが，その許可を受けなければならない。「他所積み」）へ搬入し，インボイス（仕入書），輸出申告書（通常，海貨業者が代行して作成する），包装明細書，その他必要に応じて輸出許可・承認証，カタログ類などを税関に提出して輸出申告の手続きをとる。現在ではNACCS申告が主流を占めている。

　☞輸出許可，NACCS

輸出つなぎ金融（ゆしゅつ——きんゆう）
　季節性商品のように，輸出契約や輸出商品の生産・集荷が時期的に集中する場合，輸出を見越しての見込み生産が必要となるが，この見込み生産に必要となる資金を融資することを輸出つなぎ金融または輸出前貸つなぎ金融という

　水産物，果実の罐詰，クリスマス用品など季節性を有する輸出商品を対象として，輸出契約以前に，輸出者または輸出者から発注を受けた製造業者が，銀行

から"つなぎ"のために受ける金融である。

輸出品の商品性から見込みによる生産・加工・集荷が不可欠であり、輸出契約成立までの必要資金を融資し、契約成立後は輸出前貸金融に切り換えられる。

輸出つなぎ金融は、あくまでも見込み生産などに対する金融であり、輸出契約の成立が不確定で、貸倒れの危険を伴うため、輸出金融保険の対象となっている。

現在では、銀行が見込み生産の段階から当該輸出手形の買取りに至るまで、一貫して輸出前貸しとして自己資金による融資を行うことが一般的であり、輸出つなぎ金融として区別する意味がなくなっている。

☞貿易金融

輸出手形保険制度（ゆしゅつてがたほけんせいど）

輸出手形保険は、貿易保険の一種で、主にD/P・D/A手形の買取りを促進するために設けられた、独立行政法人日本貿易保険の保険制度

輸出手形保険は、輸出荷為替手形の買取銀行が、手形の不渡りによって被る損失を補填する保険制度である。保険関係上、保険者は日本貿易保険、被保険者は為替銀行となり、包括保険契約の形がとられ、年度ごとに更新される。

その結果、輸出手形保険は、信用危険（バイヤーの倒産など）と非常危険（戦争、革命など）による損失を手形金額の最高95％までカバーすることになる。

実務的には、為替銀行が、手形買取後5日以内に、日本貿易保険宛に「買取通知書」（OCRシート）を送付することで自動的に保険関係が成立する。

保険料は、カントリーリスクに対応した地域差金制となっており、納付者は為替銀行であるが、間接的に保険利益を受ける輸出者へ全額転嫁することが認められている。なお、1992年10月に、「海外商社名簿」におけるバイヤー格付の細分化、および保険料体系とその計算方法などについての一部改正が行われ、貿易一般保険との整合性が図られた。

☞支払渡し、引受渡し、オープン・ポリシー、貿易保険法、貿易保険制度

輸出貿易管理令（輸出令）（ゆしゅつぼうえきかんりれい）

外為法に基づき、日本の輸出貿易にかかわる規定を実施するために制定された政令であり、とくに輸出の許可・承認に関する必要な事項が定められている

「外国為替及び外国貿易法」（外為法）48条、67条などの規定に基づき、輸出令（昭和24年12月1日同令第378号）1条では「輸出の許可」、同令2条では「輸出の承認」について定められ、経産大臣などの許可・承認を必要とする。

従来は、輸出承認のみであったのが、旧ココム規制違反事件を契機として、外為法が1987年9月に一部改正され、それに従って政省令なども改正され、新たに輸出許可制度が導入され、輸出（許可・承認）証制度が生まれる経緯となった。

同令別表第一に掲げる戦略物資、ミサイル関連機材、化学兵器原材料などの特定貨物を輸出する場合、「輸出の許可」を受けねばならない。とくに戦略物資については、旧ココム制度に代わり「ワッセナー・アレンジメント」が誕生した。「輸出の承認」を要する貨物については、同令別表第二に掲げる特定貨物を輸出する場合、委託加工貿易契約にかかわる「指定加工」による貨物を輸出する場合であると定めている。

☞ココム、戦略物資、輸出（許可・承認）証、ワッセナー・アレンジメント

輸出報告書（ゆしゅつほうこくしょ）

輸出者が申告総価額が500万円を超える貨物について、輸出申告を税関に行う場合に提出する必要書類の一つであったが、外為法の改正により1998年4月1日から不要となった

輸出者が貨物の輸出許可を受けるため，輸出申告を税関に行う場合，その申告総価額が500万円を超えるものについて，インボイス（仕入書）および輸出申告書とともに必要とする提出書類をいった。通常，税関に対して二部提出した。

従来は，申告総価額が300万円を超える場合にのみ，輸出報告書の提出を必要としたが，輸出貿易管理令の規定に基づく輸出貿易管理規則（省令）等の一部改正に伴い，その申告額が500万円に改められ，1992年12月1日から実施されて，1998年3月31日で廃止された。

輸出報告書には，輸出者名，商品明細，仕向地，買い主名，決済方法，建値・総価額・信用状内容などを記載されなければならなかった。

従来これは輸出申告書といわれ，通関を行う前に為替銀行から認証を得なければならなかったが，通関後でよくなり簡易化された。すなわち，税関確認済の輸出報告書については，一通は経産省に回付され，一通は輸出者に返却された。そして，輸出者が荷為替を取り組むときに為替銀行に提出し，さらに為替銀行経由で日本銀行に送付された。これらの輸出報告書は，外為法67条などに基づいて，経産省および日銀によって輸出の事後審査のために使用された。

☞輸出申告

輸出前貸関係準商業手形（ゆしゅつまえがしかんけいじゅんしょうぎょうてがた）

輸出金融のうち，船積前金融として位置づけられるもので，銀行の行った輸出前貸に対して，日銀が定めた一定の要件を備えている場合，日銀が，その前貸手形を商業手形に準じて，公定歩合で融資する優遇制度である

戦後，輸出振興のための制度金融であった「輸出前貸手形制度」が廃止された後，代わりに設けられた制度で，輸出者が"契約"から"船積み"までの間に輸出貨物の生産・加工・集荷資金を調達するために，銀行からの借入れにさいして振り出した手形のうち，一定要件を備えたものについて，日銀が，商業手形に準じて担保として認め，公定歩合による融資を行う制度である。この制度の諸要件は，以下のとおりである。

① 手形形式：輸出業者または製造業者振出しの約束手形（ディーラー貿手およびメーカー貿手）
② 手形金額：FOB価格の80〜90％
③ 手形期間：原則として6ヵ月以内の必要最低期間
④ 手形期日：船積予定日後10日以内で信用状有効期間内であること
⑤ その他要件：貸出先が日銀の定める輸出前貸適格商社で，輸出契約者またはその発注を受けた製造業者であること。また，輸出契約が成立し実際に輸出可能で，資金使途が生産・加工・集荷資金であること。さらに，手形貸付であり，一流銀行が発行した取消不能信用状で，船積後の代金回収が確実であること。

☞取消可能（不能）信用状

輸入インフレ（ゆにゅう——）

〈Imported Inflation〉

外国為替相場の急激な変動や海外の物価上昇によって，輸入価格が上昇し，結果として，国内物価が高騰するインフレーションの一形態である

輸入インフレとは，外国為替相場の変動によって，自国通貨の対外的な価値が下落したり，諸外国の物価が高騰するなどによって，輸入価格が上昇し，その結果，国内の商品価格全般（物価）が上昇して起こる国内インフレである。

輸入インフレの代表的な二つのケースは，①輸入原材料，輸入原油などの国際価格（国際的な取引相場，国際市況）の上昇が，国内商品価格を押し上げることによって起こるケース，②為替相場が著しく円安になることによって，円貨ベースでの商品の輸入価格や原材料の輸入価格が上昇して起こるケースである。1973年に起こったオイルショックによる国内

の狂乱物価は，まさにこの輸入インフレの典型であった。

日本の場合，原材料・資源エネルギーの輸入，加工製品・商品の輸出という貿易構造であるために，これらの国際価格や為替相場の動向は，国内物価に大きな影響を与えることになる。

近年，貿易の自由化・規模的な拡大の進展に伴って，主要先進国のインフレは，輸入物価の高騰が主な要因となっており，そのため各国の政策当局は，輸入価格や為替相場の動向に常に注意を払っている。

☞円安，円高，オイルショック

輸入許可（ゆにゅうきょか）
〈Import Permit〉
輸入される貨物については，かならず税関に輸入申告し輸入許可を得ること。原則として貨物を荷卸しし，保税地域に搬入し，輸入申告し，輸入許可手続きを経て，初めて貨物を引き取ることができる

関税法67条に基づき，貨物の輸入者はその品名・数量・価格などを税関長に申告し，その許可を得なければならないことをいう。

輸入通関手続きは，理論的には輸出通関手続きの逆ということになるから，輸入者はまず貨物を本船から荷卸しし，保税地域に搬入し，輸入申告を行い，輸入許可を受け，貨物を引き取る手順を踏む。

実際には，輸入者（海貨業者が，通常，代行）は輸入（納税）申告書，インボイス（仕入書）などを税関に提出し，輸入申告を行い，税関での通関審査が問題なく完了すれば，無税品についてはそのまま輸入許可書が交付され，有税品であれば関税納付書が返還される。申告者は，その納付書をもって輸入税を納付し，その領収書を呈示すれば，輸入許可書が発行・交付される。その輸入許可書は，輸入者が提出した輸入申告書に許可の旨を表する税関印を押捺されて発行される。

そして，その輸入許可書を貨物の蔵置されている保税地域の監督職員に示し，搬出届を提出すれば，内国貨物として引き取ることができる。ただし，自主管理適用保税地域であれば，搬出届は不要である。今日では，NACCS申告・許可が主流を占めている。

☞輸入申告，NACCS

輸入金融（ゆにゅうきんゆう）
〈Import Finance〉
輸入金融とは，貨物の輸入に関連した金融をいい，通常，船荷証券などの船積書類が到着してから，最終的に，輸入者が貨物代金を決済するまでのすべての金融を指す

輸入金融には，輸入に伴う為替決済のほか，信用状の開設，輸入代金回収までのはね返り円融資，輸入諸掛り融資などがあり，輸出金融に比べて，範囲が多岐にわたっている。また，金融も長期で多額になる場合が多い。

輸入金融は，円金融と外貨金融に分けることができるが，前者の中心をなすのが輸入はね返り融資である。その輸入決済関係手形で，一定要件を充たすものは，日銀の制度融資の対象となる（輸入決済手形制度）。後者の中心は，輸入ユーザンスで，その支払猶予の形態によって，本邦ローン方式，アクセプタンス方式，B/Cユーザンス方式などに分けられる。

近年，日本の外貨準備の増加や企業の対外信用の高まりを背景に，従来の外貨金融から円金融へ移行するいわゆる円シフトが徐々に増加している。

☞自行ユーザンス，アクセプタンス方式，B/Cユーザンス，はね返り融資

輸入公表（ゆにゅうこうひょう）
通産省告示第170号に基づき，輸入割当制度による輸入割当品目（IQ品目），輸入承認を要する原産地もしくは船積地域にかかわる品目，事前・通関時確認を要する品目などが定められ，公示された

もの

輸入貿易管理令の規定に基づき，具体的には「輸入の公表を行なう件」（昭和41年4月30日通商産業省告示第170号）によって，輸入割当品目，輸入承認を要する品目，その他貨物の輸入について必要な事項の公表を官報，経産省公報などで行っている。つぎのような貨物がその対象となっている。

1　輸入承認を要する貨物
  * IQ品目（近海魚，ミルク・クリーム，バターなど）
  * 輸入公表によって，原産地もしくは船積地域が公表されている貨物（鯨，特定魚介類など）
  * 輸入公表によって輸入について必要な事項が公表されているその他の貨物（ただし，輸入事前確認，輸入通関時確認を受けた場合，輸入承認を要しない）

2　輸入事前確認品目
経産大臣の確認を要する品目（繭，ワカメなど）

3　輸入通関時確認品目
通関時に，原産地証明書などの一定の書類を税関に提出する品目（ワシントン条約付属書Ⅱの動植物，韓国・台湾からの絹織物など）

輸入するに当たって，IQ品目に該当するかどうか，特別な確認を必要とするか，などについて事前に調査しておく必要がある場合，輸入商品照会制度（経産省）や税関相談官室などの公的機関を活用することができる。
☞輸入承認証

輸入承認証（ゆにゅうしょうにんしょう）
〈**Import License**〉
　輸入は原則として自由であるが，輸入貿易管理令4条で規定されている貨物について，経産大臣の輸入承認を受けることを必要とする。これら輸入について経産大臣などから受けた輸入承認を証する書類のこと
輸入者が輸入承認を要する貨物について経産省などに申請を行い，適当と認められた場合，その申請書に承認の記名押印がなされ，輸入者に対して輸入承認証として交付されるものをいう。

輸入貿易管理令4条で対象となる輸入承認を必要とする貨物は，つぎのとおりである。

1　輸入割当品目
2　輸入公表によって，原産地もしくは船積地域が公表されている貨物
3　輸入公表によって輸入について必要な事項が公表されている貨物（ただし，輸入事前確認，輸入通関時確認を受けた貨物については，輸入承認を要しない）

輸入承認を得るには，輸入（承認・割当）申請書（T2010）を2通，その貨物に応じて経産省などに提出し，適当と認められた場合，そのうち1通に記名押印がなされ，輸入承認証として申請者に対して交付される。
☞輸入公表

輸入申告（ゆにゅうしんこく）
　貨物の輸入者は，税関長から輸入許可を受けるため，貨物についての品目，数量，価格などを申告すること
関税法67条に基づき，貨物を輸入しようとする者は，輸入許可を受けるため，貨物の品目，数量，価格，その他必要事項を税関長に申告することをいい，通常，海貨業者が輸入者を代行して，輸入申告を行う。

実際には，輸入者は海貨業者に依頼して在来船の自家取りなどの場合，貨物を本船から荷卸しして，保税地域に搬入させてから，税関に対して輸入申告を行う。輸入申告に必要とする書類は，通常つぎのとおりである。

① 輸入（納税）申告書（様式C-5020）
② インボイス（仕入書）
輸入決済のために銀行経由で回付されてきた輸出者署名のもの。ただし，輸出者から書類が未着の場合，輸入者が作成

したProforma Invoice
③　パッキング・リスト，重量容積明細書，原産地証明書など
④　輸入承認証
輸入承認を必要とする場合
⑤　他法令による許可書，証明書など
⑥　関税納付書（C-1010）
⑦　運賃明細書，保険料明細書など

従価税品の課税価格は，CIFとしているので，輸入価格条件がFOBやC&F（CFR）の場合

輸入貨物によって申告書類は多少異なるが，申告者は必要書類を税関に提出して，税関では輸入申告書類やインボイスなどの記載上の審査を行い，輸入貨物が関連法規などの要件を満たしているかどうか，その他減免税などについても審査し，必要に応じて現品検査も行う。今日では，NACCS申告が主流を占めている。

☞輸入許可，NACCS

輸入信用状発行依頼書（ゆにゅうしんようじょうはっこういらいしょ）
〈Application for Irrevocable Credit〉
個々の信用状の開設にさいして，開設依頼人が，信用状条件などを詳しく記入して発行銀行に提出する申込書

輸入信用状発行依頼書は，信用状発行契約の内容と開設依頼人の意思を示すものであり，通常，発行銀行は，和文および英文の印刷書式を二種類用意している。

和文依頼書の内容は，輸入取引の概要，国内売りつなぎ先への販売条件，ユーザンスおよびはね返り融資の必要性の有無など，輸入者自身が記載する必要がある。発行銀行が信用状開設の可否を判断する資料となるため，添付資料として売買契約書などが要求される場合もある。

英文依頼書の内容は，原則として，通知・支払・補償銀行の選定など銀行に任されている事項以外はすべて信用状に記載されるため，依頼書については，慎重な内容点検が必要である。

点検項目には，信用状の種類，金額，有効期限や船荷証券などの要求書類の種類と通数，通知銀行や受益者，その他，商品や売買条件，船積期限，分割・積換え文言などがある。さらに，発行銀行は，発行依頼書について，国際慣習上，債権保全上，外為法上の問題がないかどうかについても点検する必要がある。

☞開設銀行，はね返り融資，通知銀行，補償請求方式

輸入担保荷物貸渡し（ゆにゅうたんぽにもつかしわた―）
☞T/R

輸入B/C（ゆにゅうビーシー）
〈Import Bill for Collection〉
信用状なしの輸入取引で，輸入商品代金の取立てのために，海外の銀行から送付される輸出者振出しの荷為替手形

輸入B/Cには，支払渡し条件（D/P）と引受渡し条件（D/A）のものがあり，取立てを依頼された本邦の為替銀行は，手形の名宛人である輸入者に対して，仕向銀行の指図に従って，"支払い"または"引受け"時に引き換えに船積書類を引き渡す。

輸入B/Cの取引の流れは，①輸出者と輸入者の貿易（売買）契約，②契約貨物（商品）の船積み，③仕向銀行への船積書類の持込みと取立て依頼，④取立銀行への船積書類の送付と取立て指図，⑤輸入者からの代金取立てまたは引受け，⑥仕向銀行への代り金送金と通知となる。

上記のように，信用状付輸入取引と似た流れとなるが，取立銀行に支払義務がない点で大きく異なり，仕向銀行と取立銀行の関係は「委任」であると解される。このため，取立銀行は，"善良なる管理者の注意義務"をもって，取立事務を行う必要がある。

なお，信用状取引における「信用状統一規則」のように，代金取立手形の場合

も、その扱いの統一的なルールが「取立統一規則」に規定されている。
☞支払渡し、引受渡し、代金取立手形、信用状統一規則、取立統一規則

輸入報告書（ゆにゅうほうこくしょ）

輸入者は、輸入貨物の明細を為替銀行を通じて通産（現経産）大臣に提出する必要があり、その輸入内容の報告書のことで、現在は廃止されている

かつて、貨物を輸入しようとする者または輸入した者は、その内容について別表第四で定める様式（T2041、通常為替銀行の窓口に備えられていた）に基づき輸入貨物代金の支払い等にかかわる明細を為替銀行を通じて、通産（現経産）大臣に対して提出する必要があった。

1998年4月1日から外為法の改正により本制度は廃止されている。

輸入ユーザンス（ゆにゅう──）
〈Import Usance〉

輸入ユーザンスは、輸入貨物代金の支払いの繰延べを一定期間輸入者に許容する輸入金融の一方式で、この金融を行う主体が誰であるかによって、シッパーズ・ユーザンスと銀行ユーザンスに大別される

輸入ユーザンスを一言で説明すれば、輸入代金の支払猶予ということができる。つまり、輸入取引にさいし、為替銀行や輸出者が輸入者に対して、貨物代金の決済を一定期間猶予し、その間に輸入者は貨物を売却し、代金を回収して期日に輸入決済を行うもので、外貨金融の典型ともいえる。

輸入ユーザンスは、支払いを猶予するものが輸出者か為替銀行かによってシッパーズ・ユーザンスと銀行ユーザンスに大別される。

銀行ユーザンスは、その取扱い方式の違いにより、本邦ローン方式、アクセプタンス方式、リファイナンス方式、B/Cディスカウント方式に分類される。このうち最も一般的に利用されている外貨ユーザンスは本邦ローン方式で、本邦為替銀行が自己資金で融資を行うため自行ユーザンスとも呼ばれている。

シッパーズ・ユーザンスは、輸出者が期限付手形を振り出して期日まで輸入者に支払いを猶予するもので、商社の本支店取引や原油の輸入取引などに利用されている。

☞シッパーズ・ユーザンス、自行ユーザンス、輸入金融

輸入割当（ゆにゅうわりあて）
〈Import Quota〉

特定の品目について一定期間内に輸入しうる総枠を設定して、その範囲内で一定の輸入数量あるいは輸入金額を輸入者に割り当て、この輸入割当を受けていなければ当該品を輸入できない制度

輸入割当制度は、特定の品目について一定期間内に輸入しうる総枠を国内需要などに基づいて設定し、その範囲内で一定の要件を備えた者に対して一定の輸入数量あるいは輸入金額を割り当て、この輸入割当を受けていなければ輸入承認を得られない制度をいう。

日本の輸入貿易管理は、輸入の「原則自由」を基本としているが、輸入貿易管理令では、「輸入公表」について規定している。輸入公表は輸入割当を受けるべき貨物の品目、輸入承認を受けるべき貨物の原産地または船積地域その他貨物の輸入について必要な事項を公表し、それ以外の品目の輸入は自由とされる。それゆえ、輸入公表はネガティブ・リストと呼ばれる。

輸入割当の対象品目は、非自由化品目とワシントン条約対象動植物およびその派生物である。このうち非自由化品目は、国内産業を保護するため、あるいは武器や麻薬などの国家および国民生活の安全に重大な影響を及ぼす物資の輸入を厳しく制限する目的で設けられている。しかし、国内産業保護を目的とするもののなかには、現在、GATTから残存輸入制限品目と指摘されているものが多く

含まれている。
　☞残存輸入制限品目，輸入公表

よ

用船（ようせん）
　☞チャーター

ヨーロピアン・タイプ〈European Type〉
オプション取引の条件の一つ
　オプション取引の権利行使が満期日（権利行使期間の最終日）のみに限定されるタイプのオプション。契約後，満期日までいつでも権利行使のできるアメリカン・タイプと対比される。
　☞アメリカン・タイプ

予定振替日（制）（よていふりかえび）
　外国為替取引の経理上，外貨建仕向為替の経過勘定科目から決済勘定科目（外国他店勘定または本支店勘定）への振替を，郵送日数などから予想される先方勘定の貸借日にあわせて行うこと
　外貨建信用状付一覧払手形の買取りの場合，買取銀行は経過勘定である外貨買入外国為替によって経理処理した後，手形・船積書類を信用状発行銀行に送付するが，先方への到着日は，発送日と郵送期間から大体予想がつく。したがって，信用状発行銀行（Depository Bank）が手形決済を行う，つまり買取銀行の外貨預け金口座に手形金額を入金する日（貸借記帳日）を予想でき，これに合わせて買取銀行も，先方からの入金通知（クレジット・アドバイス）を待たずに，買入外国為替勘定から，他店預け金勘定への振替えを行う。これを予定振替日制という。通常，一覧払手形の予定振替日は，メール期間と同じ12日と決められている。
　経理上，予定振替を行うことは，「外為計理に関する準則」の同時記帳の原則，つまり当方勘定の貸借記はできるだけ先方の貸借記の時点と一致する時点で行うという仕訳け原則に合致することになる。
　現在，メール・リインバース方式の信用状付輸出手形の買取り，仕向および被仕向送金，ならびに輸出手形の在日他行再割分について予定振替日制がとられている。
　☞外貨買入外国為替，外国他店預り，外国他店預け，外為経理処理に関する統一基準，メール・デイズ・インタレスト

予約スリップ（よやく──）
　☞コントラクト・スリップ

ら

ライボー（ライビッド）
⟨LIBOR (LIBID)⟩

ロンドンの銀行間資金市場における「出し手」レートのことで，国際金融市場における金利指標として広く使われている。LIBOR は London Inter-Bank Offered Rate の略。LIBID は London Inter-Bank Bid Rate の略で，資金の「取り手」レートを意味する

ロンドンのユーロ市場において，銀行が，短期資金を調達する場合に適用される金利をいい，シンジケート・ローン，金利・通貨スワップ，変動金利型債券，貸出取引の基準金利となっている。

主要銀行は，ロンドン時間午前11時現在の自行の LIBOR を毎営業日，通信社などを通して公表している。各銀行が呈示する LIBOR はすべて同一金利であるとは限らないため，シンジケート・ローンなどの適用金利を決定するさいには，あらかじめ特定した数行（Reference Bank）の LIBOR の平均金利をベースとすることが慣行的に行われている。

LIBOR の期間は，二営業日後をスタート日として，1週間，1，2，3，6，9，12ヵ月などがあるが，金利指標として重要度が高いのは，3ヵ月 LIBOR または6ヵ月 LIBOR である。

☞オファー・レート，ビッド・レート，シンジケート・ローン，金利スワップ，通貨スワップ

り

リーズ・アンド・ラグズ
⟨Leads and Lags⟩

貿易取引などに伴う外貨の対外支払いおよび受取りが，金利・為替相場の見通しによって，意識的に早められたり（Leads）遅らせられたり（Lags）する現象・行為のことで，収支上，時間的なズレが発生する

たとえば，日本において，ドル建輸出業者は，将来，円高（ドル安）が進むと予想する場合，輸出代金の売却（輸出手形の買取り）を早めたり，輸出先物予約を早めに締結することで，為替差損の回避または為替益の確保が可能となる。逆に，円安（ドル高）を予想する場合は，輸出品の船積みを遅らせたり，輸出代金の売却（輸出手形の買取り）を遅らせることにより，同様の効果が期待できる。

この現象は，私企業の利益追求行動の結果として当然起こるのであるが，外貨の需給関係を偏らせ，国際収支の実体を歪めるなど，貿易政策上好ましくない影響をもたらすうえに，為替相場が，将来，予想される方向（円高または円安）に一方的に動くのを加速させる傾向がある。また，貿易業者にとっては，為替相場が，将来の予想と反対方向に動いた場合，貿易取引による採算割れを生じるなど予想外の為替差損を被る可能性があり，経営管理的な側面からも，リーズ・アンド・ラグズについて，為替方針を確立し，運営・管理を強化することが必要である。

☞国際収支，為替リスク，為替予約

リインバースメント
☞補償請求方式

リコンサイルメント（リコンサイル）
⟨Reconcilement (Reconcile)⟩

外国為替取引に伴って発生した対外的な資金の実際の受払いについて，預け金を設けている相手方からのステートメント（入出金明細書）と，当方で記帳・記録している自己名義預け金（シャドー勘定）の受払いとを照合・確認する作業のこと

通常，外国為替銀行におけるリコンサイルメント（リコンサイル）は，デポジタリー・コルレス（デポ・コレ）先に開設した自行名義の預け金勘定（当方勘定）の残高や受払い明細について，先方からのステートメントをもとに，自行に

おいて記帳・記録している当該勘定の動きとを照合する事務を指し、照合事務とも呼ばれている。外国為替取引にかかわる資金の決済関係は、すべて海外のデポジタリー・コルレス先にある預け金勘定を通じて行われるため、その受払いは、件数的にも、金額的にも大きなものとなり、また、国際間取引であるため、時間的、距離的な問題もあって、残高不符合、入出金誤記、口座相違などの不一致が国内取引に比べて発生しやすいといえる。

不一致の状態が長期間継続すると、対外的な取引関係に悪影響を及ぼしたり、相場変動による損失を被ったり、資金の効率的な運用を妨げたりする危険性があるため、正確なリコンサイルメント（リコンサイル）を行うことの重要性は、きわめて高く評価されている。

☞ デポジタリー・コルレス、クレジット・アドバイス、デビット・アドバイス、外国他店預り、外国他店預け

リストリクト信用状（――しんようじょう）
⟨Restricted Credit⟩

信用状に基づいて振り出された輸出為替手形の買取り・支払い・引受けを行える銀行が指定・限定されている信用状である。とくに買取銀行などが指定されていないオープン信用状（Open Credit）に対比する信用状である

買取・支払・引受銀行が指定される場合には、①通知銀行が確認を加えた確認信用状である、②リインバースメント（求償方法）について、発行銀行と本邦の特定銀行との間に取決めがある、③リインバースメントについて、信用状上に明記せず、通知銀行などに直接、発行銀行が指示しているなどがある。

このようなケースでは、日本の慣習に従って、買取りなどを行うことは可能であるが、発行銀行とのコルレス契約の有無にかかわらず、指定された本邦の権限がある銀行に対して、再割引を依頼しなければならない。

現行の信用状統一規則（2007年 ICC Publication No. 600）では2条で定義、6条で利用可能性、12条で指定などの形で規定している。

☞ 確認信用状、補償請求方式、信用状統一規則

リファイナンス（方式）
⟨Refinance System⟩

輸入ユーザンスの一種で、一覧払信用状に基づいて振り出された一覧払手形の決済資金を調達する方法の一つである。資金調達の当事者が、①輸入者である場合と、②本邦の外国為替銀行である場合の二通りがある

⟨①のケース⟩　輸出業者の振り出した一覧払手形の決済資金（輸入決済資金）を調達するために、別途、輸入者にあらかじめ期限付白地手形（リファイナンス手形）を振り出させ、これをニューヨークやロンドンのコルレス先銀行に引き受けてもらい、市場で割引を受ける方法である。母国通貨市場が金融地となるため、米ドルならニューヨーク・リファイナンス方式、英ポンドならロンドン・リファイナンス方式と呼ばれる。なお、この場合の輸入者の決済日は、別途振り出した期限付手形の満期日となる。

⟨②のケース⟩　本邦の為替銀行が、輸入者に代わって対外決済をするため、その資金調達を目的として、為替銀行自身が外貨建約束手形（リファイナンス手形）を振り出し、外国銀行（在日外銀を含む）から資金の融通を受ける方法である。

最近では、本邦の為替銀行の資金調達力が向上したこと、および手続きが面倒なことなどの理由から、輸入ユーザンスの大部分が本邦ローンによっており、リファイナンス方式のユーザンスはあまり利用されていない。

☞ 輸入ユーザンス、自行ユーザンス、コルレス契約

リフティング・チャージ
〈Lifting Charge〉

外国為替取引にかかわる手数料の一種で,「取扱手数料」と訳される

通貨の交換を伴わない外国為替取引 (Non-exchange 取引),たとえば,外貨と外貨または円貨と円貨というように,取引に為替相場（為替レート）が介在しない場合において,為替銀行が,取引金額の一定割合を顧客から徴求するが,これがリフティング・チャージである。

通貨の交換を伴う取引（Exchange 取引）の場合は,常に為替相場（為替レート）が介在するため,適用相場に手数料相当分（為替売買益）が織り込まれているが,通貨の交換を伴わない取引には,為替売買益が存在しないため,これに代えて,為替銀行は,リフティング・チャージとして取扱手数料を徴求するのである。

ドル建輸出手形の買取りを例にとると,買取り代り金を円貨で支払う場合は,手形金額×（仲値相場－電信買相場）分の為替売買益がある。一方,買取り代り金を同一通貨つまりドルで支払い,外貨預金へ入金する場合には,為替売買益に相当する分をリフティング・チャージとして徴求する。現行,輸出入取引は1/10％,それ以外は1/20％程度の料率となっており,取引ごとに,リフティング・チャージの最低限度（ミニマム・チャージ）が定められている。

☞仲値, TTS (TTB) レート, 外貨預金, ネゴ

両替商 (りょうがえしょう)

外国通貨および旅行小切手など外貨の両替業務を行うもの

外国通貨や旅行小切手など外貨の両替業務を行う両替商については,従来資格要件に基づく認可制度がとられていたが,1998年施行の改正外為法により自由化された。

☞外国為替公認銀行, トラベラーズ・チェック

領事送り状 (りょうじおくーじょう)
〈Consular Invoice〉

関税の脱税やダンピングの防止,あるいは,輸入税率の査定,統計資料作成の目的で用いられる所定様式の公用送り状。同一の目的を有するものに通関送り状がある

輸入国の税関で関税を賦課するための正確な資料として,関税の脱税やダンピングの防止を目的として,各国別の所定様式に基づくにお輸出国駐在の輸入国領事の査証が要求される形式の公用送り状である。同様の目的で用いられる公用送り状には,通関用送り状があり,所定の様式によって作成することが要求されるが,領事の査証は不要である。近年,領事送り状は,廃止される傾向にあるが,中南米諸国やアフリカ諸国の一部では現在も要求されるケースがある。

領事送り状および通関送り状の様式や,その手続き,作成要領については,毎年発行されている『各国領事の輸出規則全解』（通商産業調査会編）に詳しく記載されており,商社,貿易商をはじめ,為替銀行でも幅広く活用されている。

☞通関用送り状, 税関送り状, 関税

旅行小切手 (りょこうこぎって)
☞トラベラーズ・チェック

旅行信用状 (りょこうしんようじょう)
〈Traveler's Credit〉

海外旅行者が,現金を携帯する不便を取り除き,また紛失や盗難などの場合の安全性を確保するため,旅行先で,必要に応じてその国の通貨を調達できるようにするために開設された信用状（クリーン信用状）

この信用状は,旅行者の依頼によって発行されるもので,旅行者自身が海外へ持参し,必要に応じて,指定された銀行宛に一覧払為替手形を振り出し,かつ当該手形の買取りを依頼することによって,現地で現金（通貨）を入手できる内

容となっている。

そのため，旅行信用状の発行依頼人と受益者は同一人であり，信用状に基づいて旅行者が振り出した手形の買取銀行は，信用状発行銀行の本支店または取引銀行に限定されることになる。

発行銀行は，信用状の他に取引可能な銀行リストや，署名鑑（Letter of Identification）をあらかじめ交付するため，旅行者が，現地でその国の通貨を入手しようとするときは，信用状，為替手形および署名鑑をセットで呈示して買取りを依頼することになる。署名鑑は，使用者本人の確認のためだけでなく，信用状の盗難および紛失による損害を防止する役割をもっている。

しかし現在では，便利で，手続きが簡単，かつ安全性に優れた旅行小切手が広く普及しており，旅行信用状はほとんど使われていないのが実情である。

☞トラベラーズ・チェック，クリーン信用状

る

累積債務（問題）（るいせきさいむ）

　一国の対外債務が，その国の生産能力や外貨獲得能力を超えているため債務残高が累増すること。また，返済が困難な状態となり，債務不履行などの問題を生ずること

1982年8月，メキシコの債務返済不能によって顕在化した累積債務問題は，その後，中南米・アフリカ諸国などの発展途上国に急速に拡大した。また，その主要な債権者が，米銀を中心とした民間銀行であったために，国際金融不安へと発展した。

累積債務問題が発生した要因としては，①発展途上国の対外借入れへの依存体質と野心的な経済政策による財政赤字や輸入の急増，②世界的な流動性過剰を背景にしたオイル・マネーなどの民間資金の過剰流入，③オイルショックによるエネルギー・コストの上昇と，先進諸国の景気低迷や為替政策の失敗による途上国の輸出の伸び悩み，④一次産品価格の低迷と1980年代初めの高金利による金利負担の増大などがあげられる。

累積債務を地域別にみると，中南米，とくにブラジル，アルゼンチン，メキシコの3ヵ国が最も深刻で，その他アフリカ諸国，アジア，旧ソ連・東欧諸国にもみられる。累積債務問題に対して，IMF・世銀を中心に，国別の緊縮型調整政策という債務戦略で対応を図ったが十分な効果が得られず，その後1985年の「ベーカー構想」，さらには債務の買取り・債券化・株式化などの具体的支援策を示した89年の「ブレイディ提案」などの新債務戦略が打ち出された。

☞オイルショック，オイル・ダラー，IMF

れ

レイト・シップメント（船積遅延）
⟨Late Shipment⟩

　船積みが契約の船積期日より遅れること

レイト・シップメントの原因には，①売り手の過失あるいは故意によるものと，②輸出地で生じる不可抗力（Force Majeure）によるものとがある。①は輸出地の製造業者が原因の積み遅れでも，売り手が責任を取らなければならない。②は戦争，天災，ストライキなどの不可抗力による場合で，一般的には売り手の責任は免れるとされるが，準拠法によっては免責を得るために本条項を明確に規定しておく必要がある。

なお，通常は船積証券の日付が船積日とみなされる。

レイト・プレゼンテーション
⟨Late Presentation⟩

　積出書類などが，信用状の有効期間を超えて買取銀行に呈示されたり，信用状に明示された買取銀行への呈示期間を経過して呈示されることである

信用状統一規則（2007年 UCP600）では6条で「信用状は，呈示のための有効期限を記載しなければならない」と規定している。また14条では「運送書類の原本を含む呈示は，船積後21暦日よりも遅れることなく行わなければならないが，いずれにしても，信用状の有効期限よりも遅れることなく行われなくてはならない」と規定し，6条の期限を超えることはできないとしている。なお，現行の統一規則では「定めるべき」とは規定していないが，信用状によっては「船積後何日」などの呈示期間を定めるケースもある。

レイト・プレゼンテーションとなった積出書類を含む輸出手形は，明らかに信用状との条件不一致があり，銀行は原則として買取りに応じないが，依頼人について与信上の懸念がなければ，補償状を徴求して，L/G付買取扱いとすることもある。

☞船荷証券，補償状，L/Gネゴ，信用状統一規則，ステールB/L，書類呈示のための特定期間

暦月オプション渡し（暦月渡し）（れきげつ——わた—）

先物為替予約を受渡し期で分類したうちの一つで，たとえば「10月渡し」のように，受渡しのオプションを暦月を基準として定めたものである

先物為替予約の受渡し方法には，確定日渡し（Fixed Date）と一定期間内であればいつでも受渡しができるオプション渡し（Delivery with Option）があり，後者はさらに，暦月渡し，順月渡し，特定期間渡しの三種類がある。

通常，為替銀行が，顧客取引のために，インディケーションとして公示しているのは暦月渡しの予約相場である。日本では，商取引が月単位で行われる慣習があること，とくに輸出の場合，船舶のスケジュールが月末に集中しており，直近まで船積日が確定しないことなどの理由から，暦月渡しが一般的に広く利用されている。

これは，「10月渡し」のように，月内であればいつでも受渡し（予約の実行）ができるオプションを顧客に与えているもので，顧客にとっては使い勝手がよいが，銀行にとっては，いつ実行されるか事前にわからないために，当該月内の最も不利な時点で実行されることを想定して相場を決定している。

☞為替予約，オプション渡し先物，順月確定日渡し，オプション付予約

レッド・クローズ付信用状（——つきしんようじょう）〈Red Clause Credit〉

信用状の一種であり，前貸信用状または輸出前貸信用状とも呼ばれ，輸出貨物の集荷などのための資金を前貸しする権限を，通知銀行に対して許容した取消不能信用状（Irrevocable L/C）である

この信用状は，買い主（輸入者）の依頼に応じて，信用状開設銀行が，受益者（売り主または輸出者）の輸出貨物の集荷などに必要となる前貸資金の貸出しを，その通知銀行に授権し，元利金の支払いを保証する取消不能信用状（Irrevocable L/C）である。

通常，この輸出前貸を許容する条項（文言）が，信用状に赤字で印刷されていることから，レッド・クローズ付信用状と呼ばれる。

機械類・プラントなどの輸出のように，製造から輸出まで長期間を要する場合や，発展途上国の輸出のように，資金負担能力に問題がある場合などに利用されるが，現在，日本の貿易取引では，国際競争力の向上もあって，当該信用状を使って輸出するケースはほとんどなくなっている。

輸出前貸が行われたときは，前貸（通知）銀行の貸出債権保全上，当該輸出手形の買取りが前貸（通知）銀行に持ち込まれるよう必ずリストリクト信用状となる。

☞リストリクト信用状，通知銀行，受益者，取消可能（不能）信用状

ろ

ロイズ保険業者協会（——ほけんぎょうしゃきょうかい）⟨Lloyd's Underwriters' Association⟩

ロイズ保険業者（イギリス）の団体のこと。ロイズ保険仲立人協会（Lloyd's Insurance Brokers' Association）と並んでロイズ保険の中心的な団体

ロイズ保険の起源は，17世紀末にロンドンのテムズ河畔の通りにE．ロイズによって開かれたコーヒー店の名に由来し，そこで海運にかかわる情報や船荷売買・保険などの斡旋が行われたりして，保険業者などの集まりとなった。ロイズは，今日においても日本のように保険会社の法人組織ではなく，保険業者個人のグループであるのが一つの特徴である。

現在では，ロイズ保険会員の多くがロイズ保険業者協会に加盟し，ロイズ保険仲立人協会と並ぶロイズ保険の中核的な団体となっている。

Underwriter の意味は，保険を引き受ける個人の保険業者をいい，保険証券の下の部分に保険引受者の個人の署名をしたことから，こう呼ばれるようになった。

ロイヤルティ⟨Royalty⟩

工業所有権や著作権の使用に対する対価

特許権，実用新案中などの工業所有権や著作権の使用に対する対価で，ライセンシー（Licensee；技術などの受入者）がライセンサー（Licensor；技術などの提供者）に支払う。

ロイヤルティの支払方法には定額払い（Lump Sum Payment）と継続実施料（Running Royalty）などがある。国際間の実際の取引では，イニシャル・ロイヤルティに販売金額や生産数量の一定比率から算出されるランニング・ロイヤルティを組み合わせる方式などがとられている。

なお，国際収支上はサービス収支として分類される。

わ

ワッセナー・アレンジメント
〈Wassenaar Arrangement〉

政府の輸出許可を要する戦略物資は，旧来のココム品目が主であったが，冷戦後ではココム制度自体が廃止されたので，これに代わるものとして誕生した国際的協約をワッセナー・アレンジメントという。同協約に基づき通常兵器および関連汎用品・技術などが規制の対象

冷戦後の現在では，地域紛争や国際的テロにつながるような品目の流出を予防する「不拡散型規制」の輸出管理が対象となり，ワッセナー・アレンジメントが誕生した。ワッセナーはオランダ・ハーグの近郊の市名で，同市で1996年7月に同協約の設立の交渉が行われ，日本を含む旧ココム参加国，旧共産圏，発展途上国など33ヵ国が参加し発足した。

ワッセナー・アレンジメントに基づく規制の対象貨物は，通常兵器・関連汎用品などにかかわる約110品目，規制の対象地域は地域の安定を損なう恐れの多い通常兵器の異常な蓄積を予防するため，全地域となっている。

☞戦略物資，輸出（許可・承認）証，輸出貿易管理令

主要参考文献

▶外国為替・保険・国際金融関係
古海建一『外国為替入門』日本経済新聞社　1990年
千野忠男監修・藤川鉄馬編『最新 外為法の実務』大蔵財務協会　1990年
東京銀行編『貿易と信用状』実業之日本社　1987年
貿易保険機構編『貿易保険制度の解説』(第22版)　1990年
藤沢順『海上保険のＡＢＣ』成山堂書店　1990年
深尾光洋『国際金融』東洋経済新報社　1990年
大山道広・寺西重郎編『国際金融・貿易講義』東洋経済新報社　1989年
三宅輝幸『外国為替と国際金融』経済法令研究会　1995年
三宅輝幸『デリバティブのしくみ』日本実業出版社　2004年
三宅輝幸『貿易実務と外国為替がわかる事典』日本実業出版社　2004年
三宅輝幸『五訂デリバティブ取引の基礎』経済法令研究会　2008年
三宅輝幸・内藤徹雄『実践国際金融論』経済法令研究会　2000年
岡正生『金利・為替相場の読み方』近代セールス社　1991年
宮下忠雄『輸出入外国為替実務事典』日本実業出版社　1985年
吉野昌甫監修『金融・経済用語辞典』経済法令研究会　1997年
東京銀行貿易投資相談所編『貿易為替用語辞典』日本経済新聞社　1991年
貝塚啓明ほか編『国際金融用語辞典』BSI エデュケーション　2000年
外国為替情報社編『外為年鑑』2007年版　外国為替情報社

▶貿易・海運関係
石田貞夫編・中村那詮『貿易用語辞典』白桃書房　2006年
石田貞夫編・中村那詮『新貿易取引』有斐閣　1990年
石田貞夫ほか編『貿易実務・英語ハンドブック』同文舘　1977年
山田晃久『貿易・為替の基本』(第3版)日本経済新聞社　2007年
山田晃久監修『輸出・輸入手続き実務事典』日本実業出版社　1992年
山田晃久『マクロ・ミクロ貿易取引』(第2版)学文社　2000年
山田晃久『1・2級事務専門士 貿易部門テキスト』日本事務処理サービス協会・中央職業能力開発協会　1999年
山田晃久「ウルグアイ・ラウンドをめぐって」横浜商科大学公開講座編『新しい国際秩序と日本の役割』南窓社　1993年
粕谷慶治・山田晃久『国際貿易論』(第2版)学文社　1997年
上坂西三・朝岡良平『貿易用語辞典』東洋経済新報社　1988年
上坂西三『貿易契約』東洋経済新報社　1960年
浜谷源蔵監修『貿易実務辞典』同文舘　1989年
浜谷源蔵『最新貿易実務』同文舘　1986年
朝岡良平『貿易売買と商慣習』東京布井出版　1978年
斎藤祥男『求償的貿易の研究』第一書林　1991年
高橋芳三『貿易要論』(第3版)評論社　1971年
錦織健一編『貿易手続全解』(第30・34版)貿易弘報社　1987・1992年
高内公満『輸出入・シッピング実務事典』日本実業出版社　1991年
張聰仁『実践貿易中国語』大学書林　1987年

八尾晃『貿易取引の基礎』東京経済情報出版　2007年
日本関税協会編『貿易年鑑』1991年
垣水孝一『関税の知識』(第14版) 日経文庫　1985年
川上博夫『外航海運 ABC』(第 4 版) 成山堂書店　1992年
高橋正彦著・岩崎一生増訂『海運事典』(改訂増補版) 同文舘　1984年
日通総合研究所編『最新・物流ハンドブック』ダイヤモンド社　1991年
大阪商船三井船舶調査部編『海運の知識』東洋経済新報社　1984年

▶経済一般ほか

荒憲治郎ほか編『経済辞典』講談社　1980年
中山伊知郎ほか編『経済辞典』有斐閣　1971年
金森久雄ほか編『経済辞典』(新版) 有斐閣　1971年
熊谷尚夫ほか編『経済学大辞典』(第 2 版) Ⅰ，Ⅱ，Ⅲ　東洋経済新報社　1980年
高橋泰蔵ほか編『体系経済学辞典』(改訂新版) 東洋経済新報社　1975年
日本経済新聞社編『経済新語辞典』日本経済新聞社　2007年
藤木英雄ほか編『法律学小辞典』(増補版) 有斐閣　1986年
大学教育社編『現代政治学事典』ブレーン出版　1991年
通商産業省編『経済協力の現状と問題点』(1991年版) 通商産業調査会
外務省『国連貿易開発会議の研究―南北問題の新展開』世界経済研究会　1965年
白川一郎編『米加自由貿易協定・EC 統合を見る』東洋経済新報社　1989年
外務省経済局国際機関第一課『解説 WTO 協定』日本国際問題研究所　1996年

和文索引

あ

IMF 特別引出権 12, 23
IMF リザーブ・トランシュ 23
IQ 品目 139
IBF 市場 2
アウトライト取引 2
アカウンティ 2
アクセプタンス 54
　——・ハウス 128
　——・レート 2, 10, 91, 131
　バンカーズ・—— 103
　——方式 2, 139, 142
アクチュアル・ポジション 3
揚地条件 3
アジア開発銀行 3
アジア太平洋経済社会委員会 3
アージェント・テレグラム 1
預け金 144
預け金勘定 85
アメリカ財務省 92
　——短期証券 49
　——中期証券 49
　——長期証券 49
アメリカン・タイプ 3, 143
アメンドメント 4, 28
アライバル・ノーティス 4, 111
アンタイイング 75
アンタイド・ローン 4, 45

い

委託買付け 8
委託介入 5
委託加工貿易 5
　逆—— 5, 31
　順—— 5, 31
委託証拠金 5
委託生産 6
委託生産契約 6
委託手数料 6
委託販売貿易 6

一覧払手形買相場 6, 7
一覧払輸入手形決済相場 2, 7, 10, 91
一手販売店 117
一般会員証拠金 5, 88, 89
イニシャル・マージン 88
E-ビジネス 86
委 付 71
イラン革命 15
インコタームズ 7
イン・ザ・マネー 1
インターナショナル・ブローキング 115, 116
インターバンク市場 7
インターバンク・レート 7
インデント 8
インパクト・ローン 8, 23, 67, 87
　オープン・—— 8
　スワップ付き—— 8
インフラストラクチャー 8, 75
インボイス 8, 68, 82
　プロフォーマ・—— 116
　見積り—— 116
インボンド 8

う

ウェーバー 9
迂回貿易 9
受取式船荷証券 9
受渡決済 9
受渡リスク 10
売為替 10
売相場 10
　現金—— 38
　電信—— 10, 84, 86
売り申込み 18
　確定—— 19, 107
　確認条件付き—— 19
　先売り御免—— 19
　未確約—— 19
売 持 10, 33, 34
売渡外国為替 10, 130
　外貨—— 22
ウルグアイ・ラウンド 10, 31

運送契約 110
運送仲立業者 11
運送人渡し 91
運 賃 11, 114
　——・保険料込み 91
運賃込み 91

え

エカフェ 11
役務取引 11, 89
エクス・ゴーダウン 12
エクステンション 12
エクスパイアリー・デート 12
エージェント 75
L/G ネゴ 14, 41, 85, 124
円キャリー・トレート 14
円 高 15, 33
円シフト 139
円 転 10, 15
円 投 15, 29
円 安 15, 33

お

オイルショック 15, 70, 138, 147
　第一次—— 15, 16, 88
　第二次—— 15, 16
オイル・ダラー 16
オイル・マネー 16, 147
欧州共同体 5, 11
欧州経済共同体 5
欧州経済協力機構 16
欧州原子力共同体 5
欧州石炭鉄鋼共同体 5
欧州通貨制度 4, 11, 134
欧州通貨単位 5
欧州復興計画 47
欧州連合 4, 5, 134
大口定期預金 14
送り状 18, 68
　委託販売—— 18
　試算用—— 116
　——用 82
乙 仲 18
オーダー B/L 66
オーディナリー・テレグラ

ム **17**
オーバーオール・ポジション **17**, 71
オーバー・ドラフト **17**
オーバー・シュート 118
オープン信用状 145
オープン・ポリシー **17**
オール・リスク **17**
オファー **18**
　カウンター・── **29**
　ファーム・── **107**
　──・レート **19**, 75, 107
オフショア市場 **19**
オプション **1**, 11, 17, 19, 43, 115
　コール・── 20
　順月──渡し **60**
　ゼロ・コスト・── **70**
　通貨── **19**, 20, 70
　──・プレミアム **115**
　暦月──渡し 148
　──渡し 148
　──渡し先物 20
オプション付予約 **19**
オプション取引 **20**, 43, 143
オプション料 **1**, 20, 43, 70, **115**
オリジナルL/C 129
オンデッキ・カーゴ **20**
オンボード・ノーテーション **20**, 48, 110

か

買入外国為替 130
　外貨── **22**, 122, 143
　邦貨── **122**
海運組合法 44
海運同盟 **22**
海運仲立人 44
海外経済協力基金 45
海外事業資金貸付保険 121
海外商社名簿 137
海外直接投資 113
海外投資保険 **22**
海貨業者 **23**
海貨業務 81
外貨貸付 **23**
外貨決済 **23**

外貨準備 **23**
外貨準備増減 45
外貨建相場 **23**, 123
外貨約束手形 111
外貨預金 **24**, 87
買為替 **24**
開港 125
外国為替 **24**
　──の引直し **25**
　──及び外国貿易法 **25**
外国為替公認銀行 **24**
外国為替市場 **25**, 37
外国為替証拠金取引 **25**
外国他店預け **26**
外国他店預り **26**
外国向為替手形取引約定書 **26**
外債 **26**
海上通関情報処理システム 93
海上保険証券 **26**
改正アメリカ貿易定義 **7**, 13, 109
開設銀行 **27**
買相場 **27**
　一覧払手形── **6**, **7**, 35, 131
　一覧払輸出手形── 27
　期限付輸出手形── **35**
　現金── 41
　電信── **27**, 84, **86**, 107
外為経理処理に関する統一基準 **27**
外為ブローカー **115**
外為法 24, 130, 133
　改正── **23**
　旧── **23**
買付委託書 **8**
回転信用状 **27**
買取り **97**
買取銀行 **28**, 60, 101, 111, 116, 125, 143, 145, 147
買取代金の返還 14
介入 **33**
開発輸入 **28**
買い申込み 18
買持 **29**, 33, 34
カウンター・トレード **29**
カウンター・パーチェス **29**
確定売り申込み **107**

確定日渡し **30**, 148
　順月── **60**
確定保険 124
確認義務 **30**
確認銀行 **30**
確認信用状 **30**, 145
加工貿易 **30**, 80
かさ高貨物 **102**
カッツ GATS参照
ガット GATT参照
カバー **32**, 34, 50, 67
カバー取引 118
仮送り状 116
為替決済勘定 85
　外国── **17**, 26
為替裁定取引 **32**
為替差損 34
為替操作 **32**
為替相場 34
　先物── **49**
　電信売── 91
　──メカニズム 4
為替平価 **32**
為替平衡操作 **33**
為替変動保険 **33**, 121
為替持高 **7**, 33, 64, 132
　外国── 29
　先物── 53
　直物── **3**, **53**
為替予約 **33**, 48, 70
　先物── 148
　──の延長 **33**
為替リスク 32, **33**, 55, 67, 71, 81
幹事 62
監視行政 67
関税 34
　──及び貿易に関する一般協定 10, 31
関税障壁 34
関税定率法 132
関税納付書 141
関税評価 105
関税法 123
間接貿易 80, 120
カントリーリスク **34**, 137
甲板以下 70
甲板積み貨物 70
岸壁上屋 65
間貿 80
管理フロート **34**, 63, 118

和文索引 155

き

期限付為替手形 103
期限付手形 35
期限付荷為替手形 106
危険物 70
規制緩和 113
逆為替 35, 74, 94, 130
逆Jカーブ効果 35
逆申込み 19
逆輸入 35
キャッシュ・フロー 39, 81
キャッシュ・ポジション 36
キャパシティ 66
求償手形 122
求償貿易 36, 99
協会貨物約款 36
　旧—— 27
　新—— 27
協調介入 37
協調融資団 62
協定税率 42
共同海損 37, 116
　——盟約書 37
居住者 37
銀行引受手形 2, 103
銀行保証状 38
金利裁定取引 38
金利スワップ 39
金利リスク 38, 62

く

グラント・エレメント 16
クリーン・クレジット 39
クリーン信用状 39, 146
クリーン・チェック 39
クリーン B/L 39
クリーン・ビル 28, 39, 95, 100
クリーン・フロート 34, 118
クレジット・アドバイス 40, 106, 143
クロス取引 40
クロス・レート 40, 49
グローバル志向 76

け

経済協力開発機構 16
経済の基礎的条件 108
経済連携協定 13, 53
経常移転収支 40, 119
経常収支 40, 45
継続実施料 149
継続の取引 120
軽トン 40
契約履行保証 38, 40, 124
ケネディ・ラウンド 10, 31, 41
ケーブル・アドレス 41
ケーブル・ネゴ 14, 28, 41, 85
現金売買相場 41
現金引換え渡し 42
検査証明書 111
原産地証明書 42, 111
現実全損 71
現実引渡し条件 56
源泉課税 134
検数人 77
検数表 77
現地貸付 42
現地保証 42
検定新日本社 59
限度額設定型貿易保険 121
現場渡し 71
現物決済 9
現物渡し 43

こ

工業規格 105
工業所有権 149
航空貨物運送状 42
航空貨物通関情報処理システム 93
行使価格 11, 20, 43, 115
公示相場 50
　——制度 43, 50, 55, 93
工場渡し 43, 91
　——条件 72
公定歩合 138
甲 仲 44
購買力平価 44
合 弁 44
小切手送金 45
国際開発協会 1, 72
国際協力銀行 45
国際金融公社 1, 2
国際決済銀行 58, 103
国際収支 45
　——マニュアル 45
国際商業会議所 1, 64, 91
国際商事仲裁協会 45
国際通貨基金 1, 12, 45, 103, 114
国際テレックス 83
国際電報 83
国際動産売買条約 60
国際ファクシミリ 83
国際復興開発銀行 1, 72, 114
国定税率 42
互恵関税 45
互恵通商協定 45
互恵貿易 45
国内総生産 52
国民総生産 52
個人輸入 46
国貿易 105
国連貿易開発会議 4
ココム 46
　旧——規制違反 136, 137
　——制度 150
故障手形 46
国境持込み渡し 92
小包郵便受取証 46
固定相場制 32, 34
コマーシャル・ペーパー 112
コメコン 47
コール 115
コルレス銀行 2, 22, 45, 74, 83, 98
コルレス契約 26, 47, 62, 74, 105, 130
コレポン 47
コンテナ B/L 48, 70
コンテナ・フレート・ステーション 48
コンテナ・ヤード 48
コントラクト・スリップ 48

さ

最恵国 49
財政関税 34, 77
裁定相場 49
財務省短期証券 49
債務不履行 38

最優遇貸出金利 112
先物為替 10, 24
　──取引 50
先物取引 49
　金融── 5, 68, 88, 97
　金利── 38
先物持高 10, 29, 71, 132
差金決済 50
サスペンド 43, 50
サービス収支 111
サブプライム問題 16
サプライヤー 51
サプライヤーズ・クレジット 98, 100
三角貿易 51
産業協力方式 100
三国間貿易 51
残存輸入制限品目 51

し

仕入書 18, 82, 136
Jカーブ効果 35, 55
直物為替 10, 24
　──取引 53
直物取引 49
直物持高 10, 29, 71, 132
時間の価値 11, 17, 115
直ハネ 102
直貿 80
至急電報 54
自国通貨建相場 23, 123
自己資本比率規制 58
資産負債総合管理 11
市場介入 33, 54, 66
市場金利連動型預金 14
市場相場 54
市場の自由化 113
市場連動制 55
自然人 37
仕出人 82
実需原則 55
シッピング・マーク 55
指定加工 31, 136, 137
　──原材料 31
支払担絶 60
支払銀行 57, 107
支払指図 57, 86
支払指図書 134
支払承諾 56
支払承諾見返 56
支払等報告書 56

支払保証代理店 75
支払保証手数料 75
支払渡し 56, 95, 106
　──条件 141
資本収支 45, 57
資本取引 57
仕向為替 130
仕向銀行 22, 57, 134
仕向送金 22, 57, 106
仕向地 55, 56, 57
　──持込み渡し 92
社会資本 72, 75
JASTPRO番号 58
シャドー勘定 144
ジャパン・プレミアム 58
従価税 58
従量税 58
重トン 59
収入関税 34
自由変動相場制 34
自由貿易協定 13, 93
重量容積証明書 59
受益者 2, 59, 101, 129, 131
主幹事 62
準拠法 59
授権書 125
順月渡し 20
償還請求 60
商業英語 47
商業送り状 18, 95, 111
商業信用状 60
　──約定書 60
証券投資 57
証拠金 5, 68, 97
　委託── 5, 88
　当初── 88
　取引── 6, 89
　変動── 88
商社等交互計算制度 97
商慣習 60
小損害免責歩合 60
象徴的引渡し条件 56
商品デリバティブ 61
書信電報 54
ショート・シップメント 61
ショート・デリバリー 61
所得収支 40, 61, 119
署名鑑 62
書類呈示のための特定期間 62

新協会貨物約款 62
新興工業経済地域 94
新興工業国 94
シンジケート・クレジット 62
シンジケート団 62
シンジケート・ローン 16, 62, 144
新日本検定協会 96
人民元 63
信用危険 63
信用状 60, 61, 63, 65, 95, 101, 102, 113
　譲渡可能── 61
　──の条件変更 4, 28
　──開設依頼人 2
　──統一規則 30, 63, 65, 95, 111, 114, 131, 141, 148
　──発行手数料 64
信用状なし 106

す

スイッチ貿易 64, 79
推定全損 71
スイフト 64
スクウェア 33, 34, 64, 118
スタンドバイ・クレジット 38, 42, 63, 65, 95
ステベ 65
ステベドア 65
ステートメント 144
ステール B/L 65
ストライキ 107
　──約款 65
ストライク・プライス 43
ストレート B/L 65
スプレッド 30, 115
スペース 66
スポット取引 49, 120
スミソニアン体制 66
スムージング・オペレーション 66
スルー B/L 67
スワップ・コスト 50, 67, 71, 84, 134
スワップ取引 2, 50, 67, 81

せ

税関 67
税関送り状 68

請求払い **68**
　——方法　134
清算価格　**68**, 97
清算勘定　64, **69**
清算取引　9, 50
製造委託　16
製造物責任法　**69**
製鉄所渡し　43
政府開発援助　**16**, 45
政府補助金　105
製粉所渡し　43
世界銀行　1, 72, 103
世界貿易機関　31, **77**
税務行政　68
石油危機　15, 70
石油輸出国機構　15, **69**
ゼロ金利政策　14
善意の保持者　**70**
全危険担保　18, **70**
先進5ヵ国蔵相会議　52
船　艙　20, 66
船艙貨物　**70**
戦争危険　**71**
全送方式　106
全　損　**71**, 107
船内荷役人　86
船　腹　66, **71**
戦略物資　**71**

そ

送金銀行　57
送金小切手　39, 62, **71**, 86, 106
送金指図　62
総合持高　10, 29, 53, 64, **71**
　直先——　3, **71**, 132
　——規制　3, **132**
倉庫渡し　43, **72**
相　殺　89
相殺決済　**97**
相殺方式　29, **72**
双務契約　**72**, 120
贈与要素　16
ソフト・ローン　**72**

た

対外証券投資　**74**
対外直接投資　**74**
対価の反対給付　119
代金取立手形　**74**, 91
対顧客相場　7, **74**

貸借記　89
滞船料　**85**
タイド・ローン　45, **74**
対内証券投資　**74**
対内直接投資　**74**
第二世銀　72
タイボー　**75**
代理店　**75**
ダイレクト・ディーリング　115
多角貿易　51, **75**
タグ・ボート　101
多国間貿易　**75**
多国籍企業　**76**
出し手金利　**75**
　ロンドン銀行間——　75
他所積み　136
タックス・ヘイブン　**76**
建　玉　97
ダミー　**77**
為銀主義　24
ダン興信所　78
タリフ　**77**
タリーマン　**77**
単独海損　116
　——担保　117
ダンピング　68, **78**
　カルテル・——　78
　為替——　78
　ソーシャル・——　78
担保保険　26, 63
ダン・レポート　**78**

ち

遅延利息　78, 131
着船通知書　**79**
着払い　**79**, 114
チャーター　**78**
　——・パーティーB/L　78
中央銀行　37
仲介貿易　**79**
仲介貿易保険　**79**, 80
中継貿易　80, 125
仲裁機関　45
仲裁協定　45
中小企業輸出代金保険　121
直接貿易　80, 120
直送方式　116

つ

通貨スワップ　39, 81
通過税　77
通貨バスケット制　63
通　関　**81**
通関業者　**81**
通関行政　67
通関業法　**81**
通関業務　**81**
通関士　**81**
通関手続き　**82**
通関ベース　**82**
通商摩擦　122
通常電報　**83**
通知銀行　83, 101, 131, 145
通知先　43, **98**
通知払い　68, **83**
　——方式　134
積地条件　3, 43, 52, 71
積戻し　**83**

て

TTSレート　**84**
TTBレート　**84**
TTリインバースメント　**84**
定額払い　149
定型貿易条件　13, 43, 56, **91**
呈示期間　147
ディスカウント　20, 49, **84**, 115
　B/C——　**104**
　B/C——方式　142
ディスクレパンシー　**85**, 124
ディスパッチ・マネー　**85**
手形取立期間立替金利　131
手形割引市場　2
適用停止　43, **50**
手数料　97
デビット・アドバイス　**85**, 106
デポ・コルレス銀行　57
デポ・コレ　144
デポジタリー・コルレス　47, **85**, 98, 144
　ノン・——　47, 85, **98**
デマレージ　**85**

デュープリケート・ドキュメント **86**
デリバリー・オーダー **86**
デリバリー・リスク **10**
電子商取引 **86**
電子ブローキング **87**
電信送金 **86**, 106
電信テスト・キー **86**
店頭公示相場 53, 74
店頭渡し **43**

と

東京オフショア市場 **87**
東京外国為替市場 **87**
東京金融先物取引所 5, **88**
東京ドル・コール市場 **87**
東京ラウンド **10**, 31, 88
動植物（貨物） **70**
東西貿易 **88**
当座貸越 **88**
同種商品 **68**
当初証拠金 **88**
東南アジア諸国連合 **89**
ドキュメンタリー・クレジット **89**
特殊決済方法 **89**, 98
特殊貿易 **120**
特定期間渡し **20**
ドック・レシート **48**
ドメスティック L/C **90**
トラベラーズ・チェック **90**
トランパー **90**
取消可能信用状 **90**
取消不能信用状 **90**, 148
取立て **97**
取立外国為替 **91**, 130
取立為替手形 **91**
取立統一規則 **91**, 106, 142
取引通信文 **47**
ドル・コール **43**
——市場 **19**, 107
ドル・プット **43**
トレジュアリ・チェック **92**
トレード・タームズ **13**, 43, 56, **91**

な

内外一体型 **19**
内外分離型 19, **87**

内国消費税 **82**
仲立人 7, **115**
仲 値 7, 84, **93**
NACCS申告 **82**
並為替 35, **94**, 130
南北貿易 **94**

に

荷受人 56, **86**, **95**
荷落為替手形 **39**
荷為替 **35**
荷為替信用状 **39**, 60, 64, **95**
　——に関する統一規則および慣例 **64**
荷為替手形 **56**, **95**, **100**
ニクソン・ショック **32**, 88, **95**, 114, 118, 135
荷 印 **56**, **96**
荷送人 56, **86**
日米円・ドル委員会 **96**, 135
日米構造協議 **122**
荷ならし **65**
日本海事検定協会 **96**
日本貿易関係手続簡易化協会 **58**
日本貿易振興機構 **53**
日本貿易保険 120, **137**
日本輸出入銀行 **45**
荷物貸渡し 83, **96**
荷物引取保証 **96**
入金通知 **143**
入金通知書 **97**
入札保証 38, **97**, 124
入出金明細書 **144**
荷渡指図書 **86**

ね

値洗い 68, **97**
ネゴ **97**
ネッティング **97**
ネッティング・センター **97**
ネット・ポジション **71**, **98**
眠り口銭 **98**

の

農場渡し **43**
ノーティファイ・パーティー **98**
延払い **98**
延払輸出 **98**

は

売買送り状 **18**
バイ・バック **99**
バイヤー **100**
バイヤーズ・クレジット **100**
ハウス・ビル **100**, 104
バージ **101**
はしけ **100**
パーシャル・シップメント **99**
バーター **64**
バーター貿易 **99**
パッキング・リスト **101**, 111, 135
バック・トゥ・バック信用状 **130**
発行依頼人 **101**
発行銀行 **101**, 116, 124
　信用状—— 59, 130
ハード・カレンシー **64**
跳ね返り金融 **102**
はね返り融資 **102**
パフォーマンス・ボンド 40, **102**
早出し料 **85**
散 荷 **102**
バリエーション・マージン **88**
バルキー・カーゴ **102**
バルク・カーゴ **102**
バンカーズ・アクセプタンス **103**
販売店 75, **103**, 117

ひ

B/A手形 **105**
B/Aレート **104**, 133
東アジア生産・貿易ビジネスネットワーク **104**
非関税障壁 34, 41, **105**
非関税措置 **105**
引受け **105**
引受渡し **105**
　——条件 **141**
引落通知書 **106**
非居住者 37, **106**

被仕向為替　130
被仕向銀行　57, 107, 134
被仕向送金　24, 27, 57, **106**
被申込者　29
非常危険　63, **107**
ビッド・ボンド　**97**
ビッド・レート　**107**
ひも付き借款　75

ふ

ファウルB/L　**107**
ファクタリング　128
ファンダメンタルズ　**108**, 112, 133
フェデラル・ファンド　**108**
フェッド・ファンド　108
フォワーダー　**108**
フォーワード取引　49
不拡散体制　71
不拡散型規制　150
不可抗力　**109**, 147
副幹事　62
複合運送書類　**109**
普通電報　**17**, 54
普通輸出保険　80
プット　**115**
物物交換　99
不定期船　44, 78, 90, **109**
埠頭持込み渡し　92, **109**
埠頭渡し　109
不当廉売　78
船側渡し　91
船積裏書　20
船積後金融　**109**
船積式船荷証券　**110**
船積諸掛り　**110**
船積書類　28, 39, 56, 84, 95, 100, 106, **110**, 124, 131
　　──到着案内書　**111**
　　──到着通知書　**111**
船積遅延　**147**
船積払い　42
船積付記　110
船積不足　**61**
船積前金融　**109**
船荷証券　95, 96, 101, 106, 110, **111**, 123
　　受取式──　**9**
　　記名式──　66, 95

故障付──　**39**, 108, 125
時期経過──　65
指図式──　**50**, 66
積込式──　110
通し──　67, **89**
船積式──　**9**, 110
無故障──　**39**, 70, 125
用船契約──　78
──の元地回収　**112**
プライム・レート　**112**
　　短期──　112
　　長期──　112
プラザ合意　37, **112**
フランチャイズ　60, **113**
プラント　113
プラント輸出　79, **113**
プレ・アド　**113**
ブレイディ提案　147
フレート　**114**
ブレトン・ウッズ協定（体制）　1, 66, **114**
プレミアム　20, 30, 49, 70, 84, **115**
　　ジャパン・──　58
プレリミナリー・アドバイス　**113**
ブローカー　7, 54, **115**
ブローカレッジ　115
プロジェクト・ファイナンス　**116**
フロート相場制　118
プロフォーマ・インボイス　**116**
分割船積　**99**
分送方式　**116**
分損　**117**
分損担保　27, **117**
分損不担保　27

へ

米加自由貿易協定　93, **117**
並行輸入　**117**
並行輸入業者　117
ベーカー構想　147
ヘッジ取引　**118**
別表第一貨物　136
別表第二貨物　136
ベネフィシャリー　**118**
ヘルシュタット銀行　10
変額予約　70
変動相場制　37, **118**

変動利付債　**12**
片務契約　72

ほ

貿易一般保険　80, 121
貿易金融　118
貿易・サービス収支　40, **119**
貿易取引　**119**
貿易取引契約　**119**
貿易ビジネスの取引形態　**120**
貿易保険制度　107, **120**
貿易保険法　120, **121**
貿易摩擦　**122**
邦貨買入外国為替　**122**
邦貨建相場　23, **123**
包括予定保険証券　**17**
包括予約保険契約　**123**
報酬　114
包装明細書　82, 101, **123**
報復関税　**123**
北米自由貿易協定　**93**
保険期間　62
保険証券　95, 110, **123**
　　確定──　**17**
保険条件　27
保険承諾状　17, **124**
保険料　17
保護関税　34, 77
ポジション　7, 64
補償銀行　57, 84, 101, **124**, **125**
保証金　88
保証状　14, **124**
補償状　14, 39, 108, **124**
補償請求方式　**125**
保税　**125**
保税運送　**125**
保税行政　67
保税工場　**126**, 127
保税蔵置場　**126**, 127
保税地域　83, **126**
　　指定──　**56**, 126
　　総合──　127
保税展示場　127
保存価格　37
本源の価値　11, 17, 115
本支店勘定　**127**
本支店外為勘定　**127**
本船受取証　108

本船舷側手すり 13
本船持込み渡し 91
本邦ローン 23, 91, 102, 114, **127**, 145
　――方式 139, 142

ま

前受金返還保証 124, **128**
前払い 114
前払輸入保険 80, 121
マーケット・クレーム **128**
マーケット・レート 54
マーシャル・プラン 16, 47
マージン・マネー **128**
マスターL/C **129**
マーストリヒト条約 5
マーチャント・バンク **128**
マネージド・フロート 118
マリー 32, 34, **129**
　為替の―― 32
マルチ・ネッティング 97

み

見返信用状 **129**
ミニマム・チャージ 146
未払外国為替 **130**
　外貨―― 130
　邦貨―― 130
　――勘定 **130**
見本送り状 18
未履行売買契約 120

む

無為替輸出 **130**
無為替輸入 **130**
無償契約 72
無償資金援助 40
無税品 139

め

メール期間 7
　――立替金利 **131**
メール・クレジット **130**
メール・コンファメーション 114, **131**
メール・デイズ・インタレスト **131**

メール・トランスファー **131**, 134
メール日数 35

も

申込み **18**
申込者 29
持高規制 **132**
原信用状 90, **129**
戻し税 **132**

ゆ

有効期間 147
有事規制 **133**
有事のドル買い **133**
有償契約 72, 120
郵便送金 86, **134**
郵便付替 106, **134**
ユーザンス 35
　運賃―― **11**
　外貨―― 102
　外銀―― 104, 114
　銀行―― 142
　自行―― **54**, 91, 142
　シッパーズ・―― **55**, 104, 142
　B/C―― **104**
　フレート――・ 54, 114
　邦銀―― 54
　輸入―― 23, 102, 119, 133, 139, **142**, 145
　――・ビル 35
　――金利 **133**
輸出為替手形 27
輸出関税 34
輸出許可 82, **135**, 136
輸出許可書 82, 85, 136
輸出（許可・承認）証 **135**
　――制度 136
輸出金融 119
輸出上屋 65
輸出承認 136
輸出承認証 136
輸出申告 82, **136**
輸出申告書 82, 136
輸出信用保険法 121
輸出税 77
輸出代金保険 80
輸出通関 81
輸出つなぎ金融 136

輸出手形 22
　期限付―― 35, 133
輸出手形保険 28, 121
　――制度 **137**
輸出ビジネス 120
輸出貿易管理令 **137**
輸出報告書 **137**
輸出保証保険 121
輸出前貸関係準商業手形 **138**
輸出令 **137**
輸送費込み 91
輸送費・保険料込み 91
輸入インフレ **138**
輸入許可 82, **139**
輸入金融 119, **139**
輸入公表 **139**, 140, 142
輸入事前確認 140
　――品目 140
輸入承認証 82, **140**
輸入申告 82, **140**
輸入申告書 82, 139, 140
輸入信用状発行依頼書 **141**
輸入数量割当 105
輸入税 77
輸入担保荷物貸渡し **141**
輸入担保荷物保管証 84
輸入通関 81
輸入通関時確認 140
　――品目 140
輸入手形決済相場 131
輸入B/C **141**
輸入ビジネス 120
輸入物資引取資金融資 102
輸入報告書 **142**
輸入ライセンス制度 105
輸入割当 **142**
　――品目 139
ユーロ 4, 5, 11, **134**
　――・カレンシー 136
　――・マネー 136
ユーロ円 **134**
ユーロ円債 26
ユーロ市場 144
ユーロ・ダラー **135**
　――市場 19, 58, 107, 128
ユーロ通貨 **134**
ユーロ不安 58

よ

要因証券　111
用　船　**143**
用船契約　44, 78
用船仲立人　44
預金準備率　134
予定振替制　**143**
予定振替日　**143**
予定保険　124
予約スリップ　48, **143**
ヨーロピアン・タイプ　4, **143**

ら

ライセンサー　149
ライセンシー　149
ライセンス契約　76, 120
ライター　101
ライビッド　**144**
ライボー　**144**
乱高下　118

り

リインバース銀行　57
リインバース方式　125
リインバースメント　125, **144**
　——・ドラフト　84
履行済み売買　120
リコンサイル　**144**
リコンサイルメント　**144**
リース　128
リーズ・アンド・ラグズ　**144**
リスク　26
　——・ヘッジ　39
リストリクト信用状　**145**
リファイナンス　54, **145**
　——手形　145
　——方式　142, **145**
リフティング・チャージ　114, **146**
両替業務　146
両替商　**146**
領事送り状　**146**
量的緩和政策　14
旅行小切手　**146**
旅行信用状　**146**

る

累積債務　**147**
　——問題　**147**
類似品　68

れ

レイト・シップメント　**147**
レイト・プレゼンテーション　**147**
暦月オプション渡し　148
暦月渡し　20, **148**
レッド・クローズ付信用状　**148**
レンジ・フォワード　70
レンジ予約　70
連帯保証　124
連邦公開市場委員会　12
連邦準備銀行　108
連邦準備制度　12, 108
　アメリカ——理事会　12

ろ

ロイズ協会所属鑑定所　59
ロイズ保険業者　149
　——協会　149
ロイズ保険仲立人協会　149
ロイヤルティ　**149**

わ

ワシントン条約　140
ワッセナー・アレンジメント　137, **150**
割増運賃　102
ワルソー・オックスフォード規則　7

欧文索引

A

A/P **11,** 134
Abandonment 71
Acceptance **105**
Acceptance Rate **2,** 84
Accountee **2**
Actual Position **3, 53**
Ad Valorem Duties **58**
ADB **3, 11**
Additional Freight 102
Advise and Pay 68, **83,** 134
Advising Bank **83,** 101
Air NACCS 58, 93
Air Waybill **11, 42**
All Risks **17**
ALM **11**
Amendment **4**
American Ton 40, 59
American Type **3**
Applicant 2, **101**
Application for Irrevocable Credit **141**
Arbitrated Rate of Exchange 49
Arrival Notice **79, 111**
ASEAN 13, **89,** 105
ASEAN10 89
Asian Development Bank **3**
Asset Liability Management **11**
Association of South-East Asian Nations **89**
ATM **11**
At Sight Buying Rate 27, 84
At Sight Buying Rate with L/C **6**
At Sight Buying Rate without L/C **7**
At the Money **11**
AWB **42**

B

B/A **103**
B/C **74**
B/L 106, 110, **111,** 124
B/R **91, 103**
Back to Back Credit **129**
Balance of Payment **45**
Bank for International Settlements **103**
Bank Guarantee **38**
Banker's Acceptance Bill 2
Banker's Acceptance **103,** 105
Banker's Acceptance Rate **104**
Barge **100,** 101
Barter Trade **99**
Below Decks 70
Beneficiary 2, **59,** 101
Bid Bond **97**
Bid Rate **107**
Bilateral Contract **72**
Bills for Collection **74,** 91
Bill of Lading **111**
Bills Receivable **91**
BIS 58, **103**
Bona Fide Holder **70**
Bretton Woods Agreement **114**
BRICs **113**
Broker **115**
Brokerage 115
Bulk Cargo 102
Bulky Cargo **102**
Business Correspondence 47
Business English 47
Buy-back **99**
Buyer 2, **100**
Buyer's Credit **100**
Buying Offer 18

C

C&F **52,** 91
Cable Address **40**
Cable Nego (Negotiation) 14, **40**
Cargo Space 66
Carriage and Insurance Paid To 91
Carriage Paid To 91
Cash Buying Rate 41
Cash on Delivery **42**
Cash on Shipment 42
Cash Position **36**
Cash Selling Rate 41
CD 96
Certificate 124
Certificate of Insurance 17
Certificate of Origin **42**
CFR **52,** 91
CFS **48**
Charter **78**
Charter Party B/L **79**
Charter Party, C/P 78
Chartering Broker **44**
Checker **77**
China Yuan **63**
CIF **56**
CIP **91**
Clean B/L **107**
Clean Bill **39,** 95
Clean Check **39**
Clearing or Open Account **69**
Closed Conference 22
COCOM **46**
COD **42**
Collection 97
COMECON **47**
Commercial Invoice 18
Commercial Letter of Credit **60**
Commission 98
Commodity Derivatives **61**
Communist Economic Conference **47**
Compensation Trade **36**
Consignee **95**
Consignment Invoice 6
Consular Invoice **146**
Container B/L **48**
Container Freight Sta-

欧文索引 163

tion 48
Container Yard 48
Contract Slip 48
Contracts for International Trade 119
Conventional Tariff 42
Coordination Committee for Export Control to Communist Area 46
Correspondence 47
Cost and Freight 91
Counter Offer 19, 29
Counter Purchase 29
Counter Trade 29
Country Risk 34
CP 112
CPT 91
Credit Advice 39
CT 29
Currency Swap 80
Current Account 40
Customer Rate 74
Customs Broker 81
Customs Clearance 81
Customs Duties 34, 77
Customs House 67
Customs Invoice 68
Customs Procedure 81
CY 48

D

D/A 84, 95, **105**, 141
D/D 106
D/P **56**, 84, 95, 105, 141
D/R 77
DAC **76**
DAF 92
DD 44, **84**, 115
DDP 92
DDU 92
Debit Advice **106**
Deferred Payment **98**
Definite Policy 17, 124
Del Credere Agent 75
Del Credere Commission 75
Delayed Interest **78**, 131
Delivered At Frontier 92
Delivered Duty Paid 92
Delivered Duty Unpaid 92
Delivered Ex Quay 92
Delivered Ex Ship 91
Delivery Risk 10
Delivery with Option 148
Demand Draft 44
Demurrage **85**
Depository Correspondent **85**
DEQ 92
DES 91
Designated Hozei Shed 126
Destination **57**
Development Assistance Committee **76**
Dirty B/L 39, 108
Discount **84**
Discrepancy **84**, 124
Dispatch Money **85**
Distributor 75, **103**
Documentary Bill **95**
Documentary Credit 60, 63, 95
Documents against Acceptance **105**
Documents against Payment **56**
Domestic L/C **90**
Dummy **77**
Dumping **78**
Dun Report **78**
Dun & Bradstreet Inc. 78
Duplicate Documents **86**
Duties **34**, **77**

E

E a/c 110
East-West Trade 88
EC 4, 5, 11
ECAFE 3, **11**
Economic and Social Commission for Asia and the Pacific **3**
Economic Commission for Asia and For East 3
Economic Partnership Agreement **13**
ECSC 5
ECU 4, **11**, 134
EEC 5
Electronic Business 86
Electronic Commerce (EC) **86**
EMS 4, 11, 134
English Ton 40, 59
EPA **13**
ERM 4
ESCAP **3**
EU 4, **5**, 134
EURATOM 5
European Atomic Energy Community 5
Euro **134**
Euro Dollar **135**
Euro Yen **134**
European Coal and Steel Community 5
European Currency Unit **11**
European Economic Community 5
European Monetary System **4**
European Type **143**
European Union **5**
Ex Dock 109
Ex Factory 43
Ex Godown 43, **71**
Ex Mill 43
Ex Plantation 43
Ex Quay 109
Ex Store 43
Ex Warehouse 43, **71**
Ex Works **43**, 72, 91
Excess Franchise 60
Exchange Marry **32**
Exchange Quotation **74**
Exchange Rate Mechanism 4
Exchange Risk **33**
Exclusive Distributor 103
Exclusive Distributorship Agreement 103
Exclusive or Sole Agency Agreement 75
Excuted Sales 120
Excutory Contract of

Sale 120
Expiry Date **12**
Export Account 110
Export Declaration 82, **136**
Export License 136
Export of Industrial Plants **113**
Export Permit 82, 135
Extension **12**
Extra Freight 102
EXW 43, 91

F

FAS **12**, 91
Free Alongside Ship 91
FCA 91
Federal Funds **108**
Federal Reserve Board **12**
Federal Reserve System 12
Firm Offer 19, **107**
Fixed Date 148
Floating Exchange Rate System **118**
Floating Rate Note **12**
FOB **13**, 91
FOB Vessel 13
FOMC 12
Force Majeure **109**
Fowarder 18, **108**
Forward Position 53
Forwarding Agent 18, 108
Foul B/L 39, **107**
Franchise **60**
FRB **12**
Free Offer 19
Free Carrier 91
Free on Board 91
Free Trade Agreement **13**
Freight **114**
Freight Collect **79**, 114
Freight Conference **22**
Freight Forwarder 18, 108
Freight Prepaid 114
Freight Usance **114**
FRN **12**

FTA **13**
Fundamentals **108**

G

G 5 **52**
G 7 **52**
G 10 **52**
GATS 13, **31**
GATT 10, **31**, 49, 51, 77, 88, 96
GDP **52**
General Agreement on Trade in Services **31**
General Agreement on Tariffs and Trade **31**
General Average **37**
General Average Bond 37
GNP **52**
Goods & Services **119**
Governing Law **59**
Grain Capacity 66
Gross Domestic Product **52**
Gross National Product **52**
Gross Ton 40, 59
Group of 5 **52**

H

Hazardous Goods 70
Hedge **118**
HIBOR 75
House Air Waybill 43
House Bill **100**
Hozei (Bonded) Area **126**
Hozei (Bonded) Warehouse **126**, 127
Hozei (Bonded) Manufacturing Warehouse **126**, 127
Hozei Display Area 127

I

I/L **1**
I/O 127
I/Q **1**
IB 115
IBF **2**
IBRD **1**, 103, 114

ICC **1**, 27, **36**, **61**, 64, 91
ICC (A) 18, 27, 62
ICC (B) 27, 62, 117
ICC (C) 27, 62
IDA 1, 72
IFC 2
IMF **1**, 12, 16, 45, 52, 96, 103
Impact Loan 8
Import Bill for Collection **141**
Import Finance **139**
Import License **140**
Import Permit 82, **139**
Import Quota **142**
Import Usance **142**
Imported Inflation **138**
Importer 2
In Bond **125**
In the Money **1**
Incoterms **7**
Indent 8
Indent Form 8
Industrial Cooperation Method 100
Infrastructure 8
Institute Cargo Clauses 17, **36**, **62**
Inter-Bank Market **7**
Inter-Bank Rate **7**
Inter-Office Account **127**
Interest Rate Swap **39**
Intergarted Hozei Area 127
International Bank for Reconstruction and Development **1**
International Banking Facility **2**
International Chamber of Commerce **1**, 64
International Development Association 1, 72
International Finance Corporation 2
International Monetary Fund **1**
Inter-Office Account **127**

Invoice **18**
Irrevocable Credit 90
IRS **39**
Issuing Bank 2, **101**
ITM **1**

J

Japan Bank for International Cooperation **45**
Japan Commercial Arbitration Association **45**
Japan External Trade Organization **53**
Japan Offshore Market **87**
Japan Premium **58**
JASTPRO **58**
JETRO **53**
JOM 87

L

L/C 2, **63**,
L/G **38**, **96**, **124**, 148
L/G NEGO **14**
L/I **124**
Laden on Board 110
Lags 144
Late Presentation **147**
Late Shipment 124, **147**
Leads 144
Leads and Lags **144**
Letter of Credit 60, **63**, 65, 95
Letter of Guarantee 14, **38**, **96**, **124**
Letter of Indemnity 14, 39, 108, **124**
Letter of Telegram 54
Leveling 65
LIBID **144**
LIBOR 75, **144**
Licensee 149
Licensor 149
Lifting Charge **146**
Lighter **100**, 101
Like Goods 68
List of Authorized Signatures **62**
List of Weight & Measurement **59**

Live Cargo 70
Lloyd's Insurance Brokers' Association 149
Lloyd's Underwriter's Association **149**
Loco 43, 71
London Inter-Bank Bid Rate 144
London Inter-Bank Offered Rate 144
Long Ton 59
Lump Sum Payment 149

M

M/R 77
M/T 59, 106
Mail Confirmation **131**
Mail Credit **130**
Mail Days 130, 131
Mail Transfer 22, 94, **134**
Margin Money **128**
Marine Insurance Policy **26**
Market Claim **128**
Market Rate **54**
Master Air Waybill 43
Master L/C **129**
Mate's Receipt 108
Measurement Ton 40, 59
Merchant Bank **128**
Metric Ton 59
MMC **14**
Money Market Certificate **14**
Most-Favored Nation **49**
Multimodal Transport Document **109**

N

NACCS 82, **93**
NAFTA **93**
National Tariff 42
Negotiation **97**
Negotiating Bank 101
Net Open Position **71**
Net Position 53
Net Ton 59
Netting Center **97**

Newly Industrializing Economies **94**
NICs 94
NIEs **94**, 105
NIF **96**
Nippon Automated Cargo Clearance System **93**
Nippon Kaiji Kentei Kyokai **96**
Non-depository Correspondent **98**
non-exclusive 103
Non-resident **106**
Non‐Tariff Barriers **105**
Non-Tariff Measures 105
North American Free Trade Agreement **93**
North-South Trade **94**
Note Issuance Facility **96**
Notify Party 43, **98**
NTB **105**
NTM 105

O

O/D 17
OD 17
ODA **16**, 45
OECD **16**, 76
OEEC 47
OEM 6, **16**
Offer **18**
Offer subject to prior sale 19
Offer subject to seller's confirmation 19
Offer without engagement 19
Offered Rate **19**
Offeree 29
Official Development Assistance **16**
Offset 29, **72**
Oil Dollar **16**
On a Customs Clearance Basis **82**
On Board B/L **110**
On Board Notation **20**,

110
On Deck Cargo **20**, 70
OPEC 15, **69**
Open Conference 22
Open Credit 145
Open Policy **17**
Opener 2, **101**
Opening Bank 2, **101**
Opening Charge **64**
Option Forward **20**
Order 50
Ordinary Franchise 60
Ordinary Telegram **82**
Original Eguipment Manufacturer 6, **16**
Organization for Economic Cooperation and Development **16**
Organization of Petroleum Exporting Countries 15, **69**
Original Equipment Manufacturer 6
Original L/C 90, **129**
OTM **17**
Out of the Money **17**
Over All Position **71**
Overall Position 53
Overbought Position **29**
Overdraft **17**
Oversold Position **10**

P

P/A **68**, **103**, 134
P/O 57
Packing List **101**
Parallel Importation **117**
Partial Loss **116**
Partial Shipment **99**
Pay on Application **68**, 83, 134
Payment Order 57, 134
Performance Bond **40**
Physical Delivery 56
Pier Shed 65
PL **69**
Plant 113
Plaza Agreement **112**
Point of Destination **57**
Postal Money Order 134

Preliminary Advice **113**
Premium 17, **115**
Prime Rate **112**
Private Import **46**
Proforma Invoice **116**
Product Liability **69**
Project Finance **116**
Promissory Note 111
Provisional Policy 124

R

R/A 125
Rate in Home Currency **123**
Receipt for Parcels Received **46**
Received B/L **9**
Reciprocal Duties **45**
Reciprocal Trade 45
Reciprocal Trade Agreement 46
Reconcile **144**
Reconcilement **144**
Red Clause Credit **148**
Reference Bank 144
Refinance System **145**
Refundment 14
Refundment Bond **128**
Reimbursement **125**
Reimbursement Authorization 125
Reimbursing Bank 57, 84, **125**
Remark 77
Remuneration 114
Renminbi **63**
Re-Ship **83**
Resident **37**
Residual Quantitative Import Restriction **51**
Restricted Credit **145**
Retaliatory Duties **123**
Return Shipment **83**
Revised American Foreign Trade Definitions, 1941 13
Revocable Credit 90
Revolving Credit **27**
Roundabout Trade **9**
Royalty **149**
Running Royalty 149

S

S/O 77
SDR **12**, 23
Sea NACCS 58, 93
Selling Agent 75
Selling Offer 18
Ship's Rail 13
Shipped B/L 9, 13, **110**
Shipper 82
Shipper's Usance **55**
Shipping Broker 44
Shipping Charges **110**
Shipping Documents **110**
Shipping Marks **55**
Short Delivery 61
Short Shipment **61**, 124
Short Ton **40**
SIBOR 75
Similar Goods 68
Smoothing Operation 66
Society for Worldwide Interbank Financial Telecommunication 64
Soft Loan **72**
Space 66
Special Drawing Right **12**
Special Payment **89**
Square Position **64**
SRCC **65**
Stale B/L **65**
Stand-by Credit 63, **65**
Stevedore **65**
Straight B/L **66**
Strike Price 43
Strikes, Riots and Civil Commotions **65**
Supplier **51**
Surrender B/L **112**
Swap Cost **67**
SWIFT **64**
Symbolic Delivery 56
Syndicated Loan **62**

T

T. T. Reimbursement 125

T/C 22
T/R **83**
T/T 107
Tally Sheet 77
Tallyman **77**
Tariff **34, 77**
Tax Haven **76**
TB **49**
T Bond 49
Telegraphic Transfer **86**, 94
Telegraphic Test Key **86**
Through B/L **67**
Through Consignment Note 43
TIBOR **75**
Tied Loan **74**
TN 49
to order of (X) 50
to order of bank/buyer 50
Tokyo Foreign Exchange Market **87**
Tokyo Inter-Bank Offered Rate **75**
Total Loss **71**
Trade Terms **91**
Tramper **90**

Transferable L/C **61**
Transit Shed 65
Traveler's Check **90**
Traveler's Credit **146**
Treasury Bills **49**
Treasury Bonds 49
Treasury Check **92**
Treasury Note 49
Trimming 65
Trust Receipt **83**
TT **86**
TTB 27, **84**, 107
TTS 10, **84**

U

UNCTAD **4**
Under Deck Cargo **70**
Underwriter 149
Uniform Customs and Practice for Documentary Credits 64
Uniform Rules for Collections **91**
United Nations Conference on Trade and Development **4**
Untied Loan **4**
Urgent Telegram **54**
Usance Rate **133**

US-Canada Free Trade Agreement 93, **117**

V

Veil Capacity 66

W

W/T 59
Waiver **9**
War Risks **71**
Wassenaar Arrangement **150**
Weight Ton 40, 59
With Average **117**
With Particular Average 117
Without L/C 106
Without Recourse Credit **8**
World Trade Organization **77**
WTO **77**

Y

Yen Carry Trade 14

Z

Zero Cost Option **70**

著者紹介

山田晃久（やまだ・てるひさ）
米国カリフォルニア州立サンフランシスコ大学卒業，明治大学大学院商学修士。米国 F. W. Woolworth Co., 入丸産業㈱（現日鉄商事㈱）貿易部を経て，貿易コンサルタントとして独立し，現在，横浜商科大学商学部貿易観光学科教授，麗澤大学大学院講師，国際貿易マネジメント協会会長，アジア市場経済学会理事，第20代日本貿易学会会長（現理事），元 JETRO 認定「貿易アドバイザー」試験運営委員長。
著書に『輸出・輸入手続き実務事典』（監修，日本実業出版社），『マクロ・ミクロ貿易取引』（学文社），『国際貿易論』（共著，学文社），『1・2級事務専門士　貿易部門テキスト』（日本事務処理サービス協会・中央職業能力開発協会），『貿易・為替の基本』（日本経済新聞社），『21世紀国際ビジネスの展望』（編著，白桃書房），『グローバルマーケティング戦略』（中央経済社）ほかがある。

三宅輝幸（みやけ・てるゆき）
東京外国語大学卒業。東海銀行（現：三菱東京UFJ銀行）ロンドン支店長代理，シンガポール支店次長，国際資金室長，中京銀行国際部長などを経て，現在，和光大学経済経営学部教授および大学院教授，大学院委員長，横浜商科大学講師，東京都中小企業振興公社講師，国際貿易マネジメント協会貿易スペシャリスト認定試験委員，日本貿易学会監事，アジア市場経済学会理事など兼務。
著書に『デリバティブ〔金融派生商品〕入門』（日本実業出版社），『外国為替と国際金融』（経済法令研究会），『国際経営戦略』（共著，同文館），『入門の金融　デリバティブのしくみ』（日本実業出版社），『五訂　デリバティブ取引の基礎』（経済法令研究会），『貿易実務と外国為替がわかる事典』（日本実業出版社）ほかがある。

貿易・為替用語小辞典【第二版】

2008年5月30日　第二版第一刷発行　　　　　⊙検印省略

著　者　山　田　晃　久
　　　　三　宅　輝　幸

発行所　株式会社　学　文　社　　郵便番号　　　153-0064
　　　　　　　　　　　　　　　東京都目黒区下目黒 3-6-1
発行者　田　中　千津子　　　☎ 03(3715)1501 Fax 03(3715)2012
　　　　　　　　　　　　　　　振替口座　　00130-9-98842

© T. YAMADA/T. MIYAKE 2008
乱丁・落丁の場合は本社でお取替します。　　印刷所　㈱シナノ
定価はカバー，売上カードに表示

ISBN978-4-7620-1764-3

佐藤武男・館野 敏編 **経済学用語辞典**〔新版〕 四六判 288頁 本体2000円	当社が誇る待望の辞典。経済学全般にわたる用語、905項目を広く解明し、経済学を学ぶ者のみでなく現代人の生きた座右の書である。学生および一般向き。
政策研究大学院大学 青木 隆著 **開 発 援 助 論** A5判 153頁 本体2200円	ODAをより知りたいと思っている大学生・社会人を想定として編まれたテキスト。途上国概観、日本の援助と意義、グラント・エレメント、日本の援助、開発と環境等、縦横に開発協力からODAを解説。
（流通経済大学）島田克美著 **概説海外直接投資** 四六判 325頁 本体2200円	海外直接投資と現地企業経営に関する網羅的概説書として高い評価を得た。直接投資が世界経済を動かす時代。基礎理論から海外経営の課題にいたる全体像をしめす高度な手引書。巻末に用語解説を付す。
久原正治著 **銀行経営の革新**〔新版〕 ——邦銀再生の条件—— A5判 300頁 本体2500円	25年間の日米の金融業務に経験をもつ著者が、日米の銀行行動を比較し、銀行経営に関する普遍的理論構築の可能性を検証、今後の邦銀経営の再生と革新の方向を最新の経営学的手法によって探究する。
粕谷慶治・山田晃久著 **国 際 貿 易 論**〔第二版〕 A5判 254頁 本体2300円	貿易の歴史を重商主義より現代にいたる理論の理解をはかり、戦後の貿易・投資と日本企業のグローバル化を中心に外国為替と国際収支、貿易取引の実務をとりあげ、基礎知識の習得に資するよう工夫。
横浜商科大学 山田晃久著 **マクロ ミクロ 貿易取引**〔第二版〕 A5判 179頁 本体1700円	外為法の改正に伴う貿易手続きの変更、インコタームズ2000年改訂版の追加、輸出入通関手続きの変更、特殊決済方法の廃止、「輸出取引の事例」における手続き書類の変更等を改訂。
石田貞夫監修 **ビジネス英語で学ぶ貿易取引** A5判 162頁 本体1700円	国際ビジネスの新しい動向に言及しつつ、多様な貿易実務の最大公約数的なアプローチを試みる。現代のマーケティング理念をベースとした戦略的な貿易実務書。すぐ役立つ英文レターのひな型を多数収載。